साथ साथ

साथ साथ

नामवर सिंह

सम्पादक
आशीष त्रिपाठी

राजकमल प्रकाशन

ISBN : 978-81-267-2250-1

मूल्य : ₹ 495

पहला संस्करण : 2012
तीसरी आवृत्ति : 2023

प्रकाशक : राजकमल प्रकाशन प्रा.लि.
1-बी, नेताजी सुभाष मार्ग, दरियागंज
नई दिल्ली-110 002

शाखाएँ : अशोक राजपथ, साइंस कॉलेज के सामने, पटना-800 006
पहली मंजिल, दरबारी बिल्डिंग, महात्मा गांधी मार्ग, प्रयागराज-211 001
1, अनमोल सोराबजी संतुक लेन, धोबी तलाव, मरीन लाइंस, मुम्बई-400 002

वेबसाइट : www.rajkamalprakashan.com
ई-मेल : info@rajkamalprakashan.com

मुद्रक : राजकमल प्रेस
नई दिल्ली-110 002

SAATH SAATH
by Namwar Singh
Edited by Ashish Tripathi

आलोचक का पक्ष

'साथ साथ' मुख्यतः परिसंवादों का संकलन है। इन परिसंवादों में नामवर सिंह एक पक्ष के रूप में शामिल हुए हैं। परिसंवाद उपनिषदों और संगीतियों की परम्परा का ही आधुनिक रूप है। संवाद का सर्वाधिक लोकतान्त्रिक रूप। इसमें वक्ता को वार्ताकारों के अन्य पक्षों के साथ अपनी बात कहनी होती है। एकल व्याख्यानों और साक्षात्कारों में आप सिर्फ अपना पक्ष रखते हैं। वहाँ आपके पक्ष के आधिपत्य को चुनौती प्रस्तुत होने की उम्मीद कम ही होती है, परन्तु परिचर्चाओं में आपके विचार को अन्य सहयोगी या विरोधी पक्षों के साथ ही रहना होता है। यह एक तरह की बहुपक्षी जुगलबन्दी है। 'यह साथ होने की कला है। दुनिया की सबसे कठिन। सबसे मनोहारी कला।'

पुस्तक में चार परिचर्चाएँ हैं। इनसे गुज़रते हुए हम सहज ही देख पाते हैं कि आलोचक के रूप में नामवर सिंह 'संवाद' को कितना महत्व देते हैं। साथी वार्ताकारों के व्यक्तित्व और विचारों को पूरी विनम्रता के साथ सुनना, उनकी उपस्थिति को स्वीकारना और उनके विचारों को 'लोकतान्त्रिक' जगह के भीतर ही तर्क-वितर्क की परिधि में लाना—उनके संवादी व्यक्तित्व का अभिन्न हिस्सा है। बातचीत में ज़रूरत पड़ने पर कठोर हो जाने के बावजूद वे उस सीमा को नहीं लाँघते, जिसके बाद संवाद सम्भव न हो सके। उनके समधर्मा वरिष्ठ या थोड़े कनिष्ठ रचनाकार और आलोचक इन संवादों में शामिल हैं। सभी संवादों को एक साथ देखने पर हम पाते हैं ये किसी एक विषय से बँधे नहीं हैं। सभी के विषय अलग-अलग हैं। बातचीत का समय भी दूर तक फैला हुआ है। इस अर्थ में यह पुस्तक एक राग-माला की तरह है। हिन्दी आलोचना के अनेक पक्षों के बीच नामवर जी की पक्षधरताएँ यहाँ स्पष्ट रूप से व्यक्त हुई हैं।

पुस्तक में दो साक्षात्कार भी शामिल हैं। ये साक्षात्कार विशेष महत्व के हैं। साठ से अधिक वर्षों के रचनात्मक जीवन में नामवर सिंह ने मात्र इन दोनों में ही प्रश्नकर्ता की भूमिका निभायी है, वरना वे तो प्रश्नों के जवाब देने के अभ्यस्त हैं। इस अर्थ में ये ऐतिहासिक हैं। पहला साक्षात्कार रामविलास शर्मा से लिया गया है। वरिष्ठ कवि

मंगलेश डबराल ने इस बातचीत की योजना बनायी थी और इसके लिए समुचित प्रबन्ध किए थे। वे बातचीत के समय उपस्थित थे। बीच में जरूरी होने पर तीन स्थलों पर उन्होंने हस्तक्षेप किया है। बातचीत मुख्यतः रामविलास जी के ऋग्वेद और आर्य सम्बन्धी चिन्तन से निकलने वाले राजनीतिक निहितार्थों पर केन्द्रित रही है। बातचीत के प्रारम्भ में ही नामवर जी ने अपनी शंकायें स्पष्ट रूप से सामने रखी हैं। ये वही शंकाएँ हैं जो 'इतिहास की शव साधना' नामक विवादित निबन्ध में बाद में व्यक्त हुई हैं। सवाल बहुत ही तीखे ढंग से पूछा गया है–"आपका एजेण्डा और उन लोगों का एजेण्डा जिन्होंने बाबरी मस्जिद गिरायी थी एक ही दिखायी पड़ता है। क्यों? यह सिर्फ संयोग है?" सवाल सहयात्री का है, अनुगामी का–"यह हम जानना चाहते हैं जो आपको पथ प्रदर्शक के रूप में देखते हैं।" रामविलास शर्मा ने अपना पक्ष पूरी तार्किकता और कठोरता के साथ रखा है। बातचीत में आगे इस प्रसंग से जुड़े अनेक सन्दर्भ उपस्थित हुए हैं–संघ परिवार की राजनीति, उसकी सांस्कृतिक परियोजनाएँ, सांस्कृतिक राष्ट्रवाद, आर्य मूल का प्रश्न, हड़प्पा संस्कृति और वैदिक संस्कृति के सम्बन्ध, शासक वर्गों की राजनीति, भाषाई विवाद, भाषा परिवारों से उभरती राजनीति, हिन्दी जाति; हिन्दी प्रदेश की एकता, भूमंडलीकरण, अमेरिकी प्रभुत्व, मार्क्सवाद का भविष्य और भारत में जनवादी क्रांति की आवश्यकता। बातचीत का स्वर विवादी है। इसीलिए दोनों वक्ताओं के मध्य तनाव की रेखायें स्पष्ट रूप से मौजूद हैं। कहीं-कहीं तल्खी भी। बावजूद इसके दोनों के मत अन्त तक समानान्तर रेखाओं के रूप में बने रहे हैं। आशय स्पष्ट है कि बातचीत के अन्त तक दोनों को अपने-अपने पक्ष और तर्कों पर पूरा भरोसा बना रहा है। यह समानान्तरता मार्क्सवाद को विस्तृत बनाती है। लोकतान्त्रिक भी। पढ़ने वालों को अपना पक्ष चुनने के लिए आमन्त्रित करती हुई।

रामविलास शर्मा से दूसरी बातचीत एक परिचर्चा है। पहली बातचीत के क्रम में इसे पढ़ने पर अनेक ऐतिहासिक बहसों के सन्दर्भ में रामविलास शर्मा और नामवर सिंह की वैचारिक स्थिति स्पष्ट होती है। भारत की दक्षिणपंथी राजनीति के सामाजिक वैचारिक आधारों पर दोनों के मध्य प्रायः एक सहमति देखी जा सकती है। यह बातचीत इस सन्दर्भ में और भी महत्वपूर्ण हो उठती है कि रामविलास जी के परवर्ती काम पर नामवर जी के विचारों का बातचीत में उपस्थिति वामपंथी बुद्धिजीवियों ने खुलकर प्रतिकार किया है, जिसके बारे में बातचीत में नामवर जी का कोई प्रत्युत्तर सामने नहीं आया है। पक्ष और विपक्ष, उचित और अनुचित, सही और गलत तथा प्रगतिशील और प्रतिक्रियावादी के विरोधी युग्मों के मध्य यह भी महत्वपूर्ण है कि इस बातचीत से वामपंथी बुद्धिजीवियों के बीच मौजूद स्वस्थ लोकतान्त्रिकता और ईमानदार बहस-धर्मिता की उच्च कोटि की मिसाल सामने आती है। स्पष्ट होता है

कि हमारे समय में क्षीण हो रहे इस निर्भय आलोचनात्मक विवेक के बगैर वामपंथी विचार परम्परा का विकास नहीं हो सकता है।

नामवर सिंह की आलोचना का महत्व मौजूद और स्वीकृत को प्रश्नांकित करते रहने के उनके साहस में मौजूद है। वे मार्क्सवादी हैं। सिर्फ इसीलिए कभी भी उन्होंने मार्क्सवादी धारा में मान्य विचारों को ज्यूँ का त्यूँ और पूरा का पूरा स्वीकार नहीं कर लिया। अपने जीवन-विवेक, रचना-विवेक और आलोचना-विवेक की कसौटी पर कसकर ही वे मान्य रचनाओं और विचारों को स्वीकार करते हैं। हिन्दी के शीर्ष मार्क्सवादी आलोचक डॉ. रामविलास शर्मा के विचारों पर उठाए गए अनेक प्रश्नों को इसी परिप्रेक्ष्य में देखा जाना चाहिए। मार्क्सवादी आलोचना के प्रारम्भिक समय के अतिवादों और परम्परा-विरोधी विचारों के विरुद्ध दोनों ने सहयात्री की तरह संघर्ष किया है। परन्तु, समकालीन साहित्य के अनेक प्रश्नों पर दोनों के बीच मतान्तर निरन्तर मौजूद रहा है, जो आगे के वर्षों में संस्कृति एवं नवजागरण सम्बन्धी अनेक प्रश्नों पर अधिक गहराया है। विवादित निबन्ध 'इतिहास की शवसाधना' में रामविलास शर्मा के परवर्ती काम के सम्बन्ध में अपना स्पष्ट मत रखने वाले नामवर सिंह को अवसरवादी कहने वाले बुद्धिजीवियों को नामवर जी के रामविलास जी के जीवन काल में उनकी उपस्थिति में दिए गए व्याख्यान 'परम्परा और मूल्यांकन का मार्क्सवादी पक्ष' और इन दो संवादों को जोड़कर देखना चाहिए। इन्हें समवेत रूप में देखने पर 'इतिहास की शव साधना' में व्यक्त मत एक वैचारिक विकास यात्रा का हिस्सा मालूम होंगे। पूर्व के निबन्धों और व्याख्यानों 'साहित्य में प्रगतिशील आन्दोलन की ऐतिहासिक भूमिका', 'मैं, मेरा समय और रचना-प्रक्रिया', 'हिन्दी के हित का दान वह अभिमान वह' और 'रोमांटिक बनाम आधुनिक' में भी कहीं स्पष्ट रूप से तो कहीं संकेतों में डॉ. रामविलास शर्मा के परम्परा के मूल्यांकन के प्रति अपनी असहमति व्यक्त की गई है। इस विवादी निबन्ध में मौजूद 'असहमति का साहस' एक ज़रूरी मूल्य है। नामवर जी के विचार समय के साथ अस्वीकृत हो जाएँ तब भी एक स्थापित मान्यता को प्रश्नांकित कर पुनर्विचार के लिए बाध्य करने में उनकी महत्वपूर्ण भूमिका से इनकार नहीं किया जा सकता। 'इतिहास की शव साधना' लिखे जाने के बाद भी नामवर जी अपने व्याख्यानों में रामविलास जी की अनेक बातों को जिस तरह सम्मान के साथ उद्धृत करते हैं, वह उस पुरानी सहयात्रा का ही नया उदाहरण मात्र है। इस विवादी निबन्ध के लगभग साथ ही लिखे गए 'मित्र संवाद तथा गद्य की विलुप्त कला' को भी देखा जा सकता है।

शमशेर बहादुर सिंह से नामवर जी की बातचीत शमशेर जी की कविता के अनेक सन्दर्भों को स्पष्ट करने की दृष्टि से बेहद महत्वपूर्ण है। शमशेर जी के व्यक्तित्व की विशिष्टता को पूरेपन में व्यक्त करती हुई। उतार-चढ़ाव से भरी। शमशेर

जी संवाद में रहकर भी जैसे खुद से ही बात करते हैं। ऐसे में किसी तरह का औपचारिक साक्षात्कार सम्भव नहीं हो सकता। दूसरे वार्ताकार बस प्रतीक्षा कर सकते हैं कि वे उनके सवाल पर कुछ बोलें। अपनी रचना-प्रक्रिया को स्पष्ट करते हुए वे जिस 'रौ', 'इंटरनल फोर्स' और 'झूम' की चर्चा करते हैं, प्रायः उसी में डूबे हुए हैं। मुक्तिबोध को उनकी कविता में प्रवेश करते हुए डर लगता था–'उसकी गम्भीर प्रयत्न साध्य पवित्रता के कारण।' इसे भय की बजाय संकोच कहना ज्यादा ठीक है। इस बातचीत में इस संकोच के वास्तविक कारण देखे जा सकते हैं। शमशेर अपनी कविता में ही नहीं, जीवन में भी एकालाप करते हैं। मलयज ठीक ही कहते हैं कि यहाँ 'सिर्फ एक व्यक्ति की आवाज गूँजती रहती है।' कठिन होने के बावजूद नामवर सिंह ने इस एकालाप को तोड़ने और संलाप में बदलने की कोशिश की है। उनकी कोशिश यह भी रही है कि बातचीत 'टूटी हुई बिखरी हुई' कविता पर केन्द्रित हो। स्पष्ट है कि यह पूरी नहीं हो सकी है। बावजूद इसके शमशेर जी की रचना-प्रक्रिया, भावबोध और रुचि के अनेक पक्ष इस बातचीत में ज्यादा स्पष्ट होते हैं। वे 'आशय' और 'अर्थ' की सत्ता को चुपचाप चुनौती देते से लगते हैं–''कोई तार्किक संगति स्पष्ट रूप से मेरे लिखे में नहीं है। दूसरी चीज़ यह कि जब मैं लिख लेता हूँ तो क़रीब दो-तीन साल तक मुझे कुछ समझ में नहीं आता कि क्या मतलब है। बिल्कुल नहीं। जैसे यह 'दरिया' और 'टूटी हुई बिखरी हुई'।''

वे कविता में मूलतः लय की खोज करते हैं। जीवन में शामिल प्रत्येक वस्तु की लय को अपने मूल रूप में खोजना उन्हें प्रिय है–''हर चीज़ मुझसे बातें करती है और मैं यह चाहता हूँ उसकी अपनी जो लय है...हर चीज़ की अपनी एक रिद्म होती है। शुरू में यह मेरी बहुत कोशिश होती थी जिस चीज़ को मैं देख रहा हूँ...और यह बात आई पेंटिंग की तरफ़ से, यानी लय या रिद्म जो है वो संगीत वाली पेंटिंग में भी होती है जो कविता में भी आती है। भावनाओं की भी एक लय होती है। इसमें मैं एक मोटी-सी मिसाल यह भी देता हूँ कि आप जितने पेड़ों को देखें, नीम का पेड़ देखें, बरगद के पेड़ को देखें, इमली का देखें और तमाम केले वगैरह...हर एक की रिद्म अलग-अलग है। जब हम उनका चित्रण कर रहे हैं तो जो उनकी खास अपनी रिद्म है, वो आनी चाहिए। जो बहुत बड़े कवि हैं उनके यहाँ अनायास वो आती है और हम महसूस करते हैं कि वो वस्तु स्वयं बोल रही है। इसी तरह शब्दों पर, उसकी लय पर और संगीत पर इसीलिए ध्यान जाता है कि वही तो मेरे काम की हैं! अगर उसके कथ्य पर ध्यान जाए तो इसका मतलब ये है कि मेरा अपना कोई कथ्य नहीं है। कथ्य मेरे पास है और वो मुझे मजबूर कर रहा है कि मैं उसको व्यक्त करूँ। अब उसके लिए माध्यम चाहिए।" गम्भीर एकालाप में ही उन्होंने अपनी रचना-प्रक्रिया के अनेक पक्षों पर बातचीत की है। इस अर्थ में यह ऐतिहासिक है। इस बातचीत

में नामवर जी उन्हें बातचीत के लिए उकसाने के साथ ही उनकी कविता के बारे में अपनी समझ भी स्पष्ट करते चलते हैं, जो शमशेर जी पर लिखे उनके निबन्धों और भाषणों में अब तक नहीं आ सकी है। वे कविता को अनुभूति की एक इकाई की तरह देखते हैं—ग़ज़ल के एक शेर की तरह—"गोकि मेरे मिज़ाज में और कविता के निर्माण में भी ये जो ग़ज़ल का शेर है, इसका बहुत हाथ है। ये एक अनुभूति की इकाई है और कई अनुभूतियाँ एक के बाद एक ऐसी चली आती हैं...वह सिलसिला कहीं न कहीं 'सबकांशस' में होता है जिसका मुझे बिल्कुल भी पता नहीं है।"

'उजाले में वापस' मुख्यतः बीसवीं सदी के उत्तरार्द्ध के महत्वपूर्ण हिन्दी कवियों के बीच आयोजित बातचीत है। इसकी शुरुआत बीसवीं शताब्दी के अवसान जैसे गढ़े गए दार्शनिक विषय पर हुई परन्तु नामवर सिंह के हस्तक्षेप से ही यह साधारण जमीन पर उतरी है और धीरे-धीरे 1980 के बाद की कविता के नयेपन पर केन्द्रित हो गई है। सम्भवतः इस बातचीत में पहली बार नक्सलबाड़ी की आक्रामक विप्लवी कविता और समकालीन कविता के बीच मौजूद अन्तराल को स्पष्ट विभाजक रेखाओं द्वारा पहचानने की कोशिश की गई है। कविता में स्थानीयता का प्रश्न भी बातचीत में उठा है और प्रायः एक निष्कर्ष तक पहुँच सका है।

नामवर सिंह और शमीम हनफ़ी से असग़र वजाहत और विभूति नारायण राय की बातचीत हिन्दी और उर्दू के कथा-साहित्य की साझी विरासत पर केन्द्रित है। उर्दू में उपन्यास का विकास हिन्दी से पहले क्यों हुआ, प्रेमचन्द ने दोनों भाषाओं के कथा-साहित्य को कैसे एक उभयनिष्ठ जमीन पर लाकर खड़ा किया, नई कहानी और साठोत्तरी हिन्दी कहानी पर उर्दू कहानी के क्या प्रभाव हैं, विभाजन और साम्प्रदायिक हिंसा तथा उत्पीड़न पर उर्दू के मुकाबले हिन्दी में बेहद कमजोर कथा साहित्य क्यों लिखा गया ऐसे अनेक सवालों पर यह बातचीत एक प्रस्थान की तरह है। इन विषयों पर हिन्दी में प्रायः पहली चर्चा। बातचीत में एक टूटन है और बाद की चर्चा में निष्कर्षात्मकता हावी रही है। यदि इन निष्कर्षों को पर्याप्त तर्कों के साथ रखा जा सकता तो यह अपेक्षाकृत ज्यादा गम्भीर और उत्तेजक बन सकी होती। बावजूद इसके नामवर जी के यहाँ प्रायः पहली बार व्यक्त अनेक विचार एक नई बहस का आमन्त्रण देते हैं। भारतीय उपन्यास के उभार पर अपनी अनेक स्थापनाओं को दुहराते हुए यहाँ नामवर जी ने सम्भवतः पहली बार कहा है कि उन्नीसवीं सदी में हिन्दी की केन्द्रीय विधा नाटक थी और हिन्दी उपन्यास लेखन पर इसका असर मौजूद है। 'स्थान' खास तौर पर 'शहर' के निर्णायक महत्व को भी उन्होंने रेखांकित किया है। प्रारम्भिक हिन्दी उपन्यासों की भाषा उर्दू के बेहद करीब है—यह भी उन्होंने यहाँ प्रायः पहली बार कहा है। विभाजन पर लिखने वाले हिन्दी लेखकों और उर्दू लेखकों के बीच के फर्क को रेखांकित करते हुए 'दर्द', 'अपराध बोध' और 'शर्म' की भूमिका का उन्होंने रेखांकन

किया है। हिन्दी के नई कहानी आन्दोलन पर उर्दू के नये कहानियों के योगदान को प्रभाववाली मानते हुए उन्होंने कहा है–'हिन्दी की नई कहानी के विकास में योगदान उर्दू कहानी का है। खासतौर पर मंटो और बेदी का।...नई कहानी के दौर में जैनेन्द्र जिन्दा थे। नई कहानी के लोगों ने उनको किनारे कर दिया, हाशिये पर डाल दिया।'

नामवर सिंह और राजेन्द्र यादव की बातचीत का क्षेत्र बहुत फैला हुआ है। इसमें इतने विषय सन्दर्भ, प्रसंग, मत और कृतियाँ चर्चा में आयी हैं कि पाठक के लिए उनका खाता रखना भी कठिन हो जाता है। यह तेज चाल चलते लगभग दौड़ते दो व्यक्तियों की बातचीत की तरह मालूम पड़ती है। किसी विषय पर ज़्यादा ठहरे और उसे पूरा किए बगैर ही आगे बढ़ जाने के कारण उस बारे में अनेक बार वक्ता का अन्तिम मत तो पता नहीं चल पाता, परन्तु उनकी बुनियादी समझ प्रकट हो जाती है। दो अनुभव सम्पन्न और एक दूसरे से वाद विवाद संवाद का पचास वर्ष का साझा रखने वाले साहित्यक मित्रों की आपसी नोंक झोंक और चुहलबाजी इसे रोचक बनाए रख सकी है। राजेन्द्र यादव के मुक्त व्यवहार की तुलना में नामवर जी यहाँ सीमाबद्ध नजर आते हैं। संकोची। विशेष रूप से निजी प्रश्नों पर। यह बातचीत परस्परता और समानान्तरता के मेल का अद्‌भुत उदाहरण है।

पुस्तक की अन्तिम बातचीत हिन्दी में चल रही 'दलित चेतना और दलित साहित्य' सम्बन्धी बहसों पर केन्द्रित है। नामवर जी साहित्य और विचार के क्षेत्र में दलितों के आगमन को जरूरी मानते हैं–"ग़ैर-दलितों के द्वारा तो दलितों के बारे में लिखा गया लेकिन यह भी ज़रूरी है कि स्वयं दलित लोग भी गूँगे न बने रहें, बल्कि उनके पास भी आवाज़ हो और वे भी अपनी पीड़ा की अभिव्यक्ति करें।' जन्मना दलित की अवधारणा का वे समर्थन नहीं करते। इसके लिए दलित चेतना होना ज़रूरी है- 'कोई लेखक दलित कुल में जन्म लेने से ही दलित चेतना का संवाहक नहीं हो जाता। यह भी हो सकता है कि जो जन्म से दलित हो वही आगे चलकर दलितों पर अत्याचार और शोषण करनेवाल सिद्ध हो जाए। ऐसा हुआ भी है। जिस वर्ग में आदमी पैदा होता है, कभी-कभी उसी का घातक भी होता है।... इसलिए 'जन्मना' दलित ही दलित चेतना का प्रतिनिधि होगा, दूसरा कोई नहीं-यह गलत है।" दलित साहित्य की विशेषताओं और सीमाओं को वे इस तरह रेखांकित करते हैं– "इसकी कुछ विशेषताएँ हैं–सारी सवर्ण व्यवस्था के खिलाफ गुस्सा और उसको तोड़कर एक नई व्यवस्था के निर्माण के लिए पहल। लेकिन वह गुस्सा ही गुस्सा है फिलहाल।... इसीलिए दलित लेखक यह कह रहे हैं कि दलित साहित्य वह नहीं है, जो प्रगतिशील आन्दोलन में भाग लेने वालों ने लिखा या जनवादियों ने लिखा। क्योंकि दलितों के बारे में लिखा जाकर भी ऐसे लेखन का चरित्र 'संरक्षणवादी' है। दलितों के प्रति 'दया दिखानेवाला है।"

शीर्ष दलित विचारकों के वैचारिक आधार को उन्नीसवीं और बीसवी सदी में उभरे उपनिवेशवाद विरोधी-साम्राज्यवाद विरोधी संघर्ष के परिप्रेक्ष्य में देखते हुए वे उसकी एक बड़ी सीमा की ओर संकेत करते हैं–" मैं क्षमा चाहूँगा इसकी याद दिलाने के लिए कि अन्तर्राष्ट्रीय धरातल पर यह वर्ग साम्राज्यवाद, उपनिवेशवाद को उतना बड़ा दुश्मन नहीं समझता था, जितना बड़ा ब्राह्मणवाद को। महात्मा फुले स्वयं साहित्यकार थे। लेकिन वे अपने ज़माने में उपनिवेशवाद विरोधी उतने बड़े नहीं थे जितने कि ब्राह्मणवाद विरोधी। उनके अनुसार अंग्रेज़ों की गुलामी उतनी बुरी नहीं जितनी की ब्राह्मणशाही की। बल्कि उनको लगता था कि अंग्रेज़ ब्राह्मणवाद के ख़िलाफ़ ज्यादा उपयोगी हैं, अधिक कारगर साबित होंगे। मैं ये बातें इसलिए कह रहा हूँ कि यही 'थ्योरी' आगे चलकर अम्बेडकर में दिखाई पड़ती है।" समकालीन दलित वैचारिक आन्दोलन को वे फोर्ड फांउडेशन जैसी मार्क्सवाद विरोधी संस्थाओं से जोड़कर देखते हैं–"दलित साहित्य को 'फोर्ड फाउंडेशन' संचालित कर रही है। इसकों यों कहें कि नव-उपनिवेशवाद अथवा नव-साम्राज्यवाद के साथ इधर एक उत्तर-उपनिवेशवाद नाम की चीज़ चली है-पोस्ट-कोलोनिज़्म। यह विचारधारा ख़ासकर उन देशों के लिए और उन देशों में भी ख़ासतौर से उन लोगों के लिए जो लोग हाशिए पर रह रहे हैं और जिनको राष्ट्रवाद या राष्ट्रीयता के नाम पर सवर्ण लोगों ने उनकी आवाज़ को कम्बल के नीचे दबा रखा था।" नामवर सिंह मानते हैं कि दलितों की मुक्ति के लिए पूरे समाज की मुक्ति अनिवार्य है। अकेले दलित ही अपनी कोई स्वतन्त्र और निजी मुक्ति प्राप्त नहीं कर सकते। नामवर जी मार्क्सवाद को ही इस सिलसिले में अभी भी संघर्ष का सबसे उपयुक्त माध्यम मानते हैं–"लेनिन कहते हैं कि मजदूर वर्ग की चेतना तभी क्रान्तिकारी चेतना होगी जब वह पूरे समाज की मुक्ति चाहती हो। यह बात 'वर्गवाद' और 'वर्णवाद' दोनों का विरोध करती है।"

यह पुस्तक नामवर जी की आठ पुस्तकों की शृंखला में प्रकाशित है। इन पुस्तकों में प्रकाशित हो रही सामग्री पिछले 60 वर्षों की दीर्घ अवधि में लिखित एवं प्रकाशित परन्तु असंकलित रही है। खोज का यह काम 2005 में प्रारम्भ हआ। निरन्तर पत्र-पत्रिकाओं-पुस्तकों, पुस्तकालयों, इंटरनेट एवं खासतौर पर निजी संग्रहों को खँगालने पर यह सामग्री प्राप्त हुई–लगभग 2000 पृष्ठ। उसमें नामवर जी के आलेख, व्याख्यानों के लिप्यन्तरित पाठ, वाचिक टिप्पणियाँ, व्यक्तिगत साक्षात्कार एवं सामूहिक परिसंवाद शामिल हैं। इसके बावजूद अभी अनेक आलेख और व्याख्यानों के मुद्रित पाठ खोजे जाने बाकी हैं। नामवर जी ने जब स्वयं यह संग्रह देखा तो उन्हें आश्चर्य हुआ। अनेक आलेख और व्याख्यान उनकी स्मृति में नहीं थे। इस सामग्री को पुस्तकों में बाँटने की प्रमुखतः दो योजनाएँ विकल्प के रूप में सामने थीं–विषयवार पुस्तकें और लिखित-वाचिक की अलग-अलग पुस्तकें। हमने बीच का रास्ता अपनाया। सामयिक

विषयों पर एक स्वतन्त्र पुस्तक 'जमाने से दो दो हाथ' के साथ प्रेमचन्द पर केन्द्रित पुस्तक 'प्रेमचन्द और भारतीय समाज' में आलेख, भाषण एवं वाचिक टिप्पणियाँ एक साथ मौजूद हैं। इसके अतिरिक्त वाचिक की दो पुस्तकें 'आलोचना और विचारधारा' तथा 'साहित्य की पहचान', लिखित की दो पुस्तकें 'कविता की ज़मीन और ज़मीन की कविता' तथा 'हिन्दी का गद्य पर्व' और साक्षात्कार-संवाद की दो पुस्तकें 'साथ साथ' तथा 'सम्मुख'। यह पुस्तकें आपके सामने हैं। इन पुस्तकों से गुजरते हुए आप नामवर जी की प्रतिभा के विविध आयामों से संवाद कर सकेंगे।

सम्पूर्ण खोज-यात्रा में प्रो. कमला प्रसाद जी के साथ ही हिन्दी के वरिष्ठ कथाकार प्रो. काशीनाथ सिंह का प्रोत्साहन मेरी शक्ति रहा है। अनेक आदरणीय वरिष्ठों एवं मित्रों ने इस कार्य में निरन्तर दिलचस्पी ली है और बहुविध सहयोग किया है। गोमती प्रसाद विकल, कुमार पंकज, विजय बहादुर सिंह, रवि श्रीवास्तव, रमाकांत शर्मा, सदानंद शाही, विनोद दास, विवेक मिश्र, विनोद तिवारी, क्षितिज विवेक, प्रवेश तिवारी, पल्लव, संज्ञा उपाध्याय, सूर्यनारायण, व्योमेश शुक्ल, तेजभान राम और नीलेश कुमार ने सामग्री संग्रह के कार्य में उत्साहपूर्वक सहयोग किया है। युवा साथियों चन्द्रशेखर सिंह, वीरेन्द्र गौतम और विशाल विक्रम सिंह ने अन्य कार्यों में मेरा हाथ बँटाया है। सभी के प्रति आभार व्यक्त करना सिर्फ औपचारिकता नहीं है।

इस सम्पूर्ण यात्रा में एक बात मैं निरन्तर महसूस करता रहा कि इसके संग्रहण एवं प्रकाशन के प्रति नामवर जी में गहरी असम्पृक्ति रही है। सम्भवतः यही कारण है कि इतनी ढेर सारी सामग्री अब तक पुस्तक रूप में संकलित-प्रकाशित नहीं हो सकी है। अनेक व्याख्यान तो उन्होंने प्रकाशित रूप में देखे भी न थे। आज के समय में, जबकि लोग आत्म-प्रदर्शन की प्रवृत्ति के शिकार हैं, नामवर जी में एक किसान का-सा संकोच है। अपने लिखे और बोले हुए के प्रति नामवर जी की यह असम्पृक्ति और उसके व्यवस्थित प्रस्तुतिकरण के प्रति उनका यह संकोच, मुझे अनेक तरह से अपरिग्रह के पुराने मूल्य का ही एक नया रूपान्तर लगता रहा है। उनके समकालीनों, हमउम्रों और उन्हें ज्यादा जानने का दावा करने वाले लोगों के विचारों के समानान्तर मुझे नामवर जी में एक 'सूफियाना विराग' मिलता है। एक बार मेरे पूछने पर उन्होंने स्पष्ट रूप से कहा था कि 'चाहे निबन्ध हों या पुस्तक, मुझे उसका प्रकाशन तभी जरूरी लगता रहा है, जबकि वह मौजूदा परिदृश्य में हस्तक्षेप करे, उसके ठहराव को तोड़े और वाद-विवाद-संवाद की प्रक्रिया को आगे बढ़ाए। मेरी ज्यादातर पुस्तकें अपने समय की बहसों में भागीदार होकर लिखी गई हैं। इसीलिए संग्रह के लिए संग्रह निकालना मेरी प्राथमिकता नहीं रहा है।' इसी विचार के कारण पर्याप्त सामग्री के बावजूद उनके संग्रह सामने नहीं आ सके। मैंने देखा था कि 'वाद विवाद संवाद' के साथ ही 'आलोचना' में उनकी एक अन्य पुस्तक का विज्ञापन छपा था–'जब हिन्दी

नई चाल में ढली'। वह पुस्तक नहीं आ सकी। शुरूआती दिनों में मैंने भी उनके आलोचनात्मक निबन्धों के पुस्तक रूप में प्रकाशन की जब भी बात की, उन्होंने ज्यादा रुचि नहीं ली। प्रकाशकों और मित्रों के आग्रह के बावजूद उनकी पुस्तक 'बकलम खुद' का दूसरा संस्करण प्रकाशित नहीं हो सका। कविताओं का तो पहला ही संग्रह अब तक नहीं निकल सका है।

इसके बावजूद यदि इन पुस्तकों का प्रकाशन हो रहा है, तो इसका आशय यह नहीं है कि नामवर जी का विचार बदला है। वस्तुतः अनेक मित्रों के निरन्तर दबाव और निरन्तर आग्रह के कारण उन्होंने इनके प्रकाशन की अनुमति दी है। संकोच के साथ। मैं इसके लिए उनका आभारी हूँ। उम्मीद है कि इनके प्रकाशन से गत साठ वर्षों से अधिक में फैली उनकी रचनात्मकता अपने ज्यादा आयामों में उभर सकेगी। छः दशकों में प्रगतिशील आलोचना की प्रभावशाली एवं निर्णायक भूमिका का खुलासा भी उनसे हो सकेगा तथा नामवर जी की अपनी वैचारिक स्थिति अधिक स्पष्ट हो सकेगी।

–आशीष त्रिपाठी

अनुक्रम

भारत में आर्यों की अखंड इकाई नहीं थी

रामविलास शर्मा से नामवर सिंह और मंगलेश डबराल की बातचीत

नामवर सिंह : डॉक्टर साहब, यह बीसवीं सदी का अवसान काल है। आपने लगभग अस्सी वर्षों से इस शताब्दी को देखा ही नहीं, बल्कि अपनी लेखनी के द्वारा और अपने कार्यों के द्वारा इस शताब्दी के निर्माण में अपना योगदान किया। हमारे बीच आज ऐसे बहुत कम लोग रह गए हैं। इसलिए इस लम्बे अनुभव के बारे में मैं आपसे अवश्य कुछ कहना चाहूँगा लेकिन उसके पहले यह जो शताब्दी का अन्तिम दशक है जो नब्बे से शुरू होता है, बातचीत का आरम्भ हम वहाँ से करेंगे। इस दशक में आपके 'इतिहास दर्शन,' 'भारतीय साहित्य की भूमिका,' 'पश्चिमी एशिया और ऋग्वेद,' 'भारतीय नवजागरण और योरप' जैसी चार महत्त्वपूर्ण कृतियाँ या बल्कि ग्रन्थ कहें, आए। और दो घोषित हैं–'भारतीय संस्कृति और हिन्दी प्रदेश', जो कम्पोज हो रहा है और उम्मीद है कि आगामी समय में कभी भी आ जाएगा। दूसरा, सौन्दर्यशास्त्र पर आप काम कर रहे हैं जिसके केन्द्र में तुलसीदास हैं। नब्बे का दशक आपके कृतित्व को देखते हुए अद्वितीय है, अनूठा है। इसलिए इस दशक से आरम्भ करते हुए क्रमशः हम फिर अतीत की ओर जाएँगे, फिर भविष्य की ओर भी देखेंगे। यदि आपकी अनुमति हो तो हम प्रारम्भ करें?
रामविलास शर्मा : हम एक बात जोड़ते हैं। एक पुस्तक और पूरी हुई 'गांधी, अम्बेडकर, लोहिया और इतिहास की समस्याएँ'। यह पुस्तक मेरी तरफ से पूरी हो गई। कैसेट से सामग्री कब पूरी उतारी जाती है और कब छपती है, यह वाणी प्रकाशन पर निर्भर है।
नामवर सिंह : तो इतना रचनात्मक कार्य है आपका–इस उम्र में–यह आश्चर्यजनक है। इस दशक में पहले जो तीन-चार कृतियाँ प्रकाशित हो चुकी हैं जिनका नाम लिया है, उनके केन्द्र में, बल्कि कहना चाहिए प्रस्थान बिन्दु मुख्यतः ऋग्वेद है और आर्यों की समस्या है। हम देखते हैं कि जिसे हम संघ परिवार कहते हैं उसकी जो बौद्धिक सांस्कृतिक संस्थाएँ हैं–जैसे बाबा साहब आम्टे स्मारक समिति, दीनदयाल उपाध्याय

समिति, 'मन्थन' नाम की पत्रिका है, दूसरी पत्रिकाएँ भी हैं। साथ ही प्रो. वी.वी. लाल, प्रो. एस.वी. गुप्ता वगैरह जिनमें कुछ पुरातत्व से जुड़े हुए हैं, कुछ इतिहास से जुड़े हुए हैं इन सबका एक लक्ष्य है जिसे वे सांस्कृतिक राष्ट्रवाद कहते हैं, उसके ठीक समानान्तर नब्बे के दशक में आपके चिन्तन के क्षेत्र में भी करीब-करीब वही समस्या है। आर्य इस देश के निवासी हैं। हड़प्पा और ऋग्वेद की सभ्यता में अन्तर नहीं है। एक ही सभ्यता है ऋग्वेद के रूप में आर्यों की, जो हड़प्पा की नगर सभ्यता–तथाकथित नगर सभ्यता–के रूप में है। ये सारी बातें संघ परिवार की वे संस्थाएँ भी कह रही हैं। मेरी पीढ़ी के लोगों और नवयुवकों–सभी की तरफ से मैं यह जानना चाहता हूँ कि आपका एजेंडा और उन लोगों का एजेंडा जिन्होंने बाबरी मस्जिद गिराई थी, एक ही दिखाई पड़ता है क्यों? यह सिर्फ संयोग है? क्या इसमें सम्बन्ध है? यह हम जानना चाहते हैं जो आपको पथ प्रदर्शक के रूप में देखते हैं।

रामविलास शर्मा : हिटलर का जब अभ्युदय हुआ तब उसने जर्मन संस्कृति को उद्धृत करके जनता में लोकप्रियता हासिल की थी या नहीं! दिमित्रोव ने जो कुछ हिटलर के विरुद्ध लिखा, उसमें उसने इस बात की ओर ध्यान दिलाया था या नहीं कि जर्मनी के कम्युनिस्टों को अपनी संस्कृति का अध्ययन जिस तरह करना चाहिए था, उस तरह से उन्होंने नहीं किया और इस तरह नात्सियों को यह अवसर मिला कि उस संस्कृति को विकृत करके जनता को गुमराह करें। यदि फासिस्टवाद से लड़ना है तो संस्कृति की तरफ ध्यान देना ज़रूरी होगा। इस सम्बन्ध में स्थिति यह है कि कम्युनिस्ट पार्टी–चाहे भारतीय कम्युनिस्ट पार्टी हो या सी.पी.आई.एम.–इनकी जो कांग्रेसें होती हैं, उनमें संस्कृति का कोई कार्यक्रम रहता है क्या? इतिहास के प्रति कौन सा दृष्टिकोण अपनाना चाहिए, क्या इसकी तरफ उन्होंने ध्यान दिया है? भारत जैसे देश में अपनी संस्कृति का अध्ययन किए बिना वामपक्ष कैसे यह आशा करता है कि हम आर.एस.एस. का मुकाबला करें? यह तो भूमिका है। अब जो उनके दृष्टिकोण और मेरे दृष्टिकोण में बुनियादी अन्तर है, वह बताता हूँ–जितने हमारे पूँजीवादी इतिहासकार और मार्क्सवादी इतिहासकार हैं, वे आर्यों को एक अखंड इकाई मानकर चलते हैं। भारत में आर्य आए कि नहीं आए, यह प्रश्न वे करते हैं। हमारा कहना है कि भारत में आर्यों की कोई अखंड इकाई नहीं थी। नस्ल के आधार पर कभी भी भारतीय समाज या संसार के किसी भी समाज का संगठन नहीं हुआ है। तुम्हारा जितना ऐतिहासिक भाषा विज्ञान है, वह द्रविड़ परिवार पर काम करता है तो नस्ल के आधार पर, इंडो-योरोपियन परिवार का काम करता है तो नस्ल के आधार पर। वे समझते हैं कि एक भाषा परिवार शून्य से विकसित होता है और दूसरे भाषा परिवारों से उसका सम्पर्क नहीं होता है। इसलिए द्रविड़ तत्त्व आर्य भाषा में हों, यह उनके लिए कल्पनातीत है। आर्य भाषाओं में इसलिए है कि आर्यों ने द्रविड़ों को जीता है, लेकिन ग्रीक भाषा में

द्रविड़ भाषा के तत्त्व हो सकते हैं, फारसी में द्रविड़ भाषा के तत्त्व हो सकते हैं–यह उनके लिए कल्पनातीत है। इस विषय पर लोगों ने काम किया है। मेरे अलावा काम किया है लेकिन उस पर किसी ने ध्यान नहीं दिया।

नामवर सिंह : डॉक्टर साहब...

रामविलास शर्मा : एक मिनट, मैं पूरी बात कर लूँ...। 'भाषा और समाज' मेरी पुस्तक सन् 1961 में प्रकाशित हुई। उसमें मैंने इस बात का खंडन किया कि किसी आदि भाषा से अन्य भाषाओं का विकास होता है। किसी आदि इंडो-योरोपियन भाषा से योरोप की और भारत की भाषाओं का विकास हुआ, इस धारणा का मैंने खंडन किया। आदि भाषा की कल्पना हिन्दू राष्ट्रवादियों में है और पूँजीवादी तथाकथित वैज्ञानिक चिन्तकों में भी है। हम गण भाषाओं की बात करते हैं। यहाँ मगध गण था, यहाँ भरत गण था, पुरु गण था, पांचाल गण था। जिन लोगों ने संस्कृति पर लिखा है, वे मानते हैं कि संस्कृत का केन्द्र पहले सारस्वत प्रदेश में था। वो फिर बाद में खिसककर, कुरु क्षेत्र में, दक्षिण में, कान्यकुब्ज प्रदेश में आया। वह क्यों खिसका, इसका वे कारण नहीं बताते। मैं कारण बताता हूँ। सातवलेकर ने लिखा है कि ऋग्वेद के बाद भरत इतिहास से गायब हो जाते हैं, इसका वे कोई कारण नहीं बताते। मैं कारण बताता हूँ, जल प्रलय के कारण भरत सारस्वत क्षेत्र छोड़कर भागे। मुझसे पहले यह बात भगवान सिंह ने लिखी थी। मैंने उनका समर्थन किया है।

नामवर सिंह : ऐसा है, आपके ग्रन्थों में ये सारी बातें लिखी हुई हैं और मेरा खयाल है कि मेरी आपकी यह बातचीत प्रकाशित होगी। पढ़ेंगे लोग। और उनमें से अधिकांश हैं जो आपके प्रति श्रद्धालु हैं, हमारे जैसे लोग उन तथ्यों को पढ़ लेंगे। तो जो मुख्य मुद्दा है उसको लें, क्योंकि यह बहुत विस्तार हो रहा है। सवाल है कि आर्य किधर से आए या आर्य यहाँ से बाहर गए? वे यहाँ के मूल निवासी थे या नहीं? जिन संघ वालों का मैंने नाम लिया है, 'मन्थन' नाम की शोध पत्रिका में उन्होंने कहा है कि यह सिर्फ एकेडमिक दिलचस्पी की चीज़ नहीं है बल्कि इट हैज रिस्पांस बियरिंग ऑन कन्टेम्परेरी इंडियन पॉलिटिक्स। साफ-साफ कहते हैं वे कि इसका राजनीतिक निहितार्थ है, वह राजनीतिक निहितार्थ जिसे अंग्रेज़ी में 'जिनोफोबिया' कहते हैं। कहने का अर्थ है कि जो आर्य की सन्तान हैं–वे तो हुए देशी, स्वदेशी, भारतीय। इसलिए जो विदेशी तत्त्व हैं–शत्रु हैं हमारे–उनके प्रति नफरत, डर का भाव पैदा हो। इसीलिए मैंने कहा कि जो सांस्कृतिक राष्ट्रवाद की राजनीति निकलती है, उसकी परिणति बाबरी मस्जिद के ध्वंस में होती है। मगर यहाँ मैं यह भी कहना चाहता हूँ कि मार्क्सवादी इतिहासकार रामशरण शर्मा हैं, अन्य भी अनेक लोग हैं जो आर्यों के बाहरी या मूल निवासी होने की समस्या पर विचार करते रहे हैं। आपके सामने वे सारे सन्दर्भ मौजूद हैं। और आपसे कहने की ज़रूरत नहीं

कि पश्चिमी देशों में भी जो भारत विद्याविद् हैं–पुरातत्वविद् हैं–उनमें से भी बहुत-से हैं जो मानते हैं कि आर्य यहीं के थे, लेकिन इस मान्यता से दो तरह की राजनीति निकलती है। एक कि आर्य विदेशी हैं, इसी के आधार पर अंग्रेज़ों ने अर्थ निकाला कि आर्य बाहर से आए, जीते। हम भी बाहर से आए, आपको परास्त किया तो हमारा हक है। यह उपनिवेशवादी राजनीति है। इसके बरक्स दूसरी राजनीति यह निकलती है कि आर्यों को यहाँ का मान लिया जाए तो जो बाहरी हैं–बाहर से आए–उनको खदेड़ो। ये शत्रु हुए। तो आपकी इस स्थापना से कि आर्य भारत के मूल निवासी हैं, मान लेने से जो राजनीति निकलती है, कहीं-न-कहीं आपके ग्रन्थों में तो आपकी तरफ से होना चाहिए कि वह उस राजनीति के साथ नहीं है। उसका खंडन स्पष्ट रूप से किया जाना चाहिए।

रामविलास शर्मा : बुनियादी ध्येय किस तरह का है और यह कि हिन्दू राष्ट्रवाद से किस तरह लड़ना चाहिए। हिन्दू राष्ट्रवाद के लिए वैदिक भाषा आदि भाषा है। इससे भारत की सभी भाषाएँ निकलती हैं। भारत की नहीं तो आर्य भाषा परिवार की सारी भाषाएँ तो निकली ही हैं। ऐतिहासिक भाषाविज्ञान भी यही कहता है। पूँजीवादी भाषा विज्ञान और हिन्दूवादी भाषाविज्ञान, दोनों यही बात कहते हैं कि वैदिक भाषा से सभी भारतीय भाषाएँ निकली हैं। मैं गण भाषाओं की स्थापना सामने लाता हूँ और कहता हूँ कि गण भाषाओं में शब्द भंडार की भिन्नता है। व्याकरण की भिन्नता है और भारतीय आर्य भाषाएँ किसी एक आदि भाषा से नहीं निकलीं, इसलिए तुम वैदिक संस्कृति को हिन्दू संस्कृति नहीं कह सकते। मराठी में तीन लिंग होते हैं। बांग्ला में एक भी नहीं होता और दोनों भाषाएँ संस्कृत से निकली हैं, इसको तुम स्वीकार कर सकते हो, मैं नहीं स्वीकार कर सकता। इसलिए हिन्दू संस्कृति से लड़ने के लिए जो सामाजिक संगठन है, जनजातियाँ हैं, जातियाँ हैं–नेशनलटीज़ हैं, उनके ऊपर ध्यान केन्द्रित करना चाहिए। जो इस्लामिक फंडामेंटलिस्ट हैं वे जातीयता का विरोध करते हैं, जो हिन्दू फंडामेंटलिस्ट हैं वे जातीयता का विरोध करते हैं। और कौन सी कम्युनिस्ट पार्टी हिन्दी प्रदेश की एकता का समर्थन करती है, मैं तो करता हूँ। हिन्दी जाति का अस्तित्व उनके लिए है नहीं। जब तक जातीयता और सामाजिक गठन को लेकर नहीं चलोगे तब तक हिन्दू राष्ट्रवाद और उसकी अराजकता का मुकाबला नहीं कर सकते। तब तक भारतीय संस्कृति हिन्दू संस्कृति रहेगी, वह हिन्दी प्रदेश की प्राचीन संस्कृति नहीं होगी, वह कश्मीर की प्राचीन संस्कृति नहीं होगी, वह बंगाल या महाराष्ट्र की प्राचीन संस्कृति नहीं होगी।

मैंने ऐतिहासिक भाषाविज्ञान में यह उद्‌घाटित किया कि जो प्राचीन गण भाषाएँ हैं उनकी विशेषताएँ संस्कृत से भी पहचान सकते हो, ऋग्वेद से भी पहचान सकते हो और उन भाषाओं के विकसित रूप हमारी आज की भाषाओं में दिखाई देते हैं। तुम

जो एक सामान्य भूमि की बात करते हो, आर्यों के आक्रमण की बात करते हो, उसका अंग्रेज़ों ने कितना लाभ उठाया, इस पर तुमने ध्यान दिया है? रामस्वामी पणिक्कर ने जो सारा आन्दोलन चलाया वह उत्तर भारत के विरोध में था और उसका आधार यह स्थापना थी कि आर्यों ने बाहर से आकर द्रविड़ों को गुलाम बनाया और द्रविड़ सभ्यता का नाश किया। देवीप्रसाद चट्टोपाध्याय ने द्रविड़ सभ्यता के बारे में भी कुछ लिखा है। उसमें उन्होंने मान लिया है कि हड़प्पा सभ्यता द्रविड़ सभ्यता थी और आर्यों ने आकर उसका विनाश किया। ह्विलर ने यह बात कही थी। ह्विलर ने अपनी बात वापस ली लेकिन देवीप्रसाद चट्टोपाध्याय ने ह्विलर की आलोचना की कि ये डर गए और जो सही स्थापना थी, उसे वापस लिया। यानी द्रविड़ों को आर्य न जीतें तब तक भाषाविज्ञान, इतिहास विज्ञान का विकास नहीं। इससे केवल आर्य द्रविड़ों का संघर्ष नहीं शुरू होता बल्कि शूद्र ब्राह्मण का संघर्ष भी शुरू होता है। आर्यों ने द्रविड़ों को, आदिवासियों को शूद्र बनाया, दास बनाया, वर्ण-व्यवस्था कायम की। इसलिए आर्यवाद का विरोध करने के लिए इतनी बातें हुईं। हालाँकि मार्क्स ने लिखा है कि जातिप्रथा की व्यवस्था यहाँ ही नहीं, बाहर भी थी लेकिन जातिप्रथा की जाँच न करके आर्यवाद का विरोध किया गया। यानी कि आर्यों ने भारत पर आक्रमण किया और भारत को जीता। इससे सामन्तवाद लाभ उठाता है, साम्राज्यवाद लाभ उठाता है। मैं उक्त धारणा का खंडन करता हूँ तो तुमको लगता है कि मैं हिन्दू राष्ट्रवाद का समर्थन कर रहा हूँ।

नामवर सिंह : मैं यह नहीं कहता हूँ डॉक्टर साहब कि मुझे लगता है। मैं यह कह रहा हूँ कि आर्यों को भारत का मूल निवासी मानने के साथ ही आर्य परिवार की भाषा और संस्कृत को भी यहाँ की मूल भाषा मान लेंगे। नतीजा आपने देखा होगा कि तमिलनाडु के मन्दिरों में संस्कृत में प्रार्थनाएँ होती थीं, अब उन्होंने कहा कि नहीं, प्रार्थना तमिल में होगी...

रामविलास शर्मा : यह तो बिलकुल सही किया है। हमारा कहना है कि प्रार्थना हिन्दी में होनी चाहिए। संस्कृत में नहीं होनी चाहिए।

नामवर सिंह : मैं सिर्फ यह कह रहा हूँ कि मूल निवासी यहाँ के आर्य भी हैं, तमिलभाषी भी हैं—द्रविड़, यही नहीं बल्कि आदिवासी जातियाँ जिन पर आपने 'प्राचीन भारतीय भाषा परिवार और हिन्दी' वाली किताब में कई बार लिखा है, उनमें से कइयों का दावा है कि आदिवासी तो हम हैं। अब ये सारे हैं इसलिए आर्यों को आदिवासी साबित कर देने से—यहाँ के मूल निवासी साबित कर देने से समस्या नहीं सुलझती है।

रामविलास शर्मा : इस तरह सुलझती है कि आर्य भाषा पर मुंडा भाषा परिवार का प्रभाव पड़ा था कि नहीं। वैदिक भाषा में मुंडा भाषा के तत्त्व हैं या नहीं, यह बात

मैंने सबसे पहले कही थी। द्विवचन का प्रयोग मुंडा भाषा की विशेषता है। ग्रीक भाषा में द्विवचन का प्रयोग बहुत होता है। यह द्विवचन का प्रयोग इन्होंने वहाँ से सीखा। यहाँ की वाक्य रचना क्रिया से आरम्भ होती है यह विशेषता मुंडा भाषा में थी। बाद में कर्ता से वाक्य रचना आरम्भ हुई, ये सारी बातें मैंने लिखी हैं। इन सबको छोड़कर आर्य बाहर से आए और उनका यहाँ का मूल निवासी होना हिन्दू राष्ट्रवाद है, इसी पर तुम ध्यान केन्द्रित कर रहे हो, मैं इसका विरोध करता हूँ।

नामवर सिंह : ठीक है, आप करें। मैं उस पर नहीं कह रहा हूँ। मैं यह कह रहा हूँ कि आर्यों के बाहर से आने से जो राजनीति निकलती है वह दूसरे ढंग की राजनीति है।

रामविलास शर्मा : उसका जवाब यह है कि केवल आर्य आदिवासी नहीं थे मुंडा लोग भी आदिवासी थे। 'भारत के प्राचीन भाषा परिवार और हिन्दी' में मैंने यही प्रमाणित किया है।

नामवर सिंह : अब मैं एक अन्य बात कहना चाहता हूँ कि जो हिन्दू राष्ट्रवाद के लोग हैं, उनकी सरकार में हिन्दी भाषा प्रदेश के तीन और टुकड़े हो रहे हैं, जबकि देश के अन्य जातीय क्षेत्रों के नहीं। आप जो पूरी तरह संगठित हिन्दी राष्ट्र की बात एक अरसे से कहते आ रहे हैं, उसी हिन्दी प्रदेश को उत्तरांचल, वनांचल और छत्तीसगढ़ के रूप में तोड़ने की बात हो रही है। और ऐसा लोकतन्त्रवाद के नाम पर हो रहा है कि उनकी स्वायत्तता, उनकी पहचान के लिए यह ज़रूरी है।

रामविलास शर्मा : स्वाभाविक है। इसीलिए वे विघटनकारी हैं, क्योंकि वे जाति का महत्त्व समझते ही नहीं। उनके लिए केवल भारतीय संस्कृति है, जातीय संस्कृति नहीं। इसीलिए मैं गण भाषाओं की बात करता हूँ, जनजातियों की बात करता हूँ। इसीलिए मैं किसी आदि भाषा से तमाम द्रविड़ भाषाओं और हिन्दी आदि के विकास का विरोध करता हूँ।

नामवर सिंह : डॉक्टर साहब, हिन्दू राष्ट्रवादियों ने–संघ परिवार के बुद्धिजीवियों–ने अपना एजेंडा लागू करना शुरू कर दिया है। अभी इंडियन कौंसिल ऑफ हिस्टॉरिकल रिसर्च पर एक अच्छा-खासा विवाद चल रहा है। वे इतिहास को एक नए सिरे से लिखने की बात कर रहे हैं। दरअसल सांस्कृतिक राष्ट्रवाद का एक लम्बा प्रोग्राम है जिसमें शिक्षानीति में परिवर्तन, इतिहास का पुनर्लेखन–मुख्य कार्यक्रम हैं। ये सारी-की-सारी चीज़ें जहाँ जाती हैं, उसमें लोगों को लगता है कि परोक्ष रूप से ही सही–आपकी पुस्तकों से परोक्ष से ही सही, उन्हें समर्थन मिलता है। दूसरी ओर इनका विरोध करनेवाले इतिहासकार और पुरातत्वविद् हैं जो संघ परिवार से टकराते हैं। आप इन इतिहासकारों के साथ नहीं खड़े होते?

रामविलास शर्मा : ये लोग हिन्दी जाति का अस्तित्व स्वीकार करते हैं? ऋग्वेद से लेकर कालिदास और निराला तक यह साहित्यिक सम्पदा–सारी पैदावार–हिन्दी प्रदेश

की है, स्वीकार करते हैं? रामशरण शर्मा की पुस्तक 'आर्य संस्कृति की खोज' में कहीं भी भरतों का नाम है? भरत नाम का एक गण था, यह बात कहीं स्वीकार की है? ट्राइब्स और ट्राइब्स के बाद जो जनजातियाँ पनपीं उनका नक्शा कहीं इनके दिमाग में है? इनमें और हिन्दू राष्ट्रवादियों में एक सामान्य भूमि है–जातियों का अस्वीकार। ये आर्यों के बाहर से आने और भीतर बसने की बात तो करते हैं लेकिन आर्य किन गणों में विभाजित थे–विभिन्न गणों को हम आर्य का नाम देते हैं पर उनकी संस्कृतियों और उनकी भाषाओं में फर्क था। वे आपस में लड़ते थे–यह बात वे कहीं लिखते हैं? नहीं लिखते। मैं लिखता हूँ। अब देखो न, मैं इसके लिए क्या करूँ।

नामवर सिंह : देखिए, बातचीत का यह मुद्दा नहीं है...

रामविलास शर्मा : बातचीत का मुद्दा यह है कि हम जो लिख रहे हैं उससे प्रत्यक्ष या परोक्ष रूप से हिन्दू राष्ट्रवाद लाभ उठाता है! तुम्हारा कहना यह है न?

नामवर सिंह : जी!

रामविलास शर्मा : और मेरा कहना है कि मैं जो लिख रहा हूँ वह हिन्दू राष्ट्रवाद का बिलकुल उलटा है। तुम उसे न समझो तो मैं क्या करूँ?

नामवर सिंह : देखिए, मैं यह नहीं कह रहा हूँ, कभी नहीं कह सकता हूँ कि आप ऐसा 'करेंगे'। मैं तो बस यही कह रहा हूँ कि आपके ग्रन्थों से जो राजनीति निकलती है...

रामविलास शर्मा : मैं जितना बता सकता था, बता दिया। उनके लिए हिन्दू एकता है, उनके लिए आर्य नाम की अखंड इकाई है, मेरे लिए आर्य नाम की अखंड इकाई नहीं है। यह बुनियादी भेद है। उनके लिए आर्य भारत में रहते थे, मेरे लिए भी आर्य भारत में रहते थे। लेकिन आर्यों के साथ यहाँ मुंडा जाति के लोग भी रहते थे, द्रविड़ जाति के लोग भी रहते थे। अन्य भाषा-भाषी लोग भी रहते थे, इनकी बात वे नहीं करते, मैं करता हूँ। इस पर तीन खंडों में मैंने पुस्तक लिखी है। यह सब तुम न देखो और केवल आर्य भारत में रहते थे, इस बात को लेकर नतीजे निकालो तो मैं क्या करूँ?

अच्छा, एक बात और। मार्क्स ने एक बात लिखी थी कि हमारी भाषाएँ और हमारे धर्म भारत से योरोप में आए। सन 1853 में भी उन्होंने यह बात कही। तो उन्नीसवीं सदी में जब तक साम्राज्यवाद संगठित नहीं हुआ तब तक जर्मनी में बहुत सारे लोग यह मानते थे कि भारत से भाषा तत्त्व योरोप में आया।

नामवर सिंह : डॉक्टर साहब, अब इसी के साथ यह मुद्दा भी साफ हो गया। क्योंकि आर्यों वाला मुद्दा ही मैंने नहीं उठाया था, मैंने यह प्रश्न उठाया था कि क्या हड़प्पा संस्कृति और आर्य संस्कृति एक ही है?

रामविलास शर्मा : मैं ऐसा नहीं कहता कि दोनों एक ही हैं। 'भारतीय संस्कृति और हिन्दी प्रदेश' में मैंने यह विस्तार से स्पष्ट किया है कि यह मगधों की संस्कृति है। मगध लोग इतिहासकारों की दृष्टि से बाहर रहे। मेरा कहना है कि वेदों में जो आर्य भाषा वाले नाम मिलते हैं। श्रुतियों में सूर्य को यश कहा गया है। यह शकार कहाँ से आ गया? और एक जगह नहीं, पचास जगह आया है। यह एक प्रमाण है, मगध लोगों के बाहर जाने का। और ये मगध लोग यहाँ पुरोहितों का काम करते थे। 'मैजिक' शब्द मग से निकला है। ईसा मसीह के जन्म के समय जो राजा गए थे वे सब ईरान से गए थे और ये मगध लोग तन्त्र मन्त्र में बहुत पहले से दीक्षित थे। मेरा कहना है कि शिश्न देवा कह कर जिनकी निन्दा की गई है, वे मगध लोग हैं। मेरा कहना यह भी है कि रामायण की जो कथा है मूलतः मगधों और कोसलों के युद्ध की कथा है। जो जनस्थान है हमारा, यह बलिया से चलकर मिथिला तक फैला हुआ है और मध्यप्रदेश में इन्दौर से उडुपी तक फैला हुआ है। कोसल के कवियों ने क्या किया, मगधों से लड़ाई थी तो सबको राक्षस बना दिया। कोसलों और मगधों के युद्ध को उन्होंने मनुष्यों और राक्षसों का युद्ध बना दिया। जो वानर थे, ये भी मगध के लोग थे। सुग्रीव जब अपना सन्देश भेजते हैं तो रावण को अपना भाई कहते हैं। इनके रंग-रूप का जो वर्णन किया गया है 'वाल्मीकि रामायण' में, वह भी मिलता-जुलता है। महाभारत में इस तरह राक्षसों से युद्ध नहीं होता, मनुष्यों से युद्ध होता है।

नामवर सिंह : डॉक्टर साहब, यह जानकर बहुत खुशी हुई कि अपनी किताब में मगध के बारे में विस्तार से लिख रहे हैं और विनोद का प्रसंग यह है कि आप कोसलवादी आदमी हैं–कोसल के रहने के कारण और मगध के राहुल जी...आपने कहा है कि उनका भोजपुरी प्रेम गुमराह करता है तो दोनों में युद्ध हुए...सवाल है कि ये मगध वाले हड़प्पा के हैं या कहाँ के हैं?

रामविलास शर्मा : मेरा मानना है कि ये मगध वाले महाराष्ट्र के हैं। मय का पूर्व रूप है मरा। ये जितने इमारतें बनाने वाले लोग थे, सब मगध के थे।

नामवर सिंह : हड़प्पा से इनका कोई सम्बन्ध नहीं?

रामविलास शर्मा : हड़प्पा में जो मकान बनाने की कला का विकास हुआ था वह मगधों की देन है। लंकापुरी में जो चमत्कार दिखाई देता है, वह मगधों की देन है।

नामवर सिंह : इस प्रकार आप हड़प्पा की संस्कृति को जो अब तक भिन्न मानी जाती थी मातृ सत्तात्मक, नगर सभ्यता–उसका समाहार आप किसी-न-किसी रूप में ऋग्वेद में कर देना चाहते हैं, यही दिक्कत है। सारा झगड़ा इसी बात का है।

रामविलास शर्मा : मगधों की भाषा आर्यों की भाषा से भिन्न थी और ऋग्वेद के पहले हज़ारों साल तक इनकी भाषाओं का परस्पर सम्पर्क रहा है। मैं तुमसे एक सवाल पूछता हूँ–'रामस्य'–रामा–के बाद क्या आया है तो दंत्य 'स' है और 'रामश्च'–रामः

के बाद च आया है तो वह तालव्य श हो गया है। तो यह सन्धि में परिवर्तन क्यों है, इसका कारण बताओ?

नामवर सिंह : आप ही बताएँ। सवाल आप से है। मैं तो सवाल पूछने आया हूँ, जवाब देने थोड़े ही आया हूँ?

रामविलास शर्मा : मैं बता रहा हूँ। 'मृच्छकटिक' में एक प्रसिद्ध पात्र है शकार–वे दंत्य स को हमेशा 'श' करके बोलते हैं। इसका असर बंगालियों में दिखाई देता है जो सन्ध्या को शॉन्ध्या कहते हैं। मगधों का प्रभाव है जिससे कि...

नामवर सिंह : डॉक्टर साहब, भाषाविज्ञान का अधुनातन विद्यार्थी मैं हूँ लेकिन यह बात मेरे गले से उतर नहीं रही है। सन्धि के नियम के अनुसार विसर्ग के बाद दंत्य ध्वनि आती है 'त'। 'च' अपेक्षाकृत वर्त्स्य ध्वनि है इसलिए 'च' के पहले 'स' 'श' हो लेकिन वह कहीं 'र' भी हो जाता है। कहीं केवल विसर्ग सुरक्षित रहता है। इसलिए आपकी बात मेरी समझ में नहीं आ रही है। हो सकता है, आपकी बात सही हो। उस पर मैं विचार करूँगा बाद में। अभी तो मैं मूल विषय पर बात करता हूँ कि अब तक यह समझा जाता था कि हड़प्पा की संस्कृति अधिक प्राचीन है, पुरातत्व से प्रमाणित है कि अधिक प्राचीन है ऋग्वेद से। इस सन्दर्भ में युद्ध की भी कल्पना की गई कि आर्य आए और उन्होंने मारा, इसलिए कंकाल मिलते हैं लेकिन बाद में कहा कि नहीं, ऐसा नहीं है। आर्यों का आगमन तो ठीक है, लेकिन हड़प्पा संस्कृति को नष्ट करने का श्रेय या दुश्रेय उनको नहीं है, लेकिन पुरानी है हड़प्पा सभ्यता, ऋग्वेद की सभ्यता उसके बाद की है। अब हड़पने के लिए उसको कि वह भी एक तरह से आर्य संस्कृति का ही अंग है और ऋग्वेद के काल को हड़प्पा संस्कृति से कई हज़ार साल पहले का साबित करने की कोशिश...

मंगलेश डबराल : एक बात मैं जोड़ना चाहता था कि हड़प्पा सभ्यता के पुरातात्विक साक्ष्य तो बहुत ज़्यादा हैं लेकिन वैदिक सभ्यता उससे प्राचीन थी, इसके साहित्यिक सांस्कृतिक साक्ष्य बहुत हैं पर पुरातात्विक साक्ष्य शायद नहीं हैं।

रामविलास शर्मा : आपने बहुत अच्छा प्रश्न किया। वैदिक सभ्यता यदि बाद की होती तो उसके पुरातात्विक साक्ष्य आपके पास होते। हड़प्पा सभ्यता पहले की है, उसके साक्ष्य आपके पास हैं और वैदिक सभ्यता बाद की है, उसके साक्ष्य आपके पास नहीं हैं, यह बहुत आश्चर्य की बात है। चूँकि यह सभ्यता बहुत पहले की थी...

मंगलेश डबराल : कैसे निष्कर्ष तक पहुँचा जाए?

रामविलास शर्मा : सरस्वती पर ध्यान केन्द्रित कीजिए और सरस्वती पर जो कुछ लिखा गया है, उसे मिलाइए ऋग्वेद से। ऋग्वेद में सरस्वती का वर्णन बहुत जगह है। ऋग्वेद में ही नहीं, यजुर्वेद में भी है। सरस्वती में कई नदियाँ आकर मिलती हैं। इसका उल्लेख है। साहित्य की अपेक्षा जो मॉन्यूमेंट्स हैं, उन पर ज़्यादा भरोसा करना चाहिए,

बिलकुल सही बात है, लेकिन मॉन्यूमेंट्स मनुष्य के बनाए होते हैं और बहुत बार प्रकृति के बनाए भी होते हैं। ये सरस्वती प्रकृति का बनाया मॉन्यूमेंट है। यह ऋग्वेद में जल से भरी हुई है और हड़प्पा सभ्यता के ह्रास काल में खाली है, इससे समय का अन्तर समझा जा सकता है।

मंगलेश डबराल : आर्य चाहे बाहर से आए हों या यहीं के रहे हों, वह जो एक दमनकारी शासन व्यवस्था उन्होंने बनाई, वर्ण व्यवस्था बनाई, चतुर्वर्ण व्यवस्था बनाई, जाति व्यवस्था पैदा की। मेरा खयाल है कि असल सवाल शायद यही है। ऋग्वेद में तो वर्ण व्यवस्था है नहीं।

नामवर सिंह : आपने लिखा है कि परवर्ती उत्तरकाल में यह शुरू हुई थी।

रामविलास शर्मा : हाँ, दसवें मंडल में ब्राह्मण मुँह से पैदा हुए और शूद्र चतुर्थ पाँव से। 'शूद्र' शब्द ऋग्वेद में केवल एक बार आया है। इस बात को बहुत-से लोग मानते हैं कि यह बाद की रचना है।

(इसके बाद लगता है, कैसेट में कुछ देर की वार्ता रिकॉर्ड नहीं हो सकी। लेकिन बाद की बातों से लगता है कि संवाद का विषय ऋग्वेद, आर्यों के आगमन और वैदिक संस्कृति से बदलकर जाति व्यवस्था पर केन्द्रित हो गया—सम्पादक)

जो तेलंगाना में स्ट्रगल हुआ वह जाति बिरादरी के आधार पर हुआ। तुम्हारे यहाँ जो किसान संगठनों की परम्परा रही है, उसे क्यों भूल जाते हो?

नामवर सिंह : मैं बिलकुल नहीं भूल रहा हूँ।

रामविलास शर्मा : तो उस परम्परा में जाति के आधार पर संघर्ष हुआ? तुम मुझे बताओ।

नामवर सिंह : आज आन्ध्र में जाकर कोई आदमी क्यों नहीं उसी तरह का आन्दोलन कर देता है? तेलंगाना क्यों नहीं दोहराया जाता?

रामविलास शर्मा : दोहराया इसलिए नहीं जा रहा है क्योंकि भारत का कम्युनिस्ट आन्दोलन क्रान्ति को भूल गया है।

नामवर सिंह : परिस्थितियाँ बदल गई हैं डॉक्टर साहब। आप रियलटी को नहीं देखते और कम्युनिस्ट आन्दोलन की बात कर रहे हैं। इस बीच पचास सालों से हिन्दुस्तान में परिस्थितियाँ इतनी तेजी से बदली हैं कि अब आप तेलंगाना नहीं कर सकते। तेलंगाना में नक्सलाइट लड़ रहे हैं अब भी, आप देख रहे हैं कि क्या गति हो रही है उनकी।

रामविलास शर्मा : जो परिवर्तन हुआ है वह यह कि सोवियत संघ टूट गया है और कम्युनिस्ट पस्त हो गए हैं और सोचते हैं कि इतना बड़ा समाजवादी देश जब विघटित हो गया है तो समाजवाद का कोई भविष्य नहीं है और पूँजीवाद अजेय है, अमरीका अजेय है—यह लोगों के मन में है। देखो, पूँजीवाद सामन्तवाद का समर्थक है। चीन

में क्रान्ति हुई, अमरीका ने क्रान्ति के खिलाफ वहाँ के जमींदारों को खड़ा किया, जमींदारों का समर्थन किया। क्यूबा में, वियतनाम में, निकारागुआ में और पाकिस्तान में जमींदारों का सबसे बड़ा समर्थक अमेरिकी साम्राज्यवाद है। यह रियलटी है। इस रियलटी के अन्तर्गत तुम जाति प्रथा का अध्ययन कर रहे हो और वास्तविक सच्चाई को नकार रहे हो।

मंगलेश डबराल : डॉक्टर साहब, इस बीच नया यथार्थ सामने आया है तो उसको कैसे पहचाना जाए?

रामविलास शर्मा : नया यथार्थ यह है कि अमेरिकी साम्राज्यवाद एकमात्र सुपर पॉवर है और सुपर पॉवर हर जगह सामन्तवाद का समर्थन कर रही है। जितनी प्रति-क्रियावादी ताकतें हैं, चाहें इस्लामिक फंडामेंटलिस्ट हों या हिन्दू फंडामेंटलिस्ट हों, इन सबका समर्थक अमरीका है। यह एक रियलटी है। इस रियलटी के अन्दर वर्ण संघर्ष होता है, यह आश्चर्य की बात नहीं है।

नामवर सिंह : डॉक्टर साहब, हिन्दू राष्ट्रवाद से आपको अलगाने वाली स्पष्ट चीज़ें यहाँ दिखाई देती हैं। क्योंकि हिन्दू राष्ट्रवाद स्वदेशी का नाम लेने के बावजूद अर्थतन्त्र में जितने दरवाजे अमरीकी पूँजी निवेश के लिए खोल सकता है, खोल रहा है...

रामविलास शर्मा : इसके सबक लेना चाहिए। आर.एस.एस. जो कहता है उस पर नहीं जाना चाहिए, जो करता है उस पर ध्यान दिया जाना चाहिए। इसीलिए आर्यों के बारे में वे जो कहते हैं, उस पर ध्यान नहीं देना चाहिए। भारतीय संस्कृतियाँ हैं, भाषाएँ हैं, जातीय संस्कृतियाँ हैं। इनका वे जो विरोध करते हैं उस पर बात करनी चाहिए। ये सन्त साहित्य धारा का विरोध करते हैं। इनके लिए संस्कृत के बाद पतन ही पतन दिखाई देता है। हिन्दी न होती, बाङ्ला न होती, तमिल न होती तो अच्छा होता, सारे भारत में संस्कृत ही बोली जाती। यह उनका दृष्टिकोण है। आर्य लोग बाहर से नहीं आए, भारत में बसते थे—यह कहने की बातें हैं। उससे जो निष्कर्ष निकलते हैं वे बिलकुल दूसरे हैं। इसी तरह स्वदेशी का भी हमें विरोधी नहीं होना चाहिए, बल्कि स्वदेशी का जो वास्तविक रूप है, उसे सामने लाना चाहिए। यह बताना चाहिए कि स्वदेशी पूँजी के नाम पर तुम जो विदेशी पूँजी को आमन्त्रित कर रहे हो तो तुम कांग्रेस से भी गए-गुज़रे हो।

नामवर सिंह : एक और बात। यह जो हिन्दू राष्ट्रवाद है, पुरुष प्रधान है। पूरी परम्परा भी यही दिखाई देती है। आप जो नारी को इतना सम्मान देने वाले रहे हैं, व्यक्तिगत बात है लेकिन भुवन और विजय की माँ को...मैंने देखा है कि आप कितना सम्मान करते थे लेकिन आपके पूरे चिन्तन में स्त्री की समस्या बहुत कम आई है...

रामविलास शर्मा : लोहिया वाली पुस्तक में एक पूरा अध्याय इसी पर है।

नामवर सिंह : लेकिन हम और सुनना चाहते हैं आपसे। यह वह चीज़ है जो हिन्दू राष्ट्रवाद से अलग करती है आपको।

रामविलास शर्मा : सबसे पहली बात तो यह कि सामाजिक विकास के बारे में जो लोगों की धारणाएँ हैं, मेरी उससे अलग धारणा है। गण समाजों का युग हज़ारों सालों का रहा है, लोगों की कल्पना में यह बात नहीं है। आदिम साम्यवाद का युग हज़ारों सालों का रहा है। वर्ण व्यवस्था तो अभी दो सहस्राब्दियों की है। हज़ारों सालों की जो गण संस्कृति है, उसे हम भूल गए हैं। उसमें स्त्री स्वाधीन थी। आज भी विभिन्न प्रदेशों में स्त्री स्वाधीन है जैसे केरल, जहाँ मातृसत्तात्मक समाज के अवशेष बने हुए हैं, वहाँ वह अधिक स्वाधीन है। जहाँ फ्यूडलिज़्म कम हावी था, वहाँ भी स्वाधीन है जैसे मिथिला और भोजपुरी क्षेत्र में। भोजपुरी क्षेत्र की स्त्री अधिक स्वाधीन है मिथिला की स्त्री से, अवध की स्त्री से। कश्मीर की स्त्री के मुकाबले पंजाबी स्त्री अधिक दबंग है और महाराष्ट्र की स्त्री वह तो लगभग पुरुष के समान सबल है। भारत में विषम गति से विकास हुआ, यह बात ध्यान में रखने की है। तो स्त्री हर जगह गुलाम रही, यह बात सही नहीं है। सामन्तवाद ने स्त्री को गुलाम बनाया इसलिए सामन्तवाद से लड़ना हमारा फर्ज़ है। सामन्तवाद से लड़ने के लिए केवल ब्राह्मण का विरोध करना ज़रूरी नहीं है। भू-स्वामी और पुरोहित–इन दोनों को प्रश्रय दिया साम्राज्यवाद ने, इसलिए उसका विरोध किया जाना चाहिए जैसा कि अन्य मार्क्सवादी देशों में हुआ। सोवियत संघ में हुआ। सामाजिक क्रान्ति के बिना स्त्री स्वाधीन नहीं हो सकती। मूल समस्या सम्पत्ति की है। स्त्री सम्पत्ति की अधिकारिणी हो जाए तो समस्या हल हो जाएगी। हम स्त्रियों के आरक्षण का भी विरोध करते हैं। हम कहते हैं कि आरक्षण से तुम सामाजिक क्रान्ति रोक रहे हो। सामाजिक क्रान्ति करने की तुममें हिम्मत नहीं है, इसलिए आरक्षण देते हो। ऐसी क्रान्ति करो जिससे साक्षरता फैले, सम्पत्ति का नैसर्गिक बँटवारा हो, खुली प्रतियोगिताएँ हों जिससे स्त्रियों को–दलितों को–आगे आने का मौका मिले। ऐसी परिस्थितियाँ तुम पैदा नहीं कर पाते इसलिए आरक्षण का सहारा लेते हो।

नामवर सिंह : इसीलिए आप माताजी को, विजय की माँ–को मालकिन कहते थे।

रामविलास शर्मा : यह नाम मेरे भाई का रखा हुआ है। वैसे वह भी मुझे मालिक कहती थीं।

नामवर सिंह : आपने लिखा है कि यह जो दौर है साम्राज्यवाद का, इस दौर का साहित्य खासतौर पर दूसरे महायुद्ध के बाद का साहित्य ह्रासशील है। यह पढ़कर आश्चर्य हुआ क्योंकि इसी दौर में साम्राज्यवादी देशों में और उससे पीड़ित देशों में श्रेष्ठ साहित्य लिखा गया है। बर्तोल्ट ब्रेष्ट, पाब्लो नेरुदा हुए। गार्सिया मार्केज जैसा

उपन्यासकार हुआ। हमारे देश में भी इसी दौर में जब आप जैसा साहित्यकार हो और साथ में कवियों में मुक्तिबोध, नागार्जुन, केदारनाथ अग्रवाल, रघुवीर सहाय हों, व्यवस्था के विरोधी, जिसमें ज़्यादातर मार्क्सवादी हैं—अच्छा साहित्य लिख रहे हैं तो ऐसे में आपका यह निषेधात्मक रूप क्यों हैं, इस बारे में हम जानना चाहते हैं।

रामविलास शर्मा : मैंने केदारनाथ अग्रवाल पर लिखा, मैंने नागार्जुन पर लिखा, मैंने मुक्तिबोध पर लिखा, मैंने त्रिलोचन पर लिखा। तुमने त्रिलोचन पर कितना लिखा, तुमने नागार्जुन पर कितना लिखा, तुमने केदारनाथ अग्रवाल पर कितना लिखा? तुम भी तो हो। सब काम मेरे ही जिम्मे थोड़े ही है? मैं ऋग्वेद पर लिख रहा हूँ, तुम ऋग्वेद पर नहीं लिख रहे हो।

मैं भारतीय संस्कृति के दो हज़ार साल के इतिहास पर लिख रहा हूँ। मुसलमानों पर बाकी है। तुर्कों पर विस्तार से लिखा है। मुसलमानों की भारतीय संस्कृति को देन यह बड़ा ही महत्त्वपूर्ण विषय है। मैं एक निबन्ध तैयार कर रहा हूँ 'भारतीय संस्कृति और मुसलमान'। उत्तर भारत में कोई ऐसी भाषा नहीं है जिसके अग्रदूत मुसलमान न हों। लेकिन मुसलमान एक अखंड इकाई नहीं है। यह हिन्दू राष्ट्रवादियों का काम है कि मुसलमानों को अखंड इकाई मानें। मुसलमानों में जो बुनियादपरस्त हैं, वे भी मुसलमानों को अखंड इकाई मानते हैं। ये लोग शासक वर्ग और जनता का भेद नहीं करते हैं। मुल्लाओं से सूफियों को अलग नहीं करते। सिन्ध से लेकर बंगाल तक पंजाब समेत सूफियों की बहुत ज़बरदस्त धारा बही थी। यह धारा लोक संस्कृति को लेकर आई थी। इसको हिन्दू राष्ट्रवाद अस्वीकार करता है।

नामवर सिंह : यह सब सुनते हुए तो लगता है कि आपकी कबीर में बहुत बड़ी रुचि होनी चाहिए लेकिन डॉक्टर साहब, आप कबीर के प्रति ज़्यादा उदार नहीं हैं।

रामविलास शर्मा : पहले स्थापनाएँ कर ली जाएँ फिर साहित्य लिखा जाए? समाज का यथार्थवादी चित्रण कहाँ ज़्यादा दिखाई देता है? जायसी में ज़्यादा दिखाई देता है या कबीर में दिखाई देता है?

नामवर सिंह : डॉक्टर साहब, आप गीतों के प्रशंसक हैं। स्पष्ट है कि प्रबन्ध काव्य में जीवन के ज़्यादा चित्र आएँगे। क्या ज़रूरी है कि गीतों में भी उसी तरह जीवन के चित्र आएँ।

रामविलास शर्मा : गीतों में वह यथार्थ को स्वीकार करते हैं, जहाँ वेदान्त छोड़ देते हैं। अगर सबके अन्दर एक ही आत्मा है तो पांडे और कसाई में भेद करने की क्या ज़रूरत थी? दूसरी बात, हिन्दी में कबीर के समर्थक जहाँ कबीर ने हिन्दू पंडितों के खिलाफ लिखा है उसका उद्धरण देते हैं लेकिन जो मुल्लाओं के खिलाफ बोला है उसको लेकर चुप रहते हैं।

नामवर सिंह : नहीं, उसके बारे में भी कहते हैं। चुप रहते हैं, ऐसा कतई नहीं है।

रामविलास शर्मा : अच्छा, जिन आलोचकों को मैंने पढ़ा है, उसके आधार पर मैंने कहा। और अगर दोनों के बारे में कहते हैं तो उनको पुरोहितवाद का विरोध करना चाहिए। ब्राह्मणवाद का विरोध करते हैं लेकिन पुरोहितवाद का विरोध नहीं करते। पुरोहितवाद का विरोध क्यों नहीं करते हैं, इसलिए कि पुरोहितवाद में मुसलमान भी आ जाएगा। तुम अपने समाज को हिन्दू और मुसलमान में बँटा हुआ देखते हो। यहाँ जो जातीय भाषाओं का विकास हुआ, जातीय संस्कृतियों का विकास हुआ, इसे तुम नहीं देखते हो। हमारे तुम्हारे दृष्टिकोण में यह अन्तर है।

नामवर सिंह : डॉक्टर साहब, आप भविष्य को किस रूप में देख रहे हैं? अब और सवाल मुझे नहीं पूछना है। बस यह प्रश्न है कि इस समय देश की और विश्व की जो दशा दिखाई दे रही है–अमेरिकी वर्चस्व, अन्तर्राष्ट्रीय मुद्रा कोष-विश्व बैंक, समाजवादी व्यवस्था के विघटन के बाद जो स्थिति है हमारे सामने–उसको लेकर आपको क्या लगता है कि आने वाला समय, आने वाली शताब्दी कैसी होगी?

रामविलास शर्मा : भविष्य इस पर निर्भर करता है कि हिन्दी प्रदेश के लोग संगठित होते हैं या नहीं? हिन्दी जाति भारत की सबसे बड़ी जाति है। दुनिया की बड़ी चार-पाँच जातियों में से एक है। अगर तुम जातीय एकता नहीं पहचानते, जाति के अस्तित्व को नहीं पहचानते। मैं प्रादेशिक जाति की बात कर रहा हूँ। तुम केरल को देखो–वहाँ औरत-आदमी की आयु भारत के नागरिक की औसत आयु से कम है। वे निरक्षरता में सबसे पीछे, साक्षरता में सबसे आगे हैं। केरल में लोगों ने अपनी जाति का संस्कार लिया। हम हिन्दी प्रदेश के लोग निरक्षरता में आगे बढ़े, गरीबी में आगे बढ़े। हमारे यहाँ मार्क्सवादी आन्दोलन सिफर के बराबर है। हम लोग वर्ग के स्थान पर जाति को स्थापित कर रहे हैं। लोग समझते हैं कि हम तो राष्ट्रभक्त हैं, इसलिए हमें जातीयता की बात नहीं करनी चाहिए। जातिवादी सरकारें हमारे प्रदेश में हैं, साम्प्रदायिक सरकारें हमारे प्रदेश में हैं। इसलिए हिन्दी प्रदेश में जातीय आन्दोलन वर्ग संघर्ष के साथ आगे नहीं बढ़ता है तो भारत का भविष्य अन्धकारमय है। कोई बचा नहीं सकता। लेकिन मैं समझता हूँ कि इस प्रदेश में 1857 का स्वाधीनता संग्राम हुआ। उस समय वैसा संग्राम भारत के बाहर कहीं नहीं हुआ। केवल अमेरिका में अमेरिकी लोग लड़ रहे थे। हम उनका उस मुद्दे पर सम्मान करते हैं। भारत के जिस हिन्दी प्रदेश में 1857 का स्वाधीनता संग्राम हुआ हो, उस प्रदेश के लोग हमेशा सोते नहीं रह सकते। हमारे बुद्धिजीवी और नेता उन्हें हमेशा के लिए गुमराह नहीं कर सकते। मैं समझता हूँ कि वे एक दिन उठेंगे और अपने साथ वे सारे देश को भी आगे बढ़ाएँगे। हिन्दी का भविष्य और हिन्दी साहित्य का भविष्य इस क्रान्तिकारी आन्दोलन के साथ जुड़ा हुआ है। हम साम्राज्यवाद का कितना विरोध करते हैं, हम विदेशी पूँजी को निर्मूल करने में सफल होते हैं या नहीं, यहाँ बहुराष्ट्रीय कम्पनियों

का माल बिकता हो, विदेशों से कर्ज़ पाया जाता है, हम सूद चुका पाएँगे या नहीं– हमें इन प्रश्नों पर संघर्ष करना होगा। यह प्रक्रिया जब तक रोकी नहीं जाएगी तक तक भाषा और साहित्य का विकास असम्भव है। इसलिए हम हिन्दी प्रदेश की एकता और भारत में जनवादी क्रान्ति की आवश्यकता पर ज़ोर देते हैं। इनके बिना सारी बातें बिलकुल बेकार हैं।

[तद्भव, अंक-08, अक्टूबर 2002]

भारत की जनता साम्प्रदायिक नहीं है

रामविलास शर्मा, नामवर सिंह, चन्द्रबली सिंह, विश्वनाथ त्रिपाठी, मुरली मनोहर प्रसाद सिंह और अजय तिवारी की बातचीत

अजय तिवारी : आज हम लोग जिस परिस्थिति में यहाँ बातचीत करने के लिए इकट्ठा हुए हैं, वह देश के लिए संकट से भरी हुई है। एक तरफ देश के राजनीतिक भविष्य का फैसला होने जा रहा है–13वीं संसद का चुनाव, दूसरी तरफ पड़ोसी देशों से एक लम्बे संघर्ष का अवसान हुआ है। और इस संकट के साथ उस सबसे बड़ी समस्या का सम्बन्ध जुड़ा है जिसे हम साम्प्रदायिक फासीवाद कहेंगे। यह साम्प्रदायिक फासीवाद दिनोंदिन ज़ोर पकड़ रहा है। उसका खतरा वास्तविक है। इस परिस्थिति में साम्प्रदायिकता और धर्मनिरपेक्षता की समस्याओं पर कुछ बातचीत करना बहुत ज़रूरी है। आज बातचीत में डॉ. रामविलास शर्मा के साथ डॉ. नामवर सिंह, श्री चन्द्रबली सिंह, डॉ. विश्वनाथ त्रिपाठी और श्री मुरलीमनोहर प्रसाद सिंह शामिल हैं।

हिन्दू फासीज़्म–यह हिन्दू नाम सिन्धु के रूपान्तरण के रूप में आया था और सिन्धु अब भारतवर्ष में नहीं है। तो क्या सबसे पहले यह हिन्दुस्तान नाम ही नहीं बदलना चाहिए? आजकल नाम बदलने का दौर वैसे भी चल रहा है। लेकिन इससे ज़्यादा गम्भीर सवाल है कि क्या धर्मनिरपेक्षता भारतीय परम्परा का अंग है? या इससे ज़्यादा सही समस्या यह होगी कि क्या साम्प्रदायिकता भारतीय परम्परा का अंग रही है? डॉ. नामवर सिंह यहाँ आते हुए रास्ते में बात कर रहे थे। उन्होंने कहा कि संस्कृति और साहित्य के सवालों को राजनीति के सवालों के परिप्रेक्ष्य में ही देखा जाना चाहिए। तो इसलिए सबसे पहले डॉक्टर साहब (नामवर सिंह) ही बात शुरू करें।

नामवर सिंह : डॉक्टर साहब, (रा.वि. शर्मा) 36 साल पहले 1968 में जब चौथा आम चुनाव हुआ था और आपके आशीर्वाद से *'आलोचना'* पत्रिका फिर से शुरू हुई थी, उसमें मेरे अनुरोध पर आपने एक लेख लिखा था। याद दिलाने के लिए, उसका पहला पैरा था और वह मुझे बहुत महत्त्वपूर्ण लगता है आज के सन्दर्भ में, कि 'भारत में यदि फासिस्ट तानाशाही कायम होती है तो इसकी ज़िम्मेदारी सबसे पहले वामपन्थी

पार्टियों पर होगी और इन वामपन्थी पार्टियों में सबसे ज़्यादा कम्युनिस्ट पार्टी पर। आगे आपने कहा कि 'फासिस्ट तानाशाही का खतरा इस बात से पैदा होता है कि एक राष्ट्रीय साम्राज्य विरोधी मोर्चे के रूप में कांग्रेस भीतर से टूट रही है। पिछले 20 सालों में उसका लोकप्रिय आधार बराबर संकुचित होता गया है और इस स्थिति से लाभ उठाकर वामपन्थी दल एक नए साम्राज्यवादी मोर्चे के रूप में अखिल भारतीय पैमाने पर कांग्रेस की जगह लेने नहीं आए। भारत में फासिस्ट तानाशाही का खतरा विश्व पूँजीवाद के संकट से, अमरीका की साम्राज्यवादी नीति से, भारत पर अमरीका के दबाव से और भारत में अमरीका-परस्त दक्षिणपन्थी गुटों के बढ़ते प्रभाव से उत्पन्न होता है। तानाशाही का रास्ता रोकने की ताकत वामपन्थी दलों में है लेकिन वे अपनी ऐतिहासिक भूमिका पूरी नहीं कर रहे हैं। इस अर्थ में वे तानाशाही के लिए ज़िम्मेदार होंगे।' आपने 32 साल पहले फासिस्ट तानाशाही का खतरा क्यों है, और उसके क्या काम होंगे—यह बताया था। आपने चार कारण बताए—'विश्व पूँजीवाद का संकट, अमरीका की लूटवादी नीति और भारत पर अमरीका का दबाव, और भारत में अमरीका-परस्त दक्षिणपन्थी गुटों का बढ़ता हुआ प्रभाव।' मेरा खयाल है कि कमोबेश ये चारों चीज़ें आज भी बल्कि और बड़े रूप में मौजूद हैं। कांग्रेस का जनाधार और भी कमज़ोर हुआ है, संकुचित हुआ है और टूटी भी है अन्दर से। जो लक्षण आपने 32 साल पहले बताए थे, वे और उग्र रूप में आज हमारे सामने हैं। इस रोशनी में मैं यह जानना चाहता हूँ कि उस समय तो भारतीय जनता पार्टी संविद (संयुक्त विधायक दल) सरकारों में बहुत छोटी पार्टी थी। इस बीच वो केन्द्र में तो कुछ दलों के सहयोग से सत्ता में रही है, 13 महीनों से। अब डेढ़ साल हो गया है। कुछ राज्यों में भी उसकी सरकारें बनीं। यानी उसकी ताकत बढ़ी है। इस माहौल में कई बुद्धिजीवी, विचारक, इतिहासकार इसे फासिस्ट तानाशाही का खतरा बता रहे हैं। मैं यह जानना चाहता हूँ कि यह जो खतरा बताया जा रहा है, आप भी उसे 32 साल पहले महसूस कर चुके हैं। आज आप उस खतरे को किस रूप में देखते हैं?

रामविलास शर्मा : उसी रूप में जैसे पहले देखते थे। जितने राज्यों में इनकी सरकारें बनी हैं, वे सब फासिस्ट सरकारें हैं। ऊपर से ये जितनी उदारता दिखाते हैं, वह सब नीचे बजरंगदल और विश्व हिन्दू परिषद और शिवसेना को संरक्षण देने के लिए ही है। इसलिए इनकी उदारता से भ्रम में नहीं पड़ना चाहिए। वास्तविक राजनीति क्या है, ये दूसरे दल जो आर.एस.एस. से सम्बद्ध हैं, वो प्रकट करते हैं। इसका प्रतिकार करने की क्षमता वामपक्ष में है, कम्युनिस्ट पार्टी में है। अगर कम्युनिस्ट पार्टी मार्क्सवाद को छोड़ दे, जनता में जाकर काम करने से बचे, तो वह फासिस्टवाद का विरोध नहीं कर सकती। तब वो फासिस्टवाद को आगे बढ़ाती है, इसमें परोक्ष रूप से मदद करती है। मूल बात यह है कि कांग्रेस पहले एक बहुत बड़ा साम्राज्यवाद विरोधी

मोर्चा थी। अपने अवसरवाद के कारण और पूँजीपतियों की, जमींदारों की बहुलता के कारण वह भीतर से टूटती गई। उसका स्थान लेने के लिए साम्राज्य विरोधी मोर्चा अगर नहीं बनता, उसे बनाने के लिए कम्युनिस्ट पार्टी, वामपक्ष पहल नहीं करते तो यह स्थिति और भी खराब है। और इस लोकसभा में क्या होता है, चुनाव में क्या होता है, इसकी अनदेखी नहीं करनी चाहिए, लेकिन इसे गौण स्थान पर रखना चाहिए। मुख्य स्थान पर देखना चाहिए कि हम जनता में क्या काम कर रहे हैं? बाहर जब तक फासिस्ट विरोधी मोर्चा जनता में नहीं बनेगा, तब तक आप लोकसभा में जोड़-तोड़ करके उनका प्रतिकार नहीं कर सकते। उनकी नीति क्या है? वो जनता में जाते हैं, उनको गुमराह करते हैं, सम्प्रदायवाद का ज़ोर बढ़ाते हैं, हिंसा और दंगों की आग भड़काते हैं। जनता में जाकर ये अपने सारे काम करते हैं। इनका प्रतिकार आप जनता में जाकर ही कर सकते हैं। यानी जनता में जाकर अगर काम नहीं करेंगे तो फासिस्टवाद का विरोध समर्थ रूप से आप नहीं कर सकते।

नामवर सिंह : डॉक्टर साहब, उस समय तो यह स्थिति थी क्योंकि गैरकांग्रेसवाद चला था, उस पर आपने टिप्पणी भी की थी। उस समय 'वामपन्थी दल' आपने कहा था, क्योंकि कम्युनिस्ट पार्टी के अलावा भी दल थे, लोहिया की समाजवादी पार्टी थी। आज स्थिति यह है कि जहाँ तक कांग्रेस के साम्राज्यविरोधी होने का सवाल है, सम्प्रदायवाद विरोधी होने का सवाल है, तो अभी रामविलास पासवान ने कहा है कि कांग्रेस तो भाजपा से ज़्यादा साम्प्रदायिक है। कुछ और पार्टियाँ भी यही कह रही हैं। दूसरी ओर वामपन्थ का जहाँ तक सवाल है, मुलायम सिंह की तथाकथित समाजवादी पार्टी और जनता पार्टी नाम से सुब्रह्मण्यम स्वामी की एक पार्टी है, एक ऐसी ही चन्द्रशेखर की भी अपनी है। इसके अलावा घोषित रूप से वामपन्थी कहलाने वाली कहीं कोई पार्टी नहीं है। 'तीसरा मोर्चा' के नाम पर जो पार्टी बनी थी, और अभी कुछ समाजवादियों ने—रामकृष्ण हेगड़े आदि ने मिलकर बनाया, जो मंडलवादी गुट का है, तो अब वो वामपन्थ भी नहीं रहा। ऐसी स्थिति में अखिल भारतीय पैमाने पर जो साम्राज्यवाद विरोधी और फासिस्ट विरोधी मोर्चा बनेगा, उसके घटक कौन-कौन हो सकते हैं, राजनीतिक पार्टियों के रूप में?

रामविलास शर्मा : घटक पूरी पार्टी के रूप में शायद कोई नहीं हो सकता। लेकिन फरवरी 1948 में जो कम्युनिस्ट पार्टी की दूसरी पार्टी कांग्रेस हुई थी, उसमें बी.टी. रणदिवे ने कहा था कि जो साम्राज्य विरोधी मोर्चा बनता है, उसमें कम्युनिस्ट पार्टी को पहल करनी चाहिए और दूसरी पार्टियों से कहना चाहिए—यह हमारा कार्यक्रम है, ये हमारी नीतियाँ हैं, उनमें जो भी हमारे साथ आना चाहते हैं वे आएँ, नहीं तो हम अकेले चलेंगे। इसलिए कांग्रेस के अन्दर के, और दूसरी जो बहुत-सी पार्टियाँ भीतर से टूट रही हैं। अगर ये टूटकर के दक्षिणपन्थ की ओर जा रही हैं, तो टूटकर

वामपन्थ की ओर भी आ सकती हैं। लेकिन वामपन्थ की ओर वह तभी आएँगी जब वामपन्थ ताकतवर होगा। इसलिए सबसे बड़ा काम यह है कि पार्टी को मज़बूत करो। मार्क्सवाद की शिक्षा का काम करो। मज़दूरों और किसानों का संगठन करो। अगर ये मार्क्सवाद के बुनियाद काम नहीं करते तो जोड़-तोड़, यानी कांग्रेस अन्दर आ जाए या पवार का दल आ जाए या मुलायम सिंह आ जाएँ, यह ज़्यादा दिनों तक मदद करने वाली नहीं है। जातिवाद वर्ग संघर्ष का विलोम है, सम्प्रदायवाद वर्ग-संघर्ष का विलोम है। हम वर्ग के आधार पर जनता को संगठित करने की बात करते हैं, वर्ग के आधार पर संघर्ष चलाने की बात करते हैं। वर्ग के आधार पर जब संघर्ष चलाओगे तब ये सारे अवसरवादी जो साम्राज्यवाद की तरफ जा रहे हैं, अलग-थलग हो जाएँगे।

नामवर सिंह : पिछले कुछ अरसे से जब भाजपा संसद में विश्वास मत पर राय ले रही थी, तब से कम्युनिस्ट पार्टियाँ कुछ मुद्दों को लेकर साम्राज्यवाद के विरुद्ध और फासिस्ट भाजपा की नीतियों के विरुद्ध उसके पहले भी, और बाद में जब ईसाईयों पर अत्याचार हुए, जनता को लामबन्द करने की, एक मोर्चा बनाने की कोशिश में थीं। उसी का नतीजा है कि यह सरकार विश्वास मत प्राप्त नहीं कर सकी। उसके बाद से स्थिति इतनी बदल गई कि शायद यह जब तेरहवीं लोकसभा का चुनाव होगा उसमें अब लगभग वैसी स्थिति में नहीं है वो मोर्चा, राजनीतिक स्तर पर ही नहीं, बल्कि कम्युनिस्ट पार्टियों की ताकत भी उसके बाद से कुछ बढ़ी हो तो ऐसा तो दिखाई नहीं देता। पिछले दस-पन्द्रह वर्षों से मार्क्सवादी कम्युनिस्ट पार्टी, भारतीय कम्युनिस्ट पार्टी, फॉर्वर्ड ब्लाक आदि की लगभग वही संसदीय सीटें हैं और जहाँ-जहाँ राज्यसत्ता है, उसमें भी कोई परिवर्तन तो हुआ नहीं। ताकत वही है, उसमें कोई वृद्धि नहीं हुई। आप क्या सन्तुष्ट हैं? उसे पर्याप्त समझते हैं? फिर भी यह उम्मीद की जा सकती है कि पहल करके राष्ट्रीय मोर्चा बना सकते हैं?

रामविलास शर्मा : अगर उसे पर्याप्त समझते तो जनता में काम करने की बात क्यों कहते? जनता में जाओ, जनता तुम्हारा इन्तेज़ार कर रही है, तुम अपनी शक्ति को कम करके आँक रहे हो। भारत की जनता सम्प्रदायवादी नहीं है। वह कांग्रेस से असन्तुष्ट होने के कारण और तुम्हारे निकम्मेपन के कारण सम्प्रदायवादियों को वोट देती है। उसमें जाकर काम करने के बदले अगर शॉर्टकट के बारे में सोचोगे—तुरन्त दान महाकल्याण—तो ऐसा नहीं होगा। जो स्थिति है उससे भी ज़्यादा खराब...

नामवर सिंह : डॉक्टर साहब, इससे दो सवाल जुड़े हुए हैं जो...

(बीच में चन्द्रबली सिंह और नामवर सिंह साथ-साथ बोलने लगे। कुछ समझ में नहीं आया। आखिर रामविलास जी ने चन्द्रबली जी से बोलने को कहा।

—अजय तिवारी।)

चन्द्रबली सिंह : इसके बारे में दो बातें मैं कहना चाहूँगा। एक तो, हमारी राष्ट्रीय आन्दोलन की परम्परा है और उससे भी पहले नवजागरण की जो परम्परा है, आज की परिस्थिति में यह खतरा है कि उसकी ताकत को हम कभी-कभी कम आँकते हैं। यानी जब सम्प्रदायवादी ताकतें बढ़ती हैं तो हम समझते हैं कि यह जो पूरी परम्परा थी नवजागरण की या स्वाधीनता संग्राम की, उसी में खोट थी। उस परम्परा को आज की परिस्थिति में हमको कम करके आँकना नहीं चाहिए।
रामविलास शर्मा : बिलकुल ठीक।
चन्द्रबली सिंह : यह हो सकता है, आज कांग्रेस टूट रही है और आज कांग्रेस से निकलकर कोई इधर जा रहा है, कोई उधर जा रहा है। इसकी भी सम्भावना है कि आगे चलकर और भी टूटे तो और कुछ देशभक्त हिस्से वामपन्थी-जनवादी मोर्चे में भी आएँ। रामविलास पासवान जैसे अवसरवादी कांग्रेस को क्या 'कैरेक्टराइज़' करते हैं, हमको उससे प्रभावित नहीं होना चाहिए। हमको यह विश्वास रखना चाहिए कि तरह-तरह के दोष आ जाने के बावजूद कांग्रेस में अब भी स्वाधीनता संग्राम के मूल्य कहीं-न-कहीं, थोड़े-बहुत मौजूद हैं और उस पर विश्वास रखना चाहिए। डॉक्टर साहब ने जो कहा है, वह बिलकुल साफ है कि सबसे पहले, चुनावों ने भी यह दिखाया है कि सारा जोड़-तोड़ करके भी जो बी.जे.पी. की अपनी स्वतन्त्र ताकत मालूम होती है, वास्तव में वह उसकी स्वतन्त्र ताकत नहीं है। क्योंकि बहुत-सा उसका वोट जो है वो उसके कुछ साथियों का वोट है।

तो ऐसी हालत में यानी डॉक्टर साहब ने जो कहा, मैं उससे सहमत हूँ कि हिन्दुस्तान की जनता अब भी उन मूल्यों से प्रभावित है। और अब भी आप देखिए जैसे एक मामूली सी चीज़, बी.जे.पी. और आर.एस.एस. का जो औरतों के बारे में रुख है, आप गोलवलकर को पढ़िए, या अब भी आर.एस.एस. वाले जो लिख रहे हैं उसे पढ़िए कि औरतों का काम केवल घर वगैरह सँभालना है, लेकिन औरतों के अधिकारों के बारे में, पुरुषों से समानता के बारे में उनका दृष्टिकोण निहायत प्रतिक्रियावादी है। लेकिन स्त्री-पुरुष समानता और बराबर अधिकारों की जो चेतना है, वह हमारे राष्ट्रीय नवजागरण की देन है, यह हमारे स्वाधीनता संग्राम की देन है। आज जो है, आप देखिए कि जो फासिस्ट और रूढ़िवादी लोग भीतर से औरतों को समानता के स्तर पर नहीं लाना चाहते, वो भी उसका खुला हुआ विरोध नहीं करते हैं, तरह-तरफ की तिकड़म से उसको रोक रहे हैं, रोकते चल रहे हैं। नवजागरण और स्वाधीनता आन्दोलन के मूल्यों की इस ताकत को आप पहचानिए। तो ये चीज़ें जो हैं बहुत विश्वास दिलाती हैं। अभी बहुत मुमकिन है कि कांग्रेस में जितनी फूट हुई है उससे ज़्यादा फूट हो और उसका एक हिस्सा हो सकता है कि बी.जे.पी. की तरफ चला जाए। गया भी है उधर, लेकिन उसका एक हिस्सा हम लोगों की तरफ भी आ सकता है, अगर हम अपनी ताकत मज़बूत करें।

रामविलास शर्मा : मुझसे पूछो तो मैं कहूँगा कि मैंने साम्राज्यवाद का विरोध बराबर किया है, और अगर दूसरी पार्टियाँ टूट गईं तो तुम्हारी पार्टी भी टूट सकती है। जो तुम्हारी पार्टी के अन्दर साम्राज्य विरोधी लोग हों, उनको लेकर आगे बढ़ो। कम्युनिस्ट पार्टी एक जड़ इकाई नहीं है, गतिशील है और इसलिए इसके अन्दर कहाँ अवसरवाद है और कहाँ सुसंगत साम्राज्यविरोध है, इसको पहचानना चाहिए। जहाँ सुसंगत साम्राज्यविरोध हो उसको बढ़ावा देना चाहिए। कांग्रेस और बी.जे.पी. के बारे में एक बात साफ है। भारत में पूँजीवाद के अनेक स्तर हैं। एक औद्योगिक पूँजीवाद है। यह औद्योगिक पूँजीवाद अपना बाज़ार कायम करना चाहता है। इसलिए इसकी दोमुँही नीति होती है। कांग्रेस इस तरह की नीति का बहुत जीता-जागता उदाहरण है। कांग्रेस का मूल आधार औद्योगिक पूँजीवाद पर रहा है और अब तक बना हुआ है। इसलिए ये तटस्थता की बात करते हैं। इसलिए साम्राज्यवाद से इनका अन्तर्विरोध है। साम्राज्यवाद से पूँजीवाद का अन्तर्विरोध अभी तक बना हुआ है। लेकिन ये औद्योगिक पूँजीवाद की बात करते हैं जो साम्राज्यवाद से मदद लेना चाहता है। इसके अलावा हेराफेरी का पूँजीवाद है जिसकी उत्पादन में जगह कहीं नहीं है; इधर का माल लेकर उधर, एक्सपोर्ट-इम्पोर्ट ट्रेड, इसी का सहारा लेकर चलती है। यह बी.जे.पी. का मुख्य आर्थिक आधार है। इसके अलावा पुराने जमींदार थे जो अब धनी किसान बन गए हैं। नए ढंग से खेती कराते हैं और पहले पगार नहीं देते थे शूद्रों को, खेत मज़दूरों को, उसी ढंग से अब भी काम करवाना चाहते हैं वे उनके गाँव जला देते हैं, घर जला देते हैं, बलात्कार वगैरह की घटनाएँ होती हैं। ये सामन्ती अवशेष जो हैं, ये भी बी.जे.पी. के आधार हैं।

मेरा कहना यह है कि पुस्तिकाएँ निकालने की योजना बनाओ, लोगों को शिक्षित करो और पहले अपने को शिक्षित करो। जैसे सम्प्रदायवाद फासिज़्म का रूप क्यों लेता है, इसके ऊपर एक पुस्तिका निकालो। अमरीकी पूँजीवाद और बी.जे.पी., इसके सम्बन्धों पर एक पुस्तिका निकालो। जहाँ बी.जे.पी. की सरकारें हैं, वहाँ अपराधीकरण में वृद्धि कितनी हुई है? वहाँ हत्याकांड की घटनाएँ कितनी हुई हैं? दिल्ली और बम्बई में प्रतिदिन कितने लोग मारे गए हैं? कितनी चोरी-डकैती हुई है—इसके ऊपर एक पुस्तिका निकालो। ये बहुत सीधी चीज़ें हैं जिनको जनता समझ सकती है। मैंने ऐसी एक योजना अजय तिवारी को पहले भी बताई थी और पाँच-छह पुस्तिकाओं के नाम बता दिए थे और कैसे लिखना चाहिए, यह भी बता दिया था। अच्छा, यह सारा काम करो। संगठित होकर के एक फासिस्ट विरोधी प्रचार अभियान चलाओ। उसमें लोगों को शिक्षित करो कि हम फासिज़्म की बात क्यों करते हैं, किन लोगों को इसके अन्दर आना चाहिए। जो जातिवादी पार्टियाँ हैं, वो सामाजिक न्याय की बात करती हैं, वे वर्ग-संघर्ष को नकारती हैं। वो एक तरह से बी.जे.पी. के लिए मार्ग बनाती हैं। उनमें से कुछ टूटकर

उनसे मिल भी जाती हैं। इस खतरे के प्रति सावधान रहना चाहिए। मैंने जातिवाद और सम्प्रदायवाद, दोनों का बराबर विरोध किया है। हमारे अन्दर, बहुत-से लोगों के अन्दर यह धारणा है लोहिया के समय से, कि कांग्रेस का विरोध करना है तो उसका किसी भी रूप में, किसी के साथ मिलकर विरोध करना चाहिए, भले ही स्वाधीनता आन्दोलन का उन्होंने विरोध किया हो। जैसे द्रविड़ मुनेत्र कड़गम। डी.एम.के. तो कांग्रेस के मुकाबले प्रगतिशील पार्टी है! दूसरी तरफ जो जातिवादी पार्टियाँ हैं, भले ही वह नीची जातियों की बात करें, लेकिन वो जातिवादी पार्टियाँ कांग्रेस से अधिक प्रगतिशील हैं, यह मैं नहीं मानता हूँ। इसीलिए कांग्रेस के अन्दर अभी भी हम ऐसे लोगों की बात करते हैं जो टूटकर हमारे साथ आ सकते हैं। स्वाधीनता आन्दोलन की परम्परा कहने के लिए मैंने गांधीजी पर एक लम्बा लेख तैयार किया है जो आगे चलकर छपेगा। उसमें गांधीजी ने साम्राज्यवाद का जो विश्लेषण किया है और विदेशी पूँजी के आने की जो निन्दा की है और उसके जो खतरनाक परिणामों का विवेचन किया है, इतना अच्छा भारत में शायद ही किसी ने किया हो। लेकिन कांग्रेस पार्टी उसके बारे में चुप है। गांधीजी ने क्रान्तिकारी आन्दोलन का विरोध भी किया, वो दूसरा पक्ष है, उसके विवाद में नहीं पड़ना चाहिए लेकिन जो सकारात्मक चीज़ें हैं, उसे जनता को बताना चाहिए कि यह तुम्हारी परम्परा है। और देखो कांग्रेस कहाँ जा रही है। हम इस परंपरा के अलमबरदार हैं। हम झंडा लेकर आगे बढ़ते हैं।

नामवर सिंह : अच्छा, फासीवाद का एक बड़ा आधार है जो अभी आपने कहा था–साम्राज्यवाद बनाम राष्ट्रवाद। और अभी कारगिल की लड़ाई के सिलसिले में मालूम चला कि सबसे बड़े देशभक्त यही हैं। और राष्ट्र का नाम बार-बार यही लेते हैं। ध्यान में रखते हुए तमाम पार्टियों ने उन जातिवादी कार्यक्रमों का विरोध नहीं किया, जिसका हम लोग सिद्धान्ततः विरोध कर रहे थे; यह जानते हुए कि ये मंडलवादी पार्टियाँ हैं, इसलिए मंडल का विरोध नहीं कर रहे थे कि चुनाव लड़ना है। इस संसदीय राजनीति के चलते जो भी महत्त्वपूर्ण राष्ट्रीय मुद्दे आए उनको, सिद्धान्तों को, छोड़कर के जब हम चुनाव में जीतने के लिए मंडलवाद का समर्थन करते हैं, आर्थिक मुद्दे पर, जिन पर हमने बात की, बहुराष्ट्रीय कम्पनियों से अभी मालूम हुआ कि टेलीकम्युनिकेशन के सिलसिले में धमकी दी है कि किसी कम्युनिस्ट नेता ने पत्र लिखकर के कहा है कि हम इसका समर्थन करते हैं।...

मुरली मनोहर प्रसाद सिंह : सी.पी.आई. (एम), सी.पी.आई. का ज्वाइंट डेलिगेशन राष्ट्रपति के पास गया था।

नामवर सिंह : गया, लेकिन...

मुरली मनोहर प्रसाद सिंह : और जाकर यह माँग की कि जो चीज़ पार्लियामेंट ने पहले पास की, उसको उलटने का अधिकार इस केयर टेकर गवर्नमेंट को नहीं है और आप

हस्तक्षेप कीजिए। और नामवर जी कम्युनिस्ट पार्टी को ही बदनाम करने में लगे हुए हैं।

नामवर सिंह : मैं बदनाम करने में नहीं...मैं कह रहा हूँ कि लोक के सामने जो तस्वीर आ रही है इस तस्वीर...

मुरली मनोहर प्रसाद सिंह : यह तस्वीर आ रही है कि लेफ्ट पार्टी विरोध कर रही है, रोज़ छप रहा है, फ्रंट पेज पर अखबारों में रोज़ छप रहा है यह।

चन्द्रबली सिंह : कम्युनिस्ट पार्टी का रुख बहुत स्पष्ट है। हम समझते हैं कि दलित चेतना और पिछड़ों की चेतना के दो पक्ष हैं। एक उसका पॉजिटिव पक्ष है। पॉजिटिव पक्ष यह है कि जो भी असमान है उसमें समानता की भावना जागी है। और यह अच्छी चीज़ है। उसका जो नकारात्मक पहलू है, वह यह कि हमारी जनता में विभाजनकारी शक्तियों का प्रभाव बढ़ा है। इधर मैं पढ़ रहा था घूरिए की किताब, भारत में जाति व्यवस्था है, उस पर; आखिरी चैप्टर मैं पढ़ रहा था। उसमें प्रसंग आता है कि किस तरह से कांग्रेस ने बैकवर्ड्स वगैरह के और अनुसूचित जातियों के आरक्षण के मुद्दे को लगातार एक राजनीतिक अस्त्र के रूप में इस्तेमाल किया है और आज भी आरक्षण को लेकर के, राजनीतिक पार्टियाँ जो बहुत सारी हैं हमारे देश में, वो उसका राजनीतिक फायदा उठाना चाहती हैं। कम्युनिस्ट पार्टी ने कम-से-कम इस तरह से आरक्षण की समस्या का राजनीतिक लाभ के लिए कोई इस्तेमाल नहीं किया।

विश्वनाथ त्रिपाठी : नहीं, राजनीतिक लाभ तो नहीं उठाया, लेकिन एक बात ज़रूर है। देखिए, यहाँ तो सच ही बोलना है *(सामूहिक हँसी)* नहीं, नहीं। सुनिए तर्क है, ऐसी बात है ही नहीं। देखिए, मुरली बाबू ठीक हैं लेकिन यह बात मैं दोहराऊँगा कि यहाँ तो सच ही बोलना है। उस समय में जबकि मंडल का बोलबाला था विश्वनाथ प्रताप सिंह की सरकार थी और जब कुछ लोग आत्मदाह कर रहे थे, भयानक वातावरण था, तो जो वर्ग पर ज़ोर देना चाहिए यानी वर्ग और वर्ण में जो कन्फ्यूज़न पैदा हुआ, वर्ण जो लोहिया जी का था तो भाई ये ज़रूर देखिए, सी.पी.आई. में यहाँ तो...कुछ ज़रूर हमारे अन्दर बल पड़ा और यह ज़रूर था कि भई आरक्षण का जो विरोध करे इस समय, वह दलित शत्रु है, और, मैं समझता हूँ कि उस समय में दबे ज़बान से भी आरक्षण का विरोध क्या पार्टी करती थी। बताइए।

मुरली मनोहर प्रसाद सिंह : अरे पूरा, कई अंकों में कुछ दिनों *'पीपुल्स डिमोक्रेसी'* में एडिटोरियल में छपा है कि विश्वनाथ प्रताप सिंह ने जो यह किया उनका यह हथकंडा भारतवर्ष में सम्प्रदायवादियों को, सवर्णवादियों को मदद पहुँचाएगा और इस सवाल को किस रूप में टेक-अप किया जाना चाहिए था, इसको लेकर सुरजीत का टेलीविज़न में तीन बार बयान आया है कि इस रूप में नहीं किया जाना चाहिए था।

विश्वनाथ त्रिपाठी : जो लोग आरक्षण का समर्थन कर रहे थे, आप उनके साथ थे कि नहीं थे?

मुरली मनोहर प्रसाद सिंह : आरक्षण का समर्थन, ऐसा है इतिहास में ब्लैक एंड व्हाइट नहीं होता।

विश्वनाथ त्रिपाठी : यह कहिए न...

मुरली मनोहर प्रसाद सिंह : इतिहास में ब्लैक एंड व्हाइट नहीं होता है और जो ब्लैक एंड व्हाइट बी.जे.पी. बनाती है कि हम तो इस पैमाने से देखते हैं, वहाँ तुम थे या नहीं थे। अरे, हम यथार्थ के प्रति एक क्रिटिकल एटिट्यूड रखते हैं और हमारा यह क्रिटिकल एटिट्यूड पूरी तरह रिफ्लैक्ट होता है।

अजय तिवारी : यह विषय बहुत उत्तेजक है और इस पर बहस आ गई तो साम्प्रदायिक और धर्मनिरपेक्षता का सवाल थोड़ी देर के लिए स्थगित हो जाएगा।

चन्द्रबली सिंह : एक सवाल मैं डॉक्टर साहब (रामविलास शर्मा) से करना चाहता हूँ क्योंकि उसमें आमतौर से बहुत कन्फ्यूज़न है। दलित साहित्य का, डॉक्टर साहब अब तक जो है...

रामविलास शर्मा : दलित मज़दूरों का साहित्य हो सकता है, दलित किसानों का साहित्य हो सकता है, इससे बाहर कोई दलित साहित्य नहीं हो सकता। दलित साहित्य को जो जाति से जोड़ते हैं, वो वर्ग संघर्ष का विरोध करते हैं, वर्ग की एकता का विरोध करते हैं।...

विश्वनाथ त्रिपाठी : डॉक्टर साहब, यह आरक्षण की बात नहीं है। आज भी जो दलित साहित्य है, जो लोग यह कहते हैं कि दलित का सिर्फ अर्थ से सम्बन्ध नहीं है, उसको अर्थ से नहीं जोड़ना चाहते। वे दलित का व्यापक अर्थ नहीं लेते। उनके अनुसार, दलित लेखक जो लिखता है, वही दलित साहित्य है। उसका भी विरोध हम में से बहुत कम लोग करते हैं। यह बात बहुत कम लोग कहते हैं कि यह जो दलित के बारे में नीति है, दलित की यह धारणा है कि वो वर्णवादी हैं, उसका खुलकर के विरोध भी आज कम लोग करते हैं।

अजय तिवारी : हमने तो उसका विरोध किया है...

मुरली मनोहर प्रसाद सिंह : ऐसा है, ओमप्रकाश वाल्मीकि की किताब 'जूठन' पर डॉक्टर साहब एक गोष्ठी की थी। उस गोष्ठी में मैं अध्यक्ष था, और अध्यक्षीय भाषण के तौर पर भी और उसके पहले हस्तक्षेप करके भी खुले आम मैंने इसका विरोध किया।

अजय तिवारी : नहीं, यही नहीं, जनवादी लेखक संघ के दिल्ली के सम्मेलन में मुरली जी ने ही बहस कन्क्लूड की थी, वहाँ भी इस सवाल पर उन्होंने स्पष्ट रुख अपनाया था। मैंने भी मुरली जी की बातों को आगे बढ़ाते हुए कुछ प्रश्न उठाए थे। उनमें से कुछ बातें *कल के लिए* के दलित अंक में भी उठाई हैं।

विश्वनाथ त्रिपाठी : इसीलिए तो कह रहा हूँ, कुछ लोग करते हैं।

चन्द्रबली सिंह : बहुत-से लोग यह कहते हैं कि दलित साहित्य केवल दलित लिख सकते हैं और सौन्दर्यशास्त्र भी दलितों का जो है वह अलग होता है। मैं कहता हूँ कि कोई भी...

रामविलास शर्मा : मार्क्स से मिलने जर्मनी के उस पुस्तकालय में एक दर्जी आया जिसमें वे अर्थशास्त्र पर अपना काम कर रहे थे और उसने कहा कि तुम यहाँ रिसर्च में लगे हो और हम वहाँ लड़ाई लड़ रहे हैं। मार्क्स ने कहा...

मुरली मनोहर प्रसाद सिंह : नहीं-नहीं, मुझे याद है। मार्क्स ने कहा—अज्ञान कभी भी क्रान्ति को मदद नहीं पहुँचाता और तुम ज्ञान का विरोध करते हो, तुम क्रान्तिविरोधी हो सिर्फ इसी पैमाने पर।

विश्वनाथ त्रिपाठी : मितलिंग। मितलिंग नाम था उसका।

अजय तिवारी : एक मिनट, दलित साहित्य पर हम लोग पहले भी बात कर चुके हैं, भविष्य में भी कर लेंगे। अभी हम धर्मनिरपेक्षता और साम्प्रदायिकता की अवधारणा पर और ज़रूरी सवाल पर बात करें क्योंकि...

मुरली मनोहर प्रसाद सिंह : नहीं, इससे पहले डॉक्टर साहब ने बहुत अच्छी एक टिप्पणी बीच में की थी उस सवाल पर कोई चर्चा नहीं हो पाई। डॉक्टर साहब ने कहा था कि जो भाजपा की विचारधारा है, परजीवी समुदाय का जनाधार उसका है। और उस परजीवी समुदाय के जनाधार की वजह से क्या कम्प्राडोर आइडियोलोजी है उसकी?

रामविलास शर्मा : कम्प्रेडोर एक तरह का परजीवी है। यहाँ सामन्ती अवशेष भी हैं। सामन्ती अवशेष प्लस हेराफेरी वाला पूँजीवाद; इनके साथ कभी-कभी बड़े पूँजीपति भी मिल जाते हैं, उन्हें साम्राज्यवाद से सहायता मिलती है। लेकिन इनका मुख्य सामाजिक आधार हेराफेरी वाला व्यापारिक वर्ग और सामन्ती अवशेष, ये लोग हैं।

नामवर सिंह : डॉक्टर साहब, मैं यह कह रहा था, हमारे देश में खासतौर से फासीवाद का एक और आधार है। अपनी पूरी विरासत और परम्परा की अपनी व्याख्या फासिस्ट लोग पेश कर रहे हैं और लगभग हुआ है कि इस बीच जितनी विभूतियाँ थीं किसी की भी जन्मशती मनाई गई। यही नहीं, विवेकानन्द और गांधी को उन्होंने अपना लिया, अम्बेडकर को भी अपना बना लिया, उसकी व्याख्या कर दी, ग़ालिब पर हुआ तो ग़ालिब को भी अपना बना लिया। यानी कोई बचा नहीं है प्राचीन *ऋग्वेद* से लेकर अब तक।

रामविलास शर्मा : मैंने सामाजिक आधार की बात की है। वह मुख्य आधार भूमि है। जिस संस्कृति की तुम बात करते हो, वो लोग करते हैं वह मुख्य आधार नहीं है। उस सामाजिक आधार पर खड़े होकर वे इस संस्कृति को हथिया लेते हैं। मार्क्स

ने एक जगह कहा है, पूँजीपति वर्ग स्वयं विज्ञान का सृजन नहीं करता, विज्ञान को अटैच करता है। वैसे ही ये संस्कृति को अटैच करते हैं। अच्छा, तुम आकर इनका खंडन करो। तुम यह दिखाओ कि गांधी अम्बेडकर की तुमने अच्छी व्याख्या की है। तुम यह बताओ कि तुम भारतीय संस्कृति और उसकी परम्परा के प्रतिनिधि हो। लेकिन तुम तो उस पर ध्यान ही नहीं देते। जो लिखा जाता है, खासतौर से हिन्दी में लिखा जाता है, उसे पढ़ते ही नहीं हो। यह उपेक्षा भाव रहेगा तो जो परिस्थिति है, वो खराब होगी ही।

नामवर सिंह : आपने सही कहा कि ये कब्ज़ा कर लेते हैं सांस्कृतिक चीज़ों पर, विज्ञान पर। और जबकि दोनों की दावेदारी अब तक मार्क्सवादी या कम्युनिस्ट या वामपन्थी करते रहे हैं। उन्होंने पहल भी की है साहित्य-संस्कृति के क्षेत्र में, संगठनों के द्वारा, बुद्धिजीवियों और पत्रिकाओं के द्वारा, लेकिन सांस्कृतिक मोर्चे पर जो संघर्ष हो रहा है, उसमें किस तरह की भूमिका संस्कृतिकर्मी और साहित्यकार अदा करते हैं?

रामविलास शर्मा : कोई चीज़ लो, वे संस्कृति का जब नाम लें तब उनको चुनौती दो और कहो कि—यह बात गलत है। इसकी व्याख्या इस तरह से होगी। जैसे गांधीजी ने, जैसे अम्बेडकर ने, जैसे सुब्रह्मण्यम भारती ने। सुब्रह्मण्यम भारती ने बहुत क्रान्तिकारी बातें की थीं, जो सब बी.जे.पी. के विरोधी दिशा में जाती हैं।

नामवर सिंह : दो उदाहरण डॉक्टर साहब मैं देना चाहता हूँ। ये वर्ष—संस्कृत वर्ष—बड़े पैमाने पर मनाया जा रहा है और भाजपा के तहत मेरी जानकारी में तीन-चार को तो मैं जानता हूँ, वेद-अध्ययन संस्था कायम की है। आपने भी लिखा है और लिख रहे हैं लेकिन कुल मिलाकर के मैं कहना चाहता हूँ कि संस्कृत भाषा को जैसे हमने मान लिया है यह तो पुरोहितों की, पंडितों की या ब्राह्मणों की भाषा है। उसे वे हथिया रहे हैं और पूरा यह वर्ष संस्कृत वर्ष के रूप में बनाया जा रहा है। लेकिन वामपन्थ का ध्यान इसकी ओर नहीं है। वे मान बैठे हैं कि संस्कृत जड़-पंडितों की भाषा है। उसी तरह से आपने वेद के बारे में लिखा और लिख रहे हैं लेकिन स्वयं उस वेद को, हमने उनके हवाले कर दिया है कि वे लोग वेद-अध्ययन मंडल, उसकी चीज़ें कायम करेंगे, लेकिन हम मान बैठे हैं कि वेद का नाम लेना एक तरह से...

रामविलास शर्मा : तुम एक अध्ययन मंडल कायम करो वेद का, और मैं उसका पहला सदस्य बनूँगा।

विश्वनाथ त्रिपाठी : डॉक्टर साहब, आपकी इतनी आलोचना की गई है और इसलिए नहीं कि आप वेदों के नाम पर क्या लिख रहे हैं, सिर्फ इसलिए कि आप वेदों पर लिख रहे हैं। देखिए, यहाँ सच बोलना चाहिए।

अजय तिवारी : आप वेदों पर लिख रहे हैं, यह आर.एस.एस. का एजेंडा है।

रामविलास शर्मा : बिलकुल। इसलिए हम कहते हैं कि ये वेद-अध्ययन मंडल कायम करें और मैं...*(सामूहिक हँसी)*

मुरली मनोहर प्रसाद सिंह : इस सवाल को मैं कहूँगा, नामवर जी बुरा नहीं मानेंगे, एकांगी तरीके से कहा। इस सवाल का दूसरा पक्ष यह है...

नामवर सिंह : मुरली जी...

मुरली मनोहर प्रसाद सिंह : नामवर जी कहते हैं कि वे पूरा कब्ज़ा कर चुके हैं और सबको एप्रोप्रिएट कर चुके हैं, सब कुछ कहते हैं हम आराम से। नामवर जी ने शायद दीनदयाल उपाध्याय की पुस्तक विवेकानन्द पर जो उनकी पुस्तक है (जिसका डॉ. साहब आपसे मैंने ज़िक्र किया था) उस पुस्तक में और आडवाणी ने जो *पांचजन्य* के विशेषांक में एक लम्बा लेख लिखा था। इसके अलावा इनके एक-दो और लोग हैं। ये कहते हैं, बौद्धदर्शन राष्ट्रविरोधी विचारधारा है ये जैनियों का विरोध करते हैं, ये लोकायत का विरोध करते हैं, ये मीमांसा का विरोध करते हैं, ये वैशेषिक को राष्ट्रविरोधी बताते हैं। ये आजीवक को राष्ट्रविरोधी, शत्रु वर्ग की विचारधारा बताते हैं। तो परम्परा को काट-छाँटकर एक नपी-तुली, अपने अनुकूल एक तस्वीर रखते हुए एप्रोप्रिएट करते हैं।

रामविलास शर्मा : नहीं, नामवर सिंह जो बात कह रहे हैं वो विवेकानन्द को अपना रहे हैं, गांधी-अम्बेडकर को अपना रहे हैं, शंकराचार्य को अपना रहे हैं...

मुरली मनोहर प्रसाद सिंह : वो भी कर रहे हैं...

रामविलास शर्मा : वेट, वेट..., इसीलिए मैंने कहा, जहाँ वे संस्कृति की बात करें, किसी की भी बात करें, फौरन उन्हें चुनौती दो। और कहो कि तुम्हारी व्याख्या यह है और हमारी व्याख्या यह है। तुमने कहीं कहा कि उनकी व्याख्या गलत है और हमारी व्याख्या यह है।

[अगस्त 1999 के शुरू में रिकॉर्डेड बातचीत; स्वाधीनता, कलकत्ता, शारदीय विशेषांक, 1999 में प्रकाशित]

ज़बाँदराज़ियाँ ख़ुदी की रह गईं...

शमशेर बहादुर सिंह से नामवर सिंह और अशोक वाजपेयी की बातचीत

नामवर सिंह : शमशेर भाई, आपको याद होगा कि 'टूटी हुई, बिखरी हुई' कविता, जब आप बहादुर गंज वाले मकान में थे, आपने अपनी डायरी में से सुनाई थी। और फिर उसे सुनने के बाद मैंने कहा था कि यह तो कविता है, यह डायरी नहीं है आपकी!...

शमशेर : मैं चौंका था। मैंने कहा अरे, यह कविता है!

नामवर सिंह : आप क्यों चौंके थे?

शमशेर : क्योंकि मेरी कई कविताओं का सृजन इसी तरह हुआ है। प्रायः लम्बी कविताओं का। मैं अपने में खोया हुआ लिखता चला गया...एक सिलसिला...जैसे मैं बताता हूँ कि वो 'नीला दरिया बरस रहा है'। इसका भी यही असर था। ये बैठे हुए हैं अशोक...इनके ख़त पे ख़त आ रहे थे कि नई कविताएँ भेजिए पहचान सीरीज़ के लिए। अब जो कविता मैं उठाऊँ, देखूँ तो लगे कि यह भेजने लायक नहीं और यह नई भी नहीं, कुछ पुरानापन-सा है! शोभा और अजय! हम साथ-साथ रहते थे न! सौभाग्य से उनके दोस्त आए हुए थे और वे उन्हें शिमला ले गए थे तो मैं वहाँ अकेला रह गया था। कोई दस दिन, जब तक वे घूमघाम के लौटे तो दिमाग़ में यह था कि कौन-सी कविता भेजें! मैं छत की तरफ़ देखता था जहाँ पर दीवारें और छत मिलती हैं। वो कोना...जहाँ तीन रेखाएँ मिलती थीं। मुझे लगा कि इसका उपयोग किया जा सकता है। एक तस्वीर ऐसी बन सकती है...छत को लेकर और दोनों साईड को लेकर, कि वह एक तस्वीर बनी हुई है...मान लो जैसे कि कोई गिद्ध है या बाघ है, गिद्ध है बड़ा-सा और उसके पंख दोनों तरफ़ फैले हैं यूँ करके और उसकी चोंच भी है। तो एक प्रकार का सिलसिला है उसके अन्दर! तो ये...

नामवर सिंह : शमशेर भाई, आप 'नीला दरिया बरस रहा है' के बारे में कह रहे हैं लेकिन बात हो रही थी 'टूटी हुई, बिखरी हुई' की। उस कविता का यह शीर्षक था नहीं, यह पहली पंक्ति थी और मैंने कहा था कि इसका शीर्षक यही रहेगा।

शमशेर : यह बात मुझे याद नहीं लेकिन हाँ–कहा था आपने!

नामवर सिंह : कि शीर्षक यही रहेगा और खयाल लोगों का यह था...

शमशेर : बहुत-सों का था, 'नीला दरिया बरस रहा है' इसके बारे में भी। लोगों को पसन्द आई एकदम और मैं बहुत हैरान! सच कह रहा हूँ, यह मुझे पसन्द नहीं थी, बिलकुल पसन्द नहीं थी। एक रौ में हम लिख गए और लोगों को पसन्द भी आ रहा है, समझ में आ रहा है, यह आश्चर्य की बात थी!

नामवर सिंह : कुछ लोगों का खयाल है कि यह कविता जो है 'टूटी हुई, बिखरी हुई'...यह कविता की आपकी परिभाषा भी है और आपकी कविताओं की जो रचना-प्रक्रिया है, उनकी बनावट, उनका विन्यास 'टूटी हुई, बिखरी हुई' में है। यह केवल एक कविता का शीर्षक नहीं है। आपकी अन्य कविताओं के बारे में भी कुछ ऐसी धारणा लोगों ने व्यक्त की है। क्या राय है आपकी?

शमशेर : मैं इसके बारे में दो बातें कहूँगा। इस सिलसिले में एक और मिसाल दूँगा वह जो है। 'यामा कवि' उसमें स्टैंजाज़ हैं जिनका एक-दूसरे से कोई स्पष्ट सम्बन्ध नहीं है। वह एक छोटा-सा अलबम हो जाता है। एक चित्र आया, दूसरा चित्र आया, तीसरा चित्र आया...ये तमाम चित्र जो हैं वे अलग-अलग पक्ष हैं...महादेवी जी के जीनियस के उनकी रचना प्रक्रिया के...उनका वह 'रचना संसार', जो मेरे दिल में बैठा हुआ है यह बात, वो बात। उसको उस ढंग से मैंने अलग-अलग...। सब मिलकर आख़िर तक आते-आते जुड़ जाते हैं। उनका अलग-अलग होना, एक तो यह कि बहुत कुछ पेंटिंग का-सा असर ले आता है। एक दृश्य आया, फिर दूसरा दृश्य आया–एक बात तो यह हुई। यह जो एक अलगाव है...। और दूसरे मैं इस बात पर भी छोड़ देता हूँ कि सचेत होकर तो प्रायः मैंने नहीं लिखीं कविताएँ। उन्होंने मज़बूर किया तो एक पंक्ति फोर्स के साथ आई। और उन्होंने मज़बूर किया कि तुम लिखो इसको, नहीं तो बेचैन नहीं रहोगे। मैं यह नहीं जानता रहा कि पहली पंक्ति के बाद क्या आने वाला है, या मज़मून क्या होनेवाला है...नथ्थिंग।

नामवर सिंह : अब यह बताइए...

शमशेर : दूसरी बात जो मैं कह रहा था वह यह है कि यह जो लिखा है, वह ग़ज़ल के अलग-अलग शे'र की तरह से हैं। आप यह ले लें...'टूटी हुई, बिखरी हुई'–इसमें अलग-अलग जो पैराग्राफ़ हैं न, छोटे-बड़े, इनका अन्दाज़ भी ग़ज़ल जैसा है, अन्दर से।

नामवर सिंह : आप यह सोच रहे हैं, लेकिन लोगों का खयाल यह भी हो सकता है कि अलग-अलग शॉट्स आपने लिए हैं। चित्र एक के बाद दूसरे, दूसरे के बाद तीसरे जिनमें आपस में कोई रिश्ता नहीं है, लेकिन कहीं कोई एक सूत्र है। अब मान लीजिए कि इसको कोई कहे कि ये सुर्रियलिज़्म है, तो आप इससे सहमत होंगे?

शमशेर सिंह : बात यह है, सुर्रियलिज़्म का नाम लेते ही मुझे याद आ गई जगदीश गुप्त की। उन्होंने एक लेख...*(हँसी)*। मैं उन्हीं के भले के लिए कह रहा हूँ। तो उन्होंने कहा कि लोग ग़लत कहते हैं कि उनके यहाँ सुर्रियलिज़्म है। फिर उन्होंने उसको समझाया अपने उस लेख में कि सुर्रियलिज़्म तो यह है—वो है। तो इसलिए मैं इस बारे में कोई राय रखता नहीं। सुर्रियलिज़्म है मेरी कविता में या नहीं, आप जानें, वे गुप्त जी जानें और दूसरे लोग...लेकिन यह ज़रूर है कि कोई तार्किक संगति स्पष्ट रूप से मेरे दिल में नहीं है। दूसरी चीज़ यह कि जब मैं लिख लेता हूँ तो क़रीब दो-तीन साल तक मुझे कुछ समझ में नहीं आता कि क्या मतलब है? बिलकुल नहीं। जैसे यह 'दरिया' और 'टूटी हुई, बिखरी हुई'। लोग मुझसे पूछते हैं, या उनकी आँखों से, उनके चेहरे से यह लगता है कि वे जानना चाहते हैं कि इनके पीछे कोई व्यक्ति है, कोई प्रेमिका इनकी है, जिसने बहुत सताया है इनको। और अब ये...मैं सोचता हूँ कि वह कौन है, मुझे नहीं याद आता है *(हँसते हुए)* क्योंकि वे जो अनुभूतियाँ हैं न, वे किसी एक व्यक्ति में केन्द्रित होती नहीं हैं। जब मैं लिख रहा हूँ तो अनुभूतियों का जो पुंज है वह अपने-आप में एक ऐसा रूप ले रहा है जो कि काव्यात्मक है। जैसे किसी को हमने देखा, कोई घटना हुई दुर्घटना हुई, और हम एक कहानी लिखने बैठ गए तो वहाँ से तो सूत्र चला और फिर वह उस सूत्र से अलग हो जाता है। तो ऐसे ही मेरी कविता के साथ हुआ। मैंने सृजन किया है एक नए पात्र का, कोई कुछ भी समझ सकता है कि कौन है वो? यह ऐसा पात्र है, जो कि मैं चाहता हूँ कि, होता। अंश रूप में कई हैं उन तमाम अंशों को मैंने मिला के...

नामवर सिंह : आपने, शमशेर भाई, लम्बी कविताएँ बहुत कम लिखी हैं! और 'टूटी हुई, बिखरी हुई' आपकी थोड़ी-सी लम्बी कविताओं में है। अब सवाल यह है कि लम्बी कविता मुक्तिबोध ने भी लिखी हैं, कुछ और लोग कोशिश कर रहे हैं। लेकिन इस सिलसिले में आपने ग़ज़ल का विन्यास लिया...

शमशेर : गोकि मेरे मिजाज़ में और कविता के निर्माण में भी यह जो ग़ज़ल का शे'र है, इसका बहुत हाथ है। ये एक अनुभूति की इकाई है और कई अनुभूतियाँ एक के बाद एक ऐसी चली आती हैं...वह सिलसिला कहीं-न-कहीं 'सबकांशस' में होता है जिसका मुझे बिलकुल भी पता नहीं है...क्या है, क्या नहीं है! दो-चार साल के बाद मुझे लगता है कि क्या परिस्थितियाँ थीं, कैसा मेरा मूड था, क्या कारण था उसका; फिर मेरी समझ में आएगा कि इस वजह से यह हुआ, लेकिन इसको जो सार्थक बनाती है, 'जस्टिफाई' करती है वह सिर्फ़ एक चीज़ है कि उसके पीछे एक बहुत ज़बरदस्त सोर्स है, इनर-सोर्स...उस मूड का, या उस पीड़ा का जो अनिवार्य बनाता है मेरे लिखने को; भले मैं न लिखूँ। कई दफ़ा ऐसा होता है, मैंने शायद लिखा भी है कहीं, कि थक जाता हूँ और थककर सोने जाता हूँ। अब आँख मूँद के मैं सो रहा

हूँ। तो एकदम पंक्तियाँ...यह होता है कि लिखो! फिर सोचता हूँ कि कौन उठे, क्योंकि इतनी थकान होती है न! उस थकान में माइंड अपना काम शुरू देता है और दृश्य भी आते हैं, उनके साथ शब्द भी चले आते हैं। कई दफ़ा तो मैंने अपने पर ज़ोर डाल के लिख भी दिया लेकिन अक्सर मैंने उसको जाने भी दिया।

नामवर सिंह : शमशेर भाई, लम्बी कविताओं के बावजूद यदि मैं कहूँ कि आप मूलतः 'लिरिकल' कवि हैं और लम्बी कविता की जो रचना-प्रक्रिया और उसका विन्यास होना चाहिए उसमें आप मुक्तिबोध की कविता के ठीक उलट हैं। मूलतः आप लिरिकल पोइट हैं और बार-बार ग़ज़ल का ही नाम ले रहे हैं। इसलिए मुझे कहना पड़ रहा है...

शमशेर : मैंने तो खुद ही मुक्तिबोध को देखना आरम्भ इसी से किया, मेरी आलोचना के लिए जितने पॉइंट्स हो सकते हैं, मैं उससे फ़ायदा नहीं उठाता, वह अलग बात है।

नामवर सिंह : तो 'लिरिक' की आपकी क्या धारणा है? कुछ दिन पहले वागर्थ में आप भी थे जब 'समवेत' हुआ था जिसमें मैंने 'लिरिक' की या 'प्रगीत' की वापसी की बात कही थी जिससे लोग काफी निराश भी हुए थे और मेरी भूरि-भूरि निन्दा भी की गई थी। उस सिलसिले में निराला के गीत हो सकते हैं, आप भी थे। बुनियादी और इस दौर की हिन्दी कविता की मुख्य धारा 'लिरिक' की है। और अब मैं 'लिरिक' कहता हूँ तो विद्यापति से लेकर कबीर, मीरा, सूर के पद, तुलसी की 'विनय पत्रिका' से लेकर समूचे रीति काव्य को लिरिकल मानता हूँ–रोमांटिक पोइट्री, छायावाद लिरिकल है और यद्यपि छायावाद में कुछ कवियों ने, निराला या प्रसाद ने प्रबन्ध काव्य, लम्बी कविता भी लिखी लेकिन मूलतः 'लिरिक' का मिज़ाज़ है। नई कविता का भी, जिससे आपका सम्बन्ध रहा है। तो मूलतः आप 'लिरिकल पोइट' हैं। आपकी इस 'लिरिक' की मानसिकता है जिसमें आपने कुछ छोटे 'लिरिक' भी लिखे हैं...चार लाइन के जिसमें केवल स्वर, संगीतनाद प्रधान है, उसके अर्थ की ओर न भी जाएँ। आपको शायद याद भी हो, आप सुनाएँ तो अच्छा हो–वह 'सावन की उनहार' वाली कविता ऐसी चार लाइन, छह लाइन आपने...

शमशेर : 'निंदिया सतावे, मोहे साँझ ही से सजनी'...मैं वाकई इसका मतलब नहीं जानता था...

अशोक वाजपेयी : लिरिक के बारे में कहिए जो अभी नामवर जी कह रहे थे।

नामवर सिंह : देखिए, ऐसी मनःस्थिति कवि की होती है। कुछ निराला ने जैसे 'ताककमसिनवारि' यानी शुद्ध संगीत...अर्थ प्रधान नहीं होता इसमें।

शमशेर : बिलकुल अर्थ न भी निकले तब भी कोई हर्ज नहीं।

अशोक वाजपेयी : हर कविता का अर्थ निकले, यह ज़रूरी नहीं।

शमशेर : अर्थ तो प्राणों में समाता है, निकलता नहीं।

नामवर सिंह : और संगीत ही उसका अर्थ है।

शमशेर : संगीत ही उसका अर्थ है। बिलकुल, बिलकुल। मैं शत-प्रतिशत सहमत हूँ।

नामवर सिंह : आपकी कई कविताएँ हैं उनको देख के लगता है—एक ऐसी मनःस्थिति जिसमें 'सार्थक' शब्द महत्त्वपूर्ण नहीं है। एक राग, एक धुन, एक लय के साथ वह कविता उठी और फिर उसमें कुछ अपने आप शब्द आते चले गए, ढलते हुए जैसे 'हे अगोरती विभा भावलीन बावरी', उसको आप पढ़ते चले जाएँ...

शमशेर : अब देखिए, मेरी जो एक कविता है, जिसमें चित्र आए हैं तीन-चार तो उसका एक आखिरी स्टेंजा है न, इस तरह से वह कविता है न प्रसाद की, 'स्मृति सी छाई'...

नामवर सिंह : 'जो घनीभूत पीड़ा थी...'

शमशेर : अब वह वाकई पीड़ा उमड़ रही थी अन्दर और दरअसल एक ख़त का जवाब देना था। बन नहीं रहा था और उसके पीछे जितनी भी हिस्ट्री और सन्दर्भ थे वे मुझे बेचैन किए हुए थे। तो अभी बेचैनी है कुछ लिखने की। पहला एक शे'र बना था वो...।

नामवर सिंह : शमशेर भाई, आप 'घनीभूत पीड़ा' कविता की बात कह रहे थे। वो कौन सा शे'र था जो आपके ज़हन में था?

शमशेर : हाँ, वह पहले शे'र बना...और कुछ बना नहीं तो वो शे'र ही आ गया। अक्सर ऐसा ही होता है, कोई चीज़ जब बहुत तक़लीफ़ देती रहती है तो पता नहीं क्यों वो छन्दबद्ध हो के और दोनों तुकों के साथ इस रूप में आ जाती है। इसके साथ भी यही हुआ। 'घनीभूत पीड़ा' का पहला शे'र ये बन के आया जो मैंने लिखा—

ज़बाँदराज़ियाँ ख़ुदी की रह गईं।
तेरी निगाहें कहना था सो कह गईं।

हमारी खुदी या हमारा अहम् जो है बहुत ज़बाँदराज़ था...अपने डिफेन्स में कुछ भी कह रहा था, वो सब एक तरफ़ रह गया, तेरी निगाहें कहना था सो कह गईं।

मेरे साथ यही होता है कि वही पेन ले के...क़लम खुद चित्र बनाने लगती है...वो एक चित्र था...चट्टानें हैं, उनके पीछे बादल हैं, कुछ बादल के टुकड़े चट्टानों से भी मिले-जुड़े हुए हैं। ऊँचाई पर हैं चट्टानें। सूरज निकल रहा है या डूब रहा है...सूरज का गोला भी है। तो मैंने यह किया कि जैसे एक तस्वीर ली...जैसे बादल के पीछे एक श्वेत निशा है!—यह एक तस्वीर है, मेरी एक कल्पना। कोई इसे लालित्य माने पर मुझे तो अच्छा लगा कि ऐसे बनाओ, तो मैंने वैसे बनाया। बिम्ब बन गया तो

अब हम उसी को...एक बादल अलग...ठहरा हुआ...तो उस पूरे स्टैंज़ा की एक खास रिदिम...उसकी अपनी टोन है–बाविल कांसोनेन्टल टोन। उसमें एक मूवमेंट है। अब फिर, कहिए कि, गाड़ी अटकी। फिर इसके बाद दूसरा स्टैंज़ा आया। वो जो शब्द आए वो यहाँ हैं इत्तफ़ाक से...यहाँ चित्र है...उसमें ये था–

–कोई
आँख मुँदी है न खुली।
एक ही चट्टान...लहर पार लहर, पार...
सूर्य के इस ओर ठहर
स्तम्भ-तुला पर सिहरा
मौन जलद-कन
–आँख मुँदी हैं न खुली कोई।

अब ये शे'र देखिए–

ज़बाँदराज़ियाँ ख़ुदी की रह गईं।
तेरी निगाहें कहना था सो कह गईं।

–कोई आँख मुँदी है न खुली
एक ही चट्टान...लहर पार लहर, पार...
सूर्य के इस ओर ठहर
स्तम्भ-तुला पर सिहरा
मौन जलद-कन
–आँख मुँदी है न खुली कोई।

चित्र के बाद फिर शब्द आए नए...रंगत लिये–

बुलबुले उठे, उड़े
–कि तिरछे मुड़े :
खिले : फेन-कमल बन,
उज्ज्वलतम :
घनपट से दूर, वार,–खुले।
कोमल कन, छन्-छन्, बुलबुले।
ज्योति-जुड़े।

इसी तरह का चित्र है यह, बुलबुलों की तरह से ही। जैसे एक लहर आई और बिखर के वो गिर रहे हैं।...मैं कुछ-न-कुछ बनाया ही करता था। हाथ थोड़ा रवाँ हो गया

था। जो बनाना चाहता था वो उस ढंग में आ ही जाता था...फिर इसके बाद अगला स्टैंज़ा बनता है–

खोल, उठा ज्योति के मयंक!
अंक मिटा भाल के, निशंक।

मोह-सत्य भौंह बंक।
लौह सत्य प्रेम-पंक।

अन्यथा व्यथा व्यथा, वृथा...
है अनादि : आदि रंक–शून्य अंक।

तोल उठा वक्ष के अशंक भाव
की अथाहता।

इसकी रिद्‌म और सारा टोन अलग है...

नामवर सिंह : इसीलिए तो सिम्फनी है।

शमशेर : हाँ! इसके बाद एक चित्र यहाँ बनता है। फिर चित्र बनाने की ज़रूरत कम रह जाती है, नहीं रह जाती है। अब एक प्रवाह आने लगता है। फिर स्टैंज़ा बनने लगता है, हालाँकि उसकी भी टोन अलग-अलग है...अलग वाला इससे कुछ जुड़ा हुआ सा लगता है–

वर्जित को जीत, भीत को भगा :
मौन प्रेम में पगा हृदय जगा।

सुप्ति–शुक्ति–पट विलोल,
खोले मुक्ताभ विमल उर अमोल
सम्पुट अलगा।

फिर आता है उसके बाद–

हे अमल अनल!
छोर कहाँ छोड़ा उस भाव का विमल :
सरिता-तट छोह जहाँ मोह का कमल?
चट्‌टानें तानें लहरों की नित रहीं तोड़
गति मरोड़ रहीं मनःस्वन की,–

उनचास मोड़
होड़ ले रहे तुमसे केवल
हे अमल अनल!
हे अमल अनल!

फिर एक दूसरा बिलकुल शान्त–

देखा था वह प्रभात :
तुम्हें साथ; पुनः रात :
पुलकित...फिर शिथिल गात;
तप्त माथ, स्वेद-स्नात;
मौन म्लान, पीत पात;

पुनः अश्रु-बिम्ब-लीन
शनैः स्वप्न-कम्प वात।

उसके बाद ये है–

हे अगोरती विभा,
जोहती विभावरी!
हे अमा उमामयी,
भावलीन बावरी!
मौन मौन मानसी,
गानती व्यथा-भरी।

...

लजाओ मत अभाव की परेख ले :
समाज आँख भर तुम्हें न देख ले।

नामवर सिंह : शमशेर भाई, इतनी अच्छी कविता के बाद कोई आलोचनात्मक टिप्पणी तो ठीक नहीं है। आप उस गीत को भी सुना दीजिए जिसको मैं 'सावन की उनहार' कह रहा था। इसे सुनने के बाद फिर आपसे एक बात पूछना चाहूँगा।

शमशेर : यह गीत दरअसल गाते हुए लिखा गया था। इत्तफ़ाक से इसकी लय भी मेरे दिमाग़ में इस वक़्त गूँज रही है। गाके तो नहीं सुना सकता लेकिन उसका आभास देने के लिए भर *(शमशेर जी ने गीत गाकर सुनाया–सम्पादक पूर्वग्रह)*–

सावन की उनहार
आँगन-पार।

मधु बरसे, हुन बरसे,
बरसे . . . . . स्वाति धार
आँगन पार।
सावन की उनहार . . .

हुआ यह था कि मेरे सामने एक आईना रखा था बड़ा सा और वो मेरे ड्राइंग बोर्ड का काम दे रहा था। उस पर मैंने पानी से ड्राइंग पेपर चिपका के...फिर कुछ रंग बनाए...रंग बना लिये थे, चटख रंग और मैं एक तस्वीर बनाना चाहता था। कल्पना यह थी उसमें कि पहाड़ों के सिलसिले हैं...सामने एक पहाड़ है जिस पर कुछ जंगल हैं। पीछे जो पहाड़ है वो ज़रा दूर-दूर पर है। तो ये पहाड़ वैसे तो पहाड़ों जैसे थे, लेकिन एक पहाड़ खालिस सोने का था, एक पहाड़ खालिस हीरे का, एक उसका था...क्या कहते हैं...लाल पत्थर का। और इस तरह से ये पहाड़ थे। कह लीजिए कि एक पर्वत प्रदेश–जादू का पर्वत प्रदेश था और वहाँ वर्षा भी होती थी।...वर्षा रिमझिम हो रही थी। जो रिमझिम का रंग था वो दूधिया-दूधिया जैसा था। बूँदें गिर रही थीं और एक सिलसिला...उनकी हलकी-हलकी झड़ी लगी हुई थी। वो तो बन गया : घन बरसे, हुन बरसे,–स्वाति धार! मेरा खयाल है कि यह घंटे भर डेढ़ घंटे तक, जब तक मैं बनाता रहा, चलता रहा–इसी तरीक़े से। बार-बार मैं रिपीट करता रहा और चित्र बनते-बनते मुझे बहुत अच्छा लगा। अफसोस है कि वो अब नहीं है, हालाँकि मैं उसको रखना चाहता था। एक दिक्क़त यह भी थी, जो मैंने बनाए थे वो मुझे तारपीन के तेल से बनाने चाहिए थे, शायद मैंने नारियल का तेल इस्तेमाल कर लिया था। हाँ, कौन जा के लाए, कौन जा के करे! हाँ उसी वक़्त कुछ करना था सो बना डाला। तो वो चित्र भी मुझे अभी तक हॉन्ट करता है उसी तरह से और उसकी लय, उसकी तन्मयता भी मुझे हॉन्ट करती है! बाद में मुझे यह याद रहा और कुछ अरसे के बाद उसे शब्दों में लिख लिया, लिपिबद्ध कर लिया। तो यह थी उसकी...

नामवर सिंह : शमशेर भाई, अगर आप इजाज़त दें तो वो जो असुविधाजनक सवाल है उसे पूछूँ?

शमशेर : आपको तो पूरी इजाज़त है, आप अधिकारी हैं।

नामवर सिंह : जैसे शब्द आते हैं, 'अमल', 'अनल', 'विमल', 'कमल'–इस तरह के, अनुप्रास की झड़ी लगती है, बल्कि ऐसा लगता है कि कवि ने इन शब्दों को नाद सौन्दर्य के लिए, ध्वनि के लिए चुना है, अर्थ उसके ध्यान में नहीं है और उसी रूप में ढले ही आए हैं–इस आधार पर कुछ लोगों का खयाल है कि आप पर बहुत गहरा रीतिवादी असर है। आजकल की आलोचना की सभ्य शिष्ट भाषा में लोग उसे 'रूपवाद' भी कह लेते हैं।

शमशेर : कहा जा सकता है ये। इसमें कोई हर्ज़ नहीं है।

नामवर सिंह : हमारे आदरणीय मित्र रामविलास शर्मा का कहना है कि दूसरे बहुत-से कवि रीतिवाद से छुटकारा पा चुके हैं लेकिन शमशेर उन थोड़े-से कवियों में से हैं कि इस दौर में भी—खासतौर पर उन पर उर्दू की ग़ज़ल गायकी के कारण और अपनी परम्परा के कारण भी—गहरा रीतिवादी असर रहा है जो उनकी कविता की शैली और शिल्प को तो निर्धारित करता ही है, वो असर उनके भाव-जगत को भी नियन्त्रित निर्धारित और कभी-कभी सीमित करता है। इसके बारे में क्या प्रतिक्रिया आपकी होगी या हो सकती है? वैसे मैं जानता हूँ कि अशोक बहुत उग्रता से इसका प्रतिवाद करेंगे। आप नहीं भी बोलेंगे...आपकी चुप्पी और धर्मसंकट मैं समझ रहा हूँ।

शमशेर : बात यह है कि इसका किस्सा कुछ मुख़्तसर नहीं है और इसीलिए मैं डर रहा हूँ कि कहाँ से यह आता है, क्यों आता है? एक तो बात स्पष्ट है...अब पन्त जी की कविता देखिए आप, कुछ टुकड़े आते हैं...तो किसी ने कहा भी है शायद, उन्होंने भी। पन्त जी ने भी रीतिकालीन कविता से शब्दावली के रखने में बहुत लाभ उठाया।

नामवर सिंह : 'मदनराज के वीर बहादुर पावस के उड़ते फणिधर'। अब 'मदनराज के वीर बहादुर' रीतिकाल से सीधे यहाँ चले आए!

शमशेर : और यह बहुत ज़िन्दा टुकड़ा है। उन्होंने दो तरफ़ से इसको लिया है। उन्होंने रवीन्द्रनाथ को देखा कि वे पुराने भक्त कवियों की लय में लय मिला के लिख रहे हैं। पुराने भक्त कवियों के साथ और जो दूसरे रीतिकालीन कवि आते थे, उनके साथ। मैं समझता हूँ हर असली कवि और नकली भी—असली भी कभी-कभी नकली होते हैं—ऐसा करते हैं जैसा बहुत श्रद्धास्पद कवि हमारे पन्तजी स्वयं अन्त में चल के अपनी ही नकल में या जैसे भी कहिए, करते हैं। कविता से उनका सरोकार उतना नहीं था जितना कि अपने विचारों को रखने का यत्न, दर्शन को छन्दबद्ध करने का यत्न। एक जगह कहा भी है मैंने कि मैं तो जो बात सोचता हूँ उसे कहना चाहता हूँ। मेरे लिए वो महत्त्वपूर्ण नहीं है तो खैर अब...मैं तो इसीलिए चुप रहा सुन के...

अशोक वाजपेयी : कहा तो यह जा रहा है कि जो बात आप नहीं कहना चाहते—कहने की कोई बात नहीं है, सिर्फ़ कहना चाहते हैं।

शमशेर : मैं इसको अपने पर ले के कहता हूँ कि कोई विषय वस्तु इस तरह की नहीं है। लय गूँजती है मेरे दिमाग़ में। लय गूँजती है और जब मैं अकेला रहता हूँ जिसका सौभाग्य मुझे कभी-कभार पहले तो मिलता था बाद में बहुत कम...तो मैं अकेले में काफी गुनगुनाता और गाता रहता हूँ, ग़ज़लें भी और जो भी चीज़ बन गई...। इसके साथ यह भी है कि निराला भी कम नहीं हैं रीतिवादियों में! और वो तो अपनी कविता

में गीत को शब्दों से कुछ अधिक महत्त्व देते हैं, वो रीति का ही है। निराला जी को गाते हुए जिन्होंने सुना होगा, मुझे तो याद है, वो जिस रह से व्यक्त करते थे अपनी भाव-भंगिमा से, वो वैसे का वैसा एक रूप ले लेता था।

नामवर सिंह : शमशेर भाई, बहुत अच्छा हुआ आपने पन्त जी की शब्दावली का नाम लिया और निराला के गीत प्रेम का और उनके गाने का हवाला दिया। यह दो बातों की ओर इशारा करता है कि निराला की कविताओं में उनके कथ्य उनकी विषयवस्तु आदि चीज़ों की ओर आपका ध्यान नहीं जाता। आपका ध्यान निराला की लय पर, उनके छन्द-विधान पर, संगीत पर जाता है। पन्तजी में कुछ लोग प्रकृति चित्रण और न जाने क्या-क्या देखते हैं लेकिन आपकी कवि-दृष्टि पन्तजी के डिक्शन पर, शब्दावली पर, शब्द चयन पर जाती है। ये बातें उसी रूपवाद और रीतिवाद की पुष्टि करती हैं कि आप किसी कवि में उसके कथ्य पर दृष्टि नहीं डालते बल्कि उसके रूप पक्ष और कला पक्ष पर ही ध्यान देते हें और कविता आपके मन में किसी सुन्दर शब्द से किसी सुन्दर लय से शुरू होती है, किसी बड़ी विषयवस्तु अनुभूति या विचार से नहीं।

शमशेर : इसमें थोड़ी-सी ग़लतफ़हमी है। मैंने कहीं लिखा भी है कि हर चीज़ मुझसे बातें करती है और मैं यह चाहता हूँ कि उसकी अपनी जो लय है...हर चीज़ की अपनी एक रिद्‌म होती है। शुरू में यह मेरी बहुत कोशिश होती थी कि जिस चीज़ को मैं देख रहा हूँ...और यह बात आई पेंटिंग की तरफ़ से, यानी लय या रिद्‌म जो है वो संगीत वाली पेंटिंग में भी होती है जो कविता में भी आती है। भावनाओं की भी एक लय होती है। इसमें मैं एक मोटी-सी मिसाल यह भी देता हूँ कि आप जितने पेड़ों को देखें, नीम का पेड़ देखें, बरगद के पेड़ को देखें, इमली का देखें और तमाम केले वगैरह...हर एक की रिद्‌म अलग-अलग है। जब हम उनका चित्रण कर रहे हैं तो जो उनकी खास अपनी रिद्‌म है, वो आनी चाहिए। जो बहुत बड़े कवि हैं उनके यहाँ अनायास वो आती है और हम महसूस करते हैं कि वो वस्तु स्वयं बोल रही है। इसी तरह शब्दों पर, उसकी लय पर और संगीत पर इसीलिए ध्यान जाता है कि वही तो मेरे काम की हैं! अगर उसके कथ्य पर ध्यान जाए तो इसका मतलब ये है कि मेरा अपना कोई कथ्य नहीं है। कथ्य मेरे पास है और वो मुझे मज़बूर कर रहा है कि मैं उसको व्यक्त करूँ। अब उसके लिए माध्यम चाहिए। माध्यम मुझे बड़े कवियों से ही मिले हैं। यह शुरू से मेरी आदत रही है और कहना चाहिए कि अंग्रेज़ी कविता ने मेरा बहुत उद्धार किया, बहुत मदद की क्योंकि अंग्रेज़ी कवियों में इतना वैभिन्य, इतना अधिक और स्पष्ट रूप से वैभिन्य है कि हिन्दी में शायद उतना अधिक बाद में तो आने लगा लेकिन आमतौर पर वे एक स्कूल के कवि...। हर दौर के कवि जो वहाँ के हैं, कॉलरिज को लीजिए आप...वो अलग है, उसका मेल किसी से नहीं खाता। बाद में जाकर कुछ कीट्स वगैरह से है। शेली को आप लीजिए, कीट्स और शेली।

संगीत ही उसकी कविता की जान है–संगीत और जो प्रवाह है वो एकदम लिरिकल और सिम्फोनिक...

नामवर सिंह : शमशेर भाई, आपने जो बात की है उसमें सौभाग्य से रोमेन्टिक कवियों का ही नाम दिया है। आपको यह बात बताऊँ! रवीन्द्रनाथ ने 'छन्द' नाम का एक लेख लिखा है और जैसे आप कह रहे हैं वो भी कहते हैं कि अखिल सृष्टि छन्दमय है। हर चीज़ का छन्द है। ऐसा माना गया है कि सम्पूर्ण सृष्टि को छन्दमय देखना, लयमय देखना एक रोमेन्टिक आइडिया है और जो बुरा नहीं है। हुआ करे, अगर रोमेन्टिक होकर कोई अच्छी बात कहता है तो ऐतराज़ क्यों होना चाहिए! मैं दूसरी बात कह रहा हूँ वो ये कि अगर ऐसा है तो फिर कविता और संगीत में क्या अन्तर है? क्योंकि ये चीज़ वागर्थ की कला है। कविता संगीत का सहारा तो लेती है लेकिन उसके अलावा भी कुछ और चीज़ होती है जिससे कविता संगीत से अलग होती है।

शमशेर : देखिए, मैं जैसा समझता हूँ मोटे तौर पर...हालाँकि मिसालें मैंने वो दीं जो आमतौर से दी जाती हैं। बातें एकदम स्पष्ट हो जाती हैं लेकिन पूरी बात स्पष्ट नहीं होती। चूँकि वह एक परम्परा बन गई थी उस तरह के संगीत और छन्द की। फिर हम यह भी देखते हैं और बाद में हम यही डिस्कवर भी करते हैं कि निराला ने कुछ चेंज किया। पश्चिम में भी हुआ कि इन छन्दपरक लयों के अलावा और भी लय है जैसे निराला ने मिसाल दी ऋचाओं की। हालाँकि वैदिक छन्दों का अपना एक विधान है।

नामवर सिंह : हाँ, उन्होंने कविताओं में कहा है और परिमल की भूमिका में भी कहा है।

शमशेर : उसको हम क्रिटिकली लें या मोटे तौर पर लें तो वो सूत्र तो हमको देता है। फिर हम यह देखते हैं कि बाद में वॉल्ट व्हिटमेन आए, रवीन्द्रनाथ का *गीतांजलि* का अनुवाद आया। रवीन्द्रनाथ ने कहा कि लोग कहते हैं कि *बाइबल* से लिया है उन्होंने, पर उस समय तो *बाइबल* उन्होंने पढ़ी ही नहीं थी। तो पुराना जो गद्य मिलता है उस गद्य में भी एक बहुत रचा हुआ रिद्म है।

नामवर सिंह : उससे कोई विरोध नहीं। इसीलिए वेद की ऋचाएँ मन्त्र हैं, इसीलिए वो काव्य नहीं कहे जाते हैं क्योंकि वे शब्द हैं। संस्कृत परम्परा में वाल्मीकि की *रामायण* को इसीलिए आदिकाव्य कहते हैं। ऋचाएँ मन्त्र हैं, वहाँ शब्द ही है, नाद प्रधान है और नाद का प्रभाव पड़ता है। उसमें जब अर्थ शामिल होता है, वागर्थ बनता है तब काव्य होता है और इसीलिए वेद को हमारे यहाँ काव्य नहीं कहा गया, मन्त्र कहा गया है।

अशोक वाजपेयी : नामवर जी, मुझे इसमें एक बात लग रही है। एक सरलीकरण हुआ जा रहा है और वो यह कि जैसे इस बातचीत से ये लग रहा है कि शमशेर जी की सारी कविता मात्र लय या संगीत या नाद सौन्दर्य पर केन्द्रित कविता है।

कुछ कविताएँ उनकी ऐसी हैं। एक तरह से यह कहा जा सकता है कि कविता का जो समूचा इतिहास है वो एक कवि का उत्तराधिकार है। यानी वेद भी, आदिकाल भी, भक्तिकाव्य भी, रीतिकाव्य भी। बाद वाले कवि को यह सुविधा है कि उसमें से अपने काम के लिए जहाँ से जो मिले, चुने। अन्ततः हर कवि को कुछ-न-कुछ रीतियाँ चाहिए, कुछ रूप शैली चाहिए, माध्यम चाहिए। इसके लिए अगर शमशेर जी निराला या पन्त या रीतिकालीन कवियों को इन अभिप्रायों के लिए चुनते हैं तो उससे यह सिद्ध नहीं होता कि वे रूपवादी हैं। दूसरा, अगर उनकी कुछ कविताओं में रूप पर इस तरह का अधिक आग्रह दिखाई भी देता है तब भी यह सिद्ध नहीं होता कि उनका सारा काव्य रूप-केन्द्रित काव्य है। और तीसरा यह कि अन्ततः सब कुछ होने के बाद भी कविता भाषा की एक रचना है, वो भाषा में रची जाने वाली है इसलिए वह ध्वनि भी होगी रूप भी होगी। जो तथाकथित बड़े रूप विरोधी लोग हैं वो भी कोई विरूप कवि नहीं हैं या कि रूप विरोधी कवि नहीं हैं। सिर्फ शिल्प मात्र पर आग्रह नहीं है वागर्थ जिसे आप कह रहे हैं वो भी है यानी...

नामवर सिंह : आपसे इसके अलावा उम्मीद हो क्या सकती थी? यानी आप क़ायदे से कह सकते थे कि यदि वो रूपवाद हो भी तो क्या हर्ज़ है? इसलिए मुझे भी इस पर कोई ऐतराज़ नहीं है। ऐतराज़ सिर्फ़ इस पर है...

अशोक वाजपेयी : मैं इसलिए कह रहा हूँ क्योंकि तीन-चार कविताओं को लेकर ही बातचीत हुई। जैसे 'टूटी हुई, बिखरी हुई' कविता इस तकनीकी अर्थ में भी रूपवादी नहीं है या ऐसी बहुत सारी कविताएँ हैं जिनके बारे में यह नहीं कहा जा सकता। एक बात और। मैंने कई बार इस बात का ज़िक्र किया है और अभी आपने (शमशेर जी ने) एकाध बार किसी कविता की व्युत्पत्ति के बारे में प्रसंगवश यह बताया कि या तो आप एक चित्र बना रहे थे या कि कोई चित्रवत् रूपाकार आपके दिमाग़ में था। एक बात मुझे लगती है कि ध्वनि या संगीत के अलावा बहुत सारी आपकी कविता एक तरह की चित्रलिखित कविता है।

शमशेर : सही है यह बात।

अशोक वाजपेयी : और बहुत हद तक आपका जो स्ट्रक्चर है, रूप विधान वो इस माने में हिन्दी में इधर के बहुत सारे कवियों के बीच नया है और बहुत ही दूसरे क़िस्म का है कि उसकी रचना की तर्क पद्धति चित्र वाली...

शमशेर : पेंटिंग पर काफी डिपेन्ड करती है।

अशोक वाजपेयी : और इसीलिए ऐसा है। ऐसी कविताएँ 'कुछ कविताएँ' संग्रह में थीं जिनमें से एक आपने अभी पढ़ी थी। महादेवी भी ऐसी कवयित्री नहीं हैं—वो चित्र अलग से बनाती थीं (और मेरी दृष्टि से ख़राब ही बनाती थीं)। उनकी कविता को जो उस अर्थ में रूपंकर रचना विधान वाली कविता नहीं कहा जा सकता।

शमशेर : वो इलस्ट्रेटिव पेंटिंग होती थी।

नामवर सिंह : मुक्तिबोध ने कदाचित् इसी बात को ध्यान में रखते हुए शमशेर जी के बारे में कहा था कि ये इम्प्रेशनिस्ट हैं। पेंटिंग आधार है। इनकी अधिकांश कविताओं में वो इम्प्रेशनिज़्म मिलता है जिसका एक रूप यह भी है कि खाली चित्र नहीं है। शमशेर जी से इस सन्दर्भ में मैं दो बातें जानना चाहूँगा। एक तो *'कुछ कविताएँ'* का चित्रविधान एक बहुत झिलमिलेपन के कारण है...एक ऐसी अस्पष्टता 'एक नीला आईना बेठोस-सी यह चाँदनी' एक झुटपुटा...धूप छाया का, धुँधले-धुँधले से चित्र आएँगे। कुछ कविताएँ ऐसी हैं जहाँ चित्र बिलकुल एक इमेजिस्ट की तरह से हैं, जैसे 'यह समुन्दर की पछाड़, तोड़ती है हाड़ तट का'। अब वहाँ से बड़े साफ़ डिमार्केटेड चित्र आते हैं, सुपरिभाषित, बड़े स्पष्ट। कहीं धुँधलापन नहीं है। ये दो विरोधी चीज़ें आपकी कविताओं की चित्रकारिता में मिलती हैं। दो बहुत प्रिय शब्द हैं आपके–एक तो 'ठोस' और दूसरा 'बेठोस'। ये जो दोनों विरोधी चीज़ें आपके यहाँ मिलती हैं यानी एक ओर इमेजिनिज़्म और दूसरी ओर इम्प्रेशनिज़्म, तो क्या प्रतिक्रिया होगी आपकी?

अशोक वाजपेयी : अगर शुक्ल जी का शब्द लेकर कहें तो 'विरुद्धों का सामंजस्य' जैसा कुछ...!

शमशेर : दरअसल मेरी कविता जब मेरे मन में उभरती है तो उस क्षण में यह सामंजस्य होता है लेकिन विरोध का आभास मेरे मन में नहीं होता। और जैसे कि जो ठोस चीज़ें हैं, प्रत्यक्ष चीज़ें हैं, उनका हम मुँह देखते हैं। सुपरिभाषित चीज़ें हैं, जिनके फ़ोटोग्राफ्स हम लें तो सब कुछ साफ़-साफ़ नजर आता है। ऐसी भी चीज़ें हैं जिनका फ़ोटोग्राफ्स आप लें तो साफ़ नज़र आएगा लेकिन वो अपने में साफ़ नहीं हैं। जैसे कोहरा है। वो है तो कोहरा ही आएगा। तो कोहरे की पेंटिंग में भी वो कोहरापन तो आएगा ही! दूसरी चीज़ यह है कि मेरी जिज्ञासा अब भी बहुत तीव्र है–अलग-अलग शैलियों के प्रति, कवियों के प्रति जिनमें कि गद्य में लिखने वाले कवि भी मेरे लिए कम महत्त्वपूर्ण नहीं। और गद्य को जिन्होंने कविता बनाया है, मसलन एज़रा पाउंड। उन्होंने अखबार से या किताबों से पैरे के पैरे लिए और वो उस कविता का अंग हैं। वो किस तरह से अंग हैं, यह बहुत बारीक़ बात है। जब और कोई करता है तो यह कैसा लगता है! यह जो करना है, इसके पीछे इतिहास का भी बोध है उनको। अपने ढंग से देखना, उस इतिहास में जो डिटेल्स और मामूली-मामूली चीज़ें हैं उनको! तो वो एक पुराने युग का बयान दे रहे हैं, उसको साक्षात करने के लिए और हमें उस युग में उन चीज़ों के सामने खड़ा करने के लिए। इसीलिए वे उन हम्बल डिटेल्स को ले आते हैं और इस तरह उसमें अजब तरह के नाटकीय प्रभाव डाल देते हैं। मैं तो यह मानता हूँ कि इस युग का कविता का, शिल्प का सबसे बड़ा टीचर एज़रा पाउंड है। उसने जिस

तरह से समझा है काव्य के शिल्प को, शब्दों के प्रयोग को...एज़रा पाउंड पर लिखी हुई आलोचना मैंने बहुत कम पढ़ी है। एक किताब मुझे बहुत अच्छी मिल गई थी– 'द ए टू जेड ऑफ एज़रा पाउंड।' चीनी भाषा से या पुरानी फ्रांसीसी से उसने जो अनुवाद किए गए हैं और एक जो इंग्लैंड का कवि था–नामवर जी, याद नहीं आ रहा है–उसने कहा मैं यहाँ की भाषा से अच्छी तरह परिचित हूँ। मेरे बच्चे तक उस भाषा से परिचित हैं लेकिन वो इसका अनुवाद देख के हँसते हैं। मैंने मूल में पढ़ा है और इसीलिए अनुवाद की गलतियाँ मुझे हँसाती हैं। फिर चीनी भाषा के विशेषज्ञों से भी पूछा तो उन्होंने कहा कि ग़लत है यह अनुवाद। तो इसका जवाब यह है कि उन दूसरे लोगों के जो अनुवाद हैं वो मूल के अधिक निकटतम हो सकते हैं, होंगे। जबकि इनके अनुवाद कहीं-कहीं दूर पड़ जाते हैं और किंचित् ग़लत भी हो सकते हैं। उस पूरे मूल की जो स्क्रिप्ट है, मूल का जो वास्तविक वातावरण है वो जिस सजीवता से ये ले आते हैं तो इस तरह से वैरायटी उनके यहाँ है, है न? हर कैण्टो का जो अलग-अलग एटमॉसफ़ियर है उसमें भाषा का रूप ही भिन्न हो जाता है।

नामवर सिंह : शमशेर भाई, भला हुआ आपने एज़रा पाउंड का नाम लिया और उसकी खूबियाँ बताईं। एक तरह से जहाँ तक आधुनिक कविता का सवाल है, ईलियट के लिए भी एज़रा पाउंड लगभग गुरुतुल्य ही था। कहते हैं कि *'वेस्टलैण्ड'* उसने काट-छाँटकर एडिट की थी, तब जा के वो कहीं महान कविता बनी। यह बात लोगों द्वारा बल्कि वात्स्यायन द्वारा आपके सन्दर्भ में कहे गए इस कथन की पुष्टि करती है कि आप कवियों के कवि हैं। आपके आदर्श ऐसे कवि रहे हैं या हैं जो कवियों के लिए शिक्षक का काम देते हैं, बहुत कुछ सीख सकते हैं कवि उनसे। पता नहीं उन्होंने आपकी प्रशंसा में कहा है या निन्दा में कहा है।

शमशेर : हाँ, वो मेरी समझ में भी नहीं आया।

अशोक वाजपेयी : मुझे एक बात और लग रही थी। कई बार ऐसा लगता है कि जैसे ठोस को आप इतनी दूर ले जाते हैं यानी उसको इतना पीछे की तरफ़ ढकेलते जाते हैं कि वो बे-ठोस हो जाता है।

शमशेर : अच्छा, वो बेठोस वाली कविता की मैं थोड़ी-सी व्याख्या करूँ। मैं ऐलनगंज में रहता था उन दिनों, और यूनिवर्सिटी के सामने वाली जो सड़क है, वो स्टेशन की तरफ़ चली जाती है। और उस सड़क से हम लोग घंटाघर भी देख सकते हैं। तो मैं वापस जा रहा था घर की तरफ़। चाँदनी बिछी हुई थी और सन्नाटा-सा भी था। तो मुझे ऐसा लगा कि ऊपर से नीचे तक सारा वातावरण उस चाँदनी से भरा हुआ है, जैसे किसी शीशे के डिब्बे में कोई चीज़ भरी हुई हो, जल भरा हो, पानी भरा हो और वो बाहर से आप देख रहे हैं कि वो है, उसके अन्दर भरा हुआ। तो मुझे लगा कि यह सबका सब जो है एक आईना है...यानी ग्लास तत्व। उसके चारों तरफ़ दीवालें

नहीं हैं पर जिस तरह से वह भरा हुआ है वह जैसे ग्लास भरा हुआ। और वो ऐसा ग्लास है कि यह जो चाँदनी है, तरल है, तरलता है उसके अन्दर...बे-ठोस सी है वह और मैं उसके तल में चल रहा हूँ। यह सब इतनी यथार्थ अनुभूति थी मेरी कि मैं आपको बयान नहीं कर सकता हूँ। अच्छा फिर वो चल जो रहा है, वो एक इंगिति है और ऐतिहासिक सन्दर्भ लिये, कि कहाँ चल रहा है, किस जगह चल रहा है, पीछे क्या है, क्या ले के चल रहा है। वो इशारे में उसके अन्दर आता है।

नामवर सिंह : मेरा खयाल है कि इतनी अनुभूतिपूर्ण कविता के बाद मौन ही...।

[पूरी बातचीत 'वागर्थ' (भारत भवन) की कविता-वीडियो संग्रह योजना के अन्तर्गत 21 जून, 1984 को रिकॉर्ड की गई। बातचीत का उत्तरार्द्ध पहले प्रकाशित हुआ—पूर्वग्रह : 75, जुलाई-अगस्त 1986 में। पूर्वार्द्ध बाद में पूर्वग्रह-80 मई-जून 1987 में प्रकाशित हुआ। ऐसा इसलिए हुआ कि पहले वाला हिस्सा 'पूर्वग्रह' सम्पादक के अनुसार 'खो गया था'।]

उजाले में वापस

नेमिचन्द्र जैन, नामवर सिंह, श्रीकान्त वर्मा, कुँवर नारायण, केदारनाथ सिंह और अशोक वाजपेयी की बातचीत

अशोक वाजपेयी : मित्रो, बीसवीं शताब्दी का अवसान हो रहा है यह याद करना उन्नीस सौ चौरासी में महत्त्व ही रखता है क्योंकि–यों साहित्य बहुत कम भविष्यवाणियाँ करता है पर कम-से-कम 1984 के बारे में जो भविष्यवाणी की गई थी, वह बहुत विख्यात भी हुई। अब जब शताब्दी के समाप्त होने में 15-16 बरस बचे हैं, तब यह जिज्ञासा करना, यह आकलन करना भी ज़रूरी है कि आखिर इस शताब्दी का–जिसमें मनुष्य की संस्कृति में, साहित्य में, कविता में बहुत बड़े-बड़े परिवर्तन और कायाकल्प हुए और अब जब यह अवसान के निकट है–तब किस तरह का चित्र हमको लगता है : सारी दुनिया में विशेषकर साहित्य और कविता के सन्दर्भ में, संस्कृति का। ज़रूरी नहीं है कि बहुत सारे कवियों को ऐसा अवसानबोध हो ही। सबसे पहले तो यही मेरी जिज्ञासा है कि क्या हम इस शताब्दी की एक ऐसी कगार पर धीरे-धीरे पहुँच गए हैं कि हमको इस शताब्दी के अवसान का बोध अपनी कविता में हो रहा हो? तो सबसे पहले इसी पर बात की जाए।

श्रीकान्त वर्मा : देखिए अशोक जी! मेरे विचार तो इस बारे में इस तरह हैं; मैं सोचता हूँ कि वो इस शताब्दी में पैदा हुआ था। बीसवीं शताब्दी क्या है, उसको सबसे पहले अपनी जगह की खोज करनी चाहिए। जिस परिवेश में उसने जन्म लिया उसकी तलाश करनी चाहिए और बीसवीं शताब्दी की परिभाषा करनी चाहिए। वर्षों पहले, दशाब्दियों पहले, शायद सौ साल पहले, नीत्शे ने इसकी परिभाषा की थी कि ये संहार, आत्महत्या, घृणा, मृत्यु और महानाश की शताब्दी होगी और नीत्शे की भविष्यवाणी सच ठहरी। आपने तो अभी ऑरवेल की तरफ़ इशारा किया ही। ऑरवेल ने 1984 के बारे में भविष्यवाणी की और जो काफी हद तक, मेरी निगाह में, ठीक ही निकली; उसी तरह की स्थितियाँ आज निर्मित हैं लेकिन ऑरवेल के भी बहुत पहले बीसवीं शताब्दी के बारे में नीत्शे ने यह भविष्यवाणी की और यह शताब्दी वैसी ही निकली।

दो-दो महायुद्धों की शताब्दी। आज परमाणु अस्त्र जिस तरह से इकट्ठे हो रहे हैं उससे तीसरे विश्व युद्ध की आशंका भी निर्मूल नहीं है। तो, तीन विश्वयुद्धों को सहने का माद्दा रखने वाली और दो विश्वयुद्धों से क्षत-विक्षत शताब्दी में हमने जन्म लिया। उसमें हम रह रहे थे और रह रहे हैं। लेकिन सबसे बड़ी बात यह है कि इस पीड़ा को, इस ट्रेजेडी को सबसे अधिक विश्व कविता ने ही ढोया है। जब इन्सान अपने दर्द को ढो सकने में असमर्थ हो जाता है तब उसे एक कवि की ज़रूरत पड़ती है जो कि उसके दर्द को ढोये, अन्यथा वो व्यक्ति आत्महत्या कर लेगा। मनुष्यता को भी कवियों की ज़रूरत पड़ती है। यह अलग बात है कि अन्त में कवि ही मारे जाते हैं। पीड़ा को ही वे ढोते हैं और उन्होंने इस शताब्दी की पीड़ा को ढोया है। इस शताब्दी की ट्रैजेडी को सामने रखा है। हम जहाँ पहुँचना चाहते थे, हमारा जो गन्तव्य था, एक आदर्श समाज, यानी एक ऐसा समाज, जिसमें मनुष्य और मनुष्य के बीच बराबरी हो, जहाँ युद्धों का ख़तरा न हो, जहाँ मनुष्य अपनी तृष्णाएँ त्यागे, जहाँ अपने अहम् का संहार करे यानी जो कुछ भी पैगम्बरों ने सोचा है, जो भी उनका स्वप्नदेश रहा है, उसकी स्थापना और उसकी मृगतृष्णा सबसे अधिक बीसवीं शताब्दी ने ही पैदा की। लेकिन इस शताब्दी की सबसे बड़ी ट्रैजेडी यही है कि उसमें से एक भी चीज़ पूरी नहीं हुई। बल्कि उन्नीसवीं शताब्दी में भी जो कुछ हुआ था, उसको भी नेस्तनाबूद कर दिया गया और उसका संहार कर दिया गया। उस संहार का साक्षी, उस संहार का गवाह इस समय का कवि ही रहा, इस समय की कविता ही रही। तो मैं समझता हूँ कि सबसे अधिक इस पीड़ा को, इस दुख को कवि ने प्रस्तुत किया है। मेरी निगाह में बीसवीं शताब्दी की कविता यही है, बीसवीं शताब्दी यही है।

अशोक वाजपेयी : कुँवर जी कुछ कहना चाहेंगे पर मुझे एक सवाल पूछना था कि श्रीकान्त जी जो कह रहे हैं कि इस शताब्दी की विफलता का, इस शताब्दी के लगभग व्यर्थ जाने का एक गहरा और बहुत पीड़ादायी बोध है—तो क्या यह कहना सही होगा कि इस समय विश्व कविता इस तरह की विफलता के पीड़ाबोध से ग्रस्त कविता है?

कुँवर नारायण : मुझे लगता है कि इधर की कविता में यह विफलता बोध तो है लेकिन तस्वीर मुझे इतनी ज़्यादा निराशाजनक भी नहीं लगती। क्योंकि सारी विफलताओं के बावजूद कविता ने कहीं-न-कहीं चीज़ों पर भी—वहाँ, जहाँ वे ठीक हुई हैं—अपनी राय रखी है और उसका भी इज़हार किया है। शायद कविता का यह एक बहुत बड़ा पक्ष है कि बहुत निराशाजनक स्थितियों में ही कहीं-न-कहीं वह हमारी मानवीय आकांक्षाओं को, दुख-दर्द के साथ-साथ हमारे जीने के उत्साह को भी बचाए रखती है। इस माने में मैं कविता का सांस्कृतिक और सामाजिक जीवन में एक सकारात्मक स्थान समझता हूँ। मुझे लगता है कि कविता के आगे के बारे में सोचना इस तरह नहीं हो सकता कि एक सदी खत्म हो रही है, दूसरी सदी शुरू हो रही है। इस तरह

से शायद कविता का समयबोध काम नहीं करता। कविता इससे ज़्यादा बड़े समयबोध में काम करती है। उसका ऐतिहासिक बोध बहुत लम्बा होता है और इसी तरह वह भविष्य में भी ज़्यादा दूर तक देखती है। अगर इससे ही उसके मन में निराशा उत्पन्न होती है कि इसमें ये-ये चीज़ें ग़लत हुईं तो शायद उसके इस बहुत लम्बे बोध को, जीवनबोध को भी वह कहीं विचलित करेगा। मैं समझता हूँ, यह नहीं होना चाहिए। कहीं-न-कहीं हमको यह विश्वास तो रखना ही चाहिए कि कविता बची रहेगी और वे सब चीज़ें भी बची रहेंगी जिन्हें कविता बचाए रखना चाहती है, किसी भी हालत में।

अशोक वाजपेयी : हाँ, लेकिन बची रहेंगी या बची रहना चाहिए? सवाल यह है कि क्या ये चीज़ें बची रहीं?

कुंवर नारायण : हम इस उम्मीद को तो नहीं छोड़ सकते कि वे बची रहें। अगर यह उम्मीद हम छोड़ेंगे तो कविता लिखना हमारे लिए बहुत ही नकारात्मक और नेगेटिव क़िस्म का काम हो जाएगा।

अशोक वाजपेयी : एक और बात भी है कि अगर बीसवीं शताब्दी इस तरह के संहार और विनाश की शताब्दी है तो मुक्ति और क्रान्ति की भी शताब्दी है। यानी जितने राज्य, जितने राष्ट्र, जितने जन समुदाय आज इस शताब्दी में मुक्त और स्वतन्त्र हैं उतने मनुष्य के ज्ञात इतिहास में पहले कभी नहीं रहे। तो आखिर इसी शताब्दी ने, जिसने उन्हें यह सत्यानाश और संहार दिया, उसी शताब्दी ने उन्हें मुक्ति और स्वतन्त्रता भी दी। इसलिए यह इस शताब्दी का किंचित् सरलीकरण होगा कि अगर हम यह मानें कि यह शताब्दी इस अर्थ में विफल ही हुई है।...

श्रीकान्त वर्मा : मैं इसमें एक बात कहना चाहता हूँ अशोक जी, स्पष्टीकरण के बतौर, कि जब मैं कह रहा हूँ कि स्थिति निराशा की है और घोर अन्धकार की है तब मैं उसमें मुक्तियों और क्रान्तियों को भी लपेटकर कह रहा हूँ। मैं उनको अलग रखकर नहीं कह रहा हूँ। मैं यह नहीं कह रहा हूँ कि ग्लोब का एक हिस्सा ऐसा है जिसमें अन्धकार है और दूसरा हिस्सा ऐसा है जिसमें उजाला है। मैं यह कह रहा हूँ कि जहाँ उजाले की उम्मीद थी वहाँ भी उजाला नहीं है, अन्धकार है। जहाँ-जहाँ क्रान्तियाँ हुईं और जहाँ-जहाँ मुक्त हुए देश, वहाँ-वहाँ भी आप देखिए क्रान्तियों और मुक्ति के बाद क्या हुआ! वहाँ उसी तरह की बीमारियाँ—सामाजिक बीमारियाँ, उसी तरह की निराशाएँ, उसी तरह की पराजय देखने को मिलीं जिस तरह की उन समाजों में जिनको दृष्टि में रखकर नीत्शे ने भविष्यवाणी की थी। इसलिए मैंने जो कुछ कहा है वह कविजनोचित मात्र नहीं है, बल्कि एक ऐसा वक्तव्य है जो तथ्यों पर आधारित है और मुझे दुख है कि तथ्यों पर घुटने टेकने पड़े। दुख इसलिए, क्योंकि एक कवि को तथ्यों पर घुटने नहीं टेकने चाहिए बल्कि विश्व की जो मनःस्थिति है उसको ध्यान में लेना

चाहिए। मैं समझता हूँ कि विश्व की मनःस्थिति पराजय और निराशा की है जिसको कवियों ने कविता में व्यक्त किया। यही मुख्य कविता है आज की...

कुँवर नारायण : श्रीकान्त जी, आपका कहना ठीक है। कविता जब भी होती है या की जाती है तो यथार्थ की तरफ़ से आँखें बन्द करके नहीं की जाती है। सब कुछ देखते हुए कविता को कहीं-न-कहीं अपने काम को स्पष्ट करना होता है। मैंने यह कहा कि कविता का काम सिर्फ़ इतना ही नहीं है कि वह निराशाजनक स्थिति को देखे और उसको सही-सही वर्णित करे। कहीं हमको वह साहस, वह पौरुष भी दे सके कि हम इन स्थितियों का सामना कर सकें। इसी अर्थ में मैंने कहा कि मैं कविता की एक पॉज़ीटिव जगह देखता हूँ। इसका मतलब यह नहीं है कि नेगेटिव...

नामवर सिंह : इस बातचीत का एक और कोण है जो मुझे दिखाई पड़ रहा है, वो यह है कि उन्नीसवीं सदी के अन्त के मसीहा नीत्शे के कथन को बीसवीं सदी के लिए सही मानते हुए, जैसा कि श्रीकान्त जी ने कहा, अगर हम दोनों शताब्दियों के अवसान की तुलना करें तो उन्नीसवीं सदी प्रगति की सदी कही जाती है। लेकिन उसके अवसान पर जितनी ट्रैजिक रचनाएँ लिखी गईं उसकी तुलना में बीसवीं सदी में चाहे जितनी दुखान्त घटनाएँ हुई हों—क्रान्तिपूर्ण उद्वेलन की हुई हों—उसके अवसान पर हम उस प्रकार की रचनाएँ नहीं देख रहे हैं। उससे जुड़ी हुई बात जो दिखाई पड़ती है वह यह कि इस सदी के अवसान के समय यह एक बहुत महत्त्वपूर्ण घटना हुई कि विश्व-कविता और विश्व साहित्य का केन्द्र योरुप से हटकर योरुप के बाहर आ गया—उन देशों की ओर जो उन्नीसवीं सदी के अवसान के समय लगभग अँधेरे में थे या उपनिवेश के रूप में माने जाते थे, राजनीतिक दृष्टि से ही नहीं, साहित्यिक दृष्टि से भी माने जाते थे। बीसवीं सदी के अवसान पर जहाँ तक कविता का सवाल है, आज थोड़ी-बहुत कविता का जो रूप हमें अनुवादों के माध्यम से मिलता है उसके लिए, आज की जीवन्त कविता के लिए हम इंग्लैंड और अमेरिका की ओर नहीं देखते, यहाँ तक कि योरुप के मशहूर और प्रसिद्ध नगरों की ओर भी नहीं देखते हैं। आज की जीवन्त कविताओं के लिए हम लैटिन अमेरिकी देशों में लिखी स्पेनिश कविताओं की ओर देखते हैं, हम अफ्रीकी कविताओं को भी देख सकते हैं और एशिया के अनेक देशों की कविताओं को भी। इसलिए बीसवीं सदी के अवसान पर विश्व साहित्य का जो केन्द्र अपसरित हुआ है, यह बहुत महत्त्वपूर्ण घटना है, वह उन्नीसवीं सदी के अवसान के समय नहीं था। इस पर मैं चाहूँगा कि एक कवि के नाते केदार जी कुछ कहें और मेरे कई मित्र इस पर टिप्पणी करें। मैं जानना चाहूँगा कि यह...

केदानाथ सिंह : नामवर जी ने बहुत महत्त्वपूर्ण तथ्य की ओर संकेत किया। मुझे लगता है कि बीसवीं सदी को हम देशकाल से जोड़कर देखें तो उसके अलग-अलग अर्थ निकलेंगे। योरुप के सन्दर्भ में, और जिसको हम पश्चिमी योरुप कहते हैं उसके

सन्दर्भ में, बीसवीं सदी का एक अर्थ है और मैं समझता हूँ कि उस अर्थ में परिवर्तन हुआ है। एलियट की कविता और एलियट के बाद की कविता में जो फ़र्क़ है उसको देखा जाए। जिस तरह से एक मानवीय संस्कृति के विनाश की कविता एलियट के यहाँ दिखाई पड़ती है या उसके दूसरे समकालिक कवियों के यहाँ दिखाई पड़ती है वैसी मुझे नहीं लगता कि आज की कविता है। किसी बहुत बड़े विनाश के कगार पर खड़े होकर वह कविता लिखी जा रही है, ऐसा नहीं लगता। एक आदमी है जो अपने गाँव देहात की चीज़ों को देखता है, उफान को देखता है और वह एकदम ठेठ शहर से बाहर निकलता है। उस कविता में एक खास तरह का उल्लास मुझे दिखाई पड़ता है। ट्रेड ह्यूज़ जो इस समय इंग्लैंड का प्रतिनिधि कवि है, उसके यहाँ जो कविता मुझे दिखाई पड़ती है, उसमें कम-से कम किसी संस्कृति के विनाश की छटपटाहट या पीड़ा मुझे नहीं दिखाई देती। आपको कई जगह एक बेचैनी, एक छटपटाहट, एक परेशानी भर मिल सकती है। तो खुद उन केन्द्रों में भी जहाँ से–जैसा कि नामवर जी ने कहा कि कविता अपसरित हुई है, वहाँ भी मुझे लगता है कि बीसवीं शताब्दी के आरम्भ में जो एक खास तरह की गहरी निराशा थी, उस निराशा से छुटकारा पाने की कोशिश है। इसके पीछे कारण होंगे और सक्रिय सामाजिक कारण होंगे पर एक ऐसी कोशिश दिखाई पड़ती है। पर उससे अलग हटकर–जैसा कि नामवर जी ने कहा–लैटिन अमेरिका और अफ्रीका की कविता से भारत की कविता को जोड़कर देखा जाना चाहिए। योरुप की कविता के साथ जोड़कर देखेंगे तो शायद ग़लत नतीजे निकलेंगे।

श्रीकान्त वर्मा : केदार जी, आपने और नामवर जी ने लैटिन अमेरिका की कविता की चर्चा की लेकिन लैटिन अमेरिका में कोई एक तरह की कविता नहीं लिखी गई। आज लैटिन अमेरिका की–मैक्सिको, ब्राज़ील, पेरू या कोलम्बिया की कविताएँ कोई पढ़ता है तो फूल-पत्तियों या खेत-खलिहान की कविता पढ़ने के लिए नहीं। ये कविताएँ तो बीसवीं शताब्दी क्या, उन्नीसवीं शताब्दी में ही रद्द हो चुकी थीं। जिस दिन वड्र्सवर्थ को रद्द कर दिया गया, कीट्स को रद्द कर दिया गया, उस दिन अस्त हो गई यह कविता। उस तरह की कोई कविता, चाहे वह क्रान्ति की पृष्ठभूमि में खेत-खलिहान की बात करे और चाहे वह भारतीय ग्राम्य जीवन की बात करे या उसमें एक नया बोध उत्पन्न करने की बात करे, जैसा कि हिन्दी में हमारे कुछ कवियों ने किया है, शुरू में किया था जिनमें अज्ञेय जी भी हैं, तो यह आज की कविता नहीं है। लिखा तो बहुत कुछ जाता है लेकिन इतिहास बहुत क्रूर होता है और जैसा कि अशोक वाजपेयी ने अपने एक लेख में कहा है–साहित्य का बूचड़खाना–तो साहित्य का एक कसाईघर होता है जिसमें बहुत-सी चीज़ें रद्द की जाती हैं, बहुत-सी इस तरह की कविताएँ रद्द होती हैं। कुछ अपवाद हैं और वे महान अपवाद हैं–ब्रेख़्त,

मायकोवस्की और पाब्लो नेरूदा। लेकिन आज अगर लैटिन अमेरिका की बात आप करते हैं तो जॉर्ज लुई बोर्खेज़, ऑक्टेवियो पाज़ जैसे कवि हैं जो शताब्दी के अन्धकार को, ट्रैज़ेडी को, विफलता को और दर्द को या तो क्लासिक स्टाइल में प्रस्तुत कर रहे हैं या चाहें तो आप कह सकते हैं कि रोमैंटिक ढंग से, अपनी शैली में प्रस्तुत कर रहे हैं। लेकिन मुद्दा वही है। मुद्दा बीसवीं शताब्दी ही है। जो आदमी इस शताब्दी को मुद्दा रखकर कविताएँ नहीं लिखता है उसके लिए बड़ी कठिनाइयाँ पैदा हो जाएँगी।

नेमिचन्द्र जैन : मैं एक बात यहाँ कहना चाहता हूँ। मुझे लगता है कि बातचीत को आगे बढ़ाने के पहले हमें यह करना चाहिए—कविता को एक मिनट के लिए छोड़ें तो इस शताब्दी की जो पूरी संस्कृति है, जो पूरा परिदृश्य है दुनिया का, उसमें हम केवल उन्हीं बातों को देख रहे हैं जिनने मनुष्य को निराश किया है, मनुष्य की ट्रैजेडी को या मनुष्य की गरिमा को कम किया है या कि हम उन चीज़ों को भी देख सकते हैं जो इन सबके साथ ही इस पूरे दौर में बढ़ी हैं, यानी आदमी की आज़ादी के लिए, आदमी की मुक्ति के लिए जो कुछ इस शताब्दी में हुआ है, बरक्स उसके जो संहार के लिए हुआ है? क्या वह इतना नगण्य है कि हम उसकी उपेक्षा करें? अशोक ने अभी कहा कि जिन देशों की आज़ादी की कल्पना तक हमने नहीं की थी वो आज़ाद हुए, आज़ादी के रास्ते पर बढ़े। यह न भी हो कि वे पूरी तरह अपनी सार्वभौमता हासिल कर सके हों तो भी आज़ादी की तरफ़ उन्होंने जो क़दम बढ़ाए हैं—मैं समझता हूँ कि यह मानवीय इतिहास का बहुत महत्त्वपूर्ण पक्ष है। आदमी को काबू में कर सकने की क्षमता, उसकी आगे देखने की शक्ति। मैं समझता हूँ कि आगे बढ़ने के लिए आदमी जो कुछ हासिल करता है, हम केवल उसके दुरुपयोग की सम्भावना या उस दुरुपयोग की स्थिति को देखकर इतने निराश हो जाएँ और उसकी जो सार्थक सम्भावनाएँ हैं उसका ज़िक्र न करें, तो यह संस्कृति के पूरे परिदृश्य का सही आकलन नहीं होगा। सम्प्रेषण साधनों में जो एक तरह का विस्फोट-सा हुआ है, हम सब लोग उससे आतंकित होते हैं कि वह एक तरह का एकरूपीकरण पैदा करेगा। पर इसी के चलते हमारे व्यक्तित्व की जो छोटी-छोटी सीमाएँ थीं—समाजों की, देशों की—वो भी कम हुई हैं। यह आदमी की चेतना का उभार है जो उसकी संस्कृति का प्रतीक है। मैं समझता हूँ कि हमको सिर्फ़ इसी सन्दर्भ में नहीं देखना चाहिए कि पिछले दस बरस में या पन्द्रह बरस में क्या हुआ। श्रीकान्त जी ने ब्रेख्त का ज़िक्र किया, नेरूदा और मायकोवस्की का ज़िक्र किया। अगर बीसवीं सदी इस तरह के रचनाकारों को कविता के क्षेत्र में तथा दूसरे क्षेत्रों में पैदा कर सकती है तो यह कोई आवश्यक नहीं है कि यह दौर समाप्त हो गया हो और ऐसे लोग अब नहीं आएँगे जो सारे तत्वों को एक साथ समेट सकें और फिर उनको एक नया रूप, एक नई अभिव्यक्ति दे

सकें। मुझे यह लगता है कि हम पूरी शताब्दी की परिस्थितियों का एकपक्षीय आकलन कर रहे हैं।

कुँवर नारायण : आपकी बात से एक सवाल और मेरे मन में पैदा होता है कि क्या कविता इतनी जल्दी और इतनी नज़दीक की चीज़ों से जुड़ी हुई है या उसका फलक ज़्यादा बड़ा है? जैसा कि मैंने कहा था कि ऐसे समय में भी बहुत बड़ी कविता लिखी गई है जो इतिहास के दौर के बहुत ख़राब समय थे। उस समय भी कविता की सम्भावनाएँ समाप्त नहीं हुईं। हम रवीन्द्रनाथ ठाकुर का ही उदाहरण लें। वो ऐसा समय था जब अंग्रेज़ों का पूरी तरह से आधिपत्य था और हम गुलामी में थे लेकिन फिर भी अपने ढंग की, अलग तरह की, बहुत बड़ी कविता लिखी गई। छायावाद के समय में भी। जब हम आज की कविता के बारे में सोचते हैं तो शायद हम इस तथ्य को बिलकुल भुला के सोचते हैं। और पहले जाएँ, जैसे शेक्सपियर के समय में। एलिज़ाबेथ का जो इंग्लैंड था, ऐसा नहीं कि वह बहुत ही शान्तिप्रिय और सुखद समय रहा, काफी बर्बर समय वह था। उस समय भी बहुत बड़ी कविता लिखी गई। इस तरह इतिहास में अगर हम देखें तो कविता हमेशा अपने समय से कहीं आगे तक पहुँच जाती है। वह शुरू भी बहुत पहले से करती है।

अशोक वाजपेयी : कुँवर जी, अभी आपने जो कहा कि ज़रूरी नहीं है कि जो इतिहास का ख़राब समय हो वह कविता का भी ख़राब समय हो। इस पर बहरहाल हमारी सहमति नहीं जान पड़ती कि यह ख़राब समय है कि नहीं। पर चलिए, अब इस पर ही बात करें कि हिन्दी कविता में यह किस तरह का समय है? 16 बरस बचे हैं शताब्दी को पूरा होने में और चालीस बरस हो गए हिन्दी में एक तथाकथित क्रान्ति को आरम्भ हुए। तो चलिए, इसी पर सोचा जाए।

नामवर सिंह : मैं तो यह कह ही रहा था, जब मैंने हिन्दी कविता को तीसरी दुनिया के उभार के साथ जोड़ते हुए देखा था। मुझे हिन्दी कविता के बारे में सोचना इस दृष्टि से विशेष रूप से महत्त्वपूर्ण लगता है कि एक संस्कृति के संकट को और मनुष्य की नियति की चुनौती को कितने बड़े ऐतिहासिक परिप्रेक्ष्य में ये देखती है। वो परिप्रेक्ष्य महत्त्वपूर्ण है जिसमें मनुष्य की नियति को कविता देखने की कोशिश करती है और इतिहास की चुनौती को महसूस करती है। इस दृष्टि से मुझे इधर की हिन्दी कविता में—तत्काल मेरे सामने कुँवर नारायण हैं—उनकी इतिहास सम्बन्धी लिखी कविताएँ हैं, श्रीकान्त जी तो एक मगध कविता चक्र ही लिख रहे हैं जिसमें इतिहास केवल कुछ शहरों के नाम के माध्यम से नहीं आता है बल्कि वो एक प्रतीक बनता है जिसके माध्यम से हम आज के युग को परिभाषित करते हैं। और बड़े परिप्रेक्ष्य में देखने की कोशिश करें। यह बात योरुप की कविता में पहले महायुद्ध के बाद दिखाई पड़ती है। एलियट का वेस्टलैंड है, और कई चीज़ें लिखी गई हैं। आज हिन्दी

कविता अपने छोटे-छोटे स्थानिक वर्णनों के कारण, चित्रों के कारण, बिम्बों के कारण उतनी सार्थक नहीं है जितनी संस्कृति की चुनौती को झेलने और उस सन्दर्भ में मनुष्य की नियति का ऐतिहासिक विवरण देने के कारण। चूँकि दो महत्त्वपूर्ण कवि हमारे सामने हैं अतः इनके अलावा और दूसरे कवि कौन हैं, इस बारे में तो इन्हीं लोगों से जानना चाहिए।

कुँवर नारायण : नामवर जी, इतिहास बोध की जो कविताएँ हैं उनमें मेरी कोशिश यह रही है कि एक नए तरह का सम्बन्ध इतिहास के साथ बने। जिस प्रकार का इतिहास हम लोगों को पढ़ाया जाता रहा है किताबों में, मेरी उससे कोई सहानुभूति नहीं रही। अपनी कविताओं में मैंने उसे राजाओं के इतिहास या विजेताओं के इतिहास की तरह नहीं देखा है। पहली बार, एक साधारण आदमी की तरह कोशिश की है कि मैं इतिहास की गलियों में घुसूँ उन प्रतीकों के माध्यम से या उन चिन्हों के माध्यम से, जो आज भी मुझे अपने चारों ओर दिखाई देते हैं। यह ज़रूरी नहीं कि ये प्रतीक और चिन्ह किसी खंडहर या इमारत के ही हों। कभी-कभी मुझे आदमी की मानसिकता में भी वे चिन्ह दिखाई देते हैं जिनका कि बहुत पुराना इतिहास हो सकता है। जैसे तानाशाही को ले लें या उसके सौहार्द्र विनम्रता को ले लें। ये कुछ ऐसी प्रवृत्तियाँ हैं जो आज की भी हैं और आज से पहले की भी हैं। इनका भी इतिहास है और इनके कारण ही इतिहास में बड़ी-बड़ी घटनाएँ हुई हैं। तो इस तरह की चीज़ों को मैंने कविताओं में पकड़ने की कोशिश की है और उसके साथ ही यह दृष्टि भी रही है कि वे सही-सही हमारे समय की समस्याओं को या कठिनाइयों को चित्रित भी कर सकें। इस अर्थ में इतिहास मेरे लिए पलायन नहीं रहा, एक बहुत ही सशक्त यथार्थ रहा है जिसे मैंने कभी अपने समय में ला के देखा है, कभी अपने समय को इतिहास में ले जाकर देखा है।

नामवर सिंह : जैसे कटे हुए वो दो हाथी पहुँचते हैं आखिर में।

कुँवर नारायण : जी हाँ! यह दिल्ली नाम है। मेरे लिए दिल्ली केवल आज की राजधानी नहीं है, उसके साथ पूरा वो इतिहास है जिसके दौर से दिल्ली गुज़रती रही है, उजड़ती रही है, कभी बनती रही है। तो इस तरह के जो सन्दर्भ इतिहास में हैं वे मुझे प्रतीक रूप में बहुत...

नामवर सिंह : और श्रीकान्त जी, आप जो आजकल मगध कविता चक्र लिख रहे हैं?

श्रीकान्त वर्मा : देखिए, मैं तो कोई मगध चक्र नहीं लिख रहा हूँ। वैसे तो इतिहास ही एक चक्र है और वो चक्र ट्रैजेडियों का सिलसिला है, एक अनन्त सिलसिला। मेरे बीसवीं शताब्दी के बोध में और इतिहास के बोध में कोई अन्तर्विरोध नहीं है। लेकिन यह है कि अपना-अपना एक अहसास हो सकता है, अपनी-अपनी इतिहास दृष्टि हो

सकती है। मेरी दृष्टि में जो ट्रैजेडियों का एक अनन्त सिलसिला है, जैसे वासवदत्ता, कलिंग, मगध, पाटलिपुत्र, अवन्ति; दूसरों की दृष्टि में वो वैभव का, दर्प का, शासन का, समृद्धि का, क्रान्ति का या मुक्ति का सिलसिला हो सकता है। दृष्टि अपनी होती है, अनुभव अपने होते हैं और सम्वेदना अपनी होती है। मैंने अभी अपनी हाल की इसी सिलसिले में लिखी कविता में खुद ही कहा है कि महोदय, हम और आप जिस पाटलिपुत्र के लिए लड़ रहे हैं, औरों की दृष्टि में वह सिर्फ़ किंवदन्ती है। तो इतिहास एक किंवदन्ती भी हो सकता है। अपना बोध जो है वो महत्त्वपूर्ण है और जैसा मैंने अभी कुछ समय पहले कहा कि मेरा बोध है, जो दृष्टि है–चाहे वो इतिहास के प्रति हो, अपने समय के प्रति हो–वो ट्रैजेडी की ओर है। मैं सत्य को वास्तविकता को, सिर्फ़ उसी दृष्टि से देख सकता हूँ, दूसरी किसी दृष्टि से नहीं देख सकता। इसलिए मैं कोई सार्वजनिक वक्तव्य देने का दावा नहीं कर सकता। मैंने एक निजी वक्तव्य दिया है और मेरे खयाल में अधिकतर हिन्दी के कवियों ने, इधर के कवियों ने भी और उधर के कवियों ने भी, इस ट्रैजेडी को व्यक्त करने की कोशिश की है। आने वाले कवि ज़्यादा प्रखरता से सच्चाई के साथ और ज़्यादा अन्दर पैठकर मनुष्य की ट्रैजेडी को व्यक्त करेंगे, चाहे उनका परिप्रेक्ष्य मगध हो और चाहे वह नई दिल्ली हो।

अशोक वाजपेयी : एक बात जो इससे मुझे लग रही है वह यह है कि हम लोग कविता के बारे में कुछ इस तरह से बात कर रहे हैं जैसे इस तरह के महान उद्देश्यों या कि जिसको कहें, ग्रैंड थीम्स की कविता ही हमेशा और ज़रूरी तौर पर सबसे केन्द्रीय कविता है, महत्त्वपूर्ण कविता है। अगर आप अभी का परिदृश्य देखें तो यह तो ठीक है कि कुँवर नारायण जी, श्रीकान्त जी अपनी काव्ययात्रा में एक तरह के इतिहास बोध तक पहुँचे हैं लेकिन ऐसे बहुत सारे कवि हैं जिनमें इस तरह का सक्रिय इतिहास बोध शायद नहीं है। यह ज़रूरी नहीं है कि उनका इतिहास बोध पाटलिपुत्र और नचिकेता जैसे जाने-पहचाने ऐतिहासिक अभिप्रायों से व्यक्त हो। ऐसा भी हो सकता है, जैसा कि अभी श्रीकान्त जी ने कहा कि वे एक तरह की ट्रैजेडी व्यक्त कर रहे हैं, भले वह पाटलिपुत्र के माध्यम से कह रहे हैं या दिल्ली के माध्यम से कर रहे हैं, फिर भी विचार होना चाहिए।

नामवर सिंह : केदार जी कहें तो ज़्यादा अच्छा है। यही सही है कि ग्रैंड और उदात्त विषयों की कविता ही अपने आप में महान नहीं होती। अतिसाधारण छोटी घटना, छोटा व्यक्ति, छोटा-सा दृश्य भी बड़ी कविता को जन्म दे सकता है। कवि ज़र्रे में भी समन्दर देख सकता है और दिखला सकता है। इस दौर की कविता का एक दूसरा पहलू है। उसका क्या अर्थ है, इस दृष्टि से उस पर विचार किया जाए। हमारी जो कविता, श्रीकान्त जी के शब्दों में, बहुत ट्रैजिक सेन्स वाली नहीं है, यह जो युवा कविता हमारे सामने आई है कदाचित् उतनी उदास और विषण्ण कविता नहीं है।

ज़िन्दगी यहाँ जीने लायक है। दुखों-तकलीफ़ों के बीच भी एक खुशनुमा धूप, दरख़्त और आसपास की ज़िन्दगी को लेकर आई, पाँच-छह वर्षों के आसपास लिखी गई कविताओं को देखें तो वे झूठी नहीं हैं। एक अनुभव है और उस अनुभव का सच है जो हमारी कविता में बड़ी ताज़गी के साथ आया है।

केदारनाथ सिंह : हाँ, मैं उसे अपने समय की सच्चाई के साथ एक गहरे लगाव की कविता कहता हूँ। मुझे बड़ा सुखद आश्चर्य हुआ जब कल मैं अशोक का एक ताज़ा तरीन कविता संग्रह पढ़ रहा था। उसमें जो 1984 में लिखी गई कविताएँ हैं उनको मैंने ध्यान से पढ़ा। कई ऐसी कविताएँ हैं जिनमें एक तरह का लगाव है अपनी आसपास की चीज़ों के साथ और उसमें एक ख़ास तरह की अन्तर्दृष्टि भी दिखाई पड़ी। जैसे एक कविता है, जिसमें वे पृथ्वी का एक बिम्ब खड़ा करते हैं कि पृथ्वी को आकाश देख रहा है और आकाश चकित है यह देखकर कि पृथ्वी किस धातु की बनी है। पृथ्वी किस धातु की बनी है इस पर आकाश चकित है। ये ऐसे बिम्ब हैं जो कविता में बार-बार दोहराए जाते रहे हैं। तो इस तरह की जो एक नई बिम्ब प्रणाली और प्रतीक समुदाय हिन्दी में आया है, वो कहीं-न-कहीं अपने समय की चीज़ों के साथ लगाव को और वास्तविकता के साथ जो संसक्ति है, उसको सूचित करता है। इनका अध्ययन किया जाना चाहिए। मुझे लगता है कि आज की कविता को समझने के लिए इस नए प्रतीक समुदाय को समझने की ज़रूरत है। कहीं-न-कहीं इस कविता का सारा चरित्र इन नए प्रतीकों और बिम्बों में छिपा हुआ है। हुआ यह है कि पिछले दिनों यह कह के टाल दिया जाता रहा है कि आज की कविता में बच्चे, पेड़, फूल, पत्ते—ये बहुत आ रहे हैं। लेकिन ये पेड़, फूल, पत्ते अचानक आए हों, ऐसा नहीं है, एक लम्बा सिलसिला है इनका। और आज इन्हें एक-दो कवि ला रहे हों, ऐसा भी नहीं है, एक पूरा का पूरा समुदाय है कवियों का। जिसे नामवर जी ने खुशनुमा तस्वीर कहा, वो तस्वीर यहाँ लाई जा रही है तो ऐसा क्यों है? इसके क्या सामाजिक कारण हो सकते हैं? मेरा खयाल है इनकी पड़ताल की जानी चाहिए। अशोक के संग्रह की कुछ कविताओं पर तो मैं चकित हूँ। मुझे ताज़गी का अनुभव हुआ और इनमें एक गहरी संसक्ति दिखाई पड़ी। मुझे लगता है, यह महत्त्वपूर्ण चरित्र चित्रण है इस बीच की कविता का।

नामवर सिंह : शायद अशोक जी इस पर तत्काल टिप्पणी न करें। नेमि जी, इस पर आप कुछ बताइए।

नेमिचन्द्र जैन : मैं इस सन्दर्भ में एक और बात की ओर आपका ध्यान आकर्षित करना चाहता हूँ कि केवल नए बिम्ब ही नहीं, नए अनुभूति क्षेत्र ही नहीं, आपसी सम्बन्धों की एक नई जान-पहचान कविता में है। कविता विराट थीम्स और विषयों से हटकर उन चीज़ों की ओर भी जाने लगी है और बड़ी आत्मीयता और प्रामाणिकता

के साथ, जो पहले इतनी महसूस नहीं होती थी। जैसे आपसी, निजी, घरेलू सम्बन्धों को लेकर असद ज़ैदी की कविता। हमारे आसपास बिखरे हुए जो तमाम लोग हैं, अलग-अलग काम करने वाले लोग उनसे हमारा एक रिश्ता है, रोज़मर्रा का रिश्ता है, जिनका नाम भी कोई कविता में नहीं लेता था। आज हम उन्हें कविता में देख सकते हैं, पहले वे कविता में बहिष्कृत-से थे। यह लगाव है हमारा ज़िन्दगी से, नए सम्बन्धों से जो हमारे सामाजिक, निजी, व्यक्तिगत स्तर पर बन रहे हैं। बच्चों की कविताओं को लेकर ऐतराज़ भी किया गया है। बच्चों से लगाव आने वाली ज़िन्दगी से लगाव को सूचित करता है।

नामवर सिंह : यह एक तरह से कविता का मानवीय होना है, बीच में कविता ज़रूर अमानवीय हो गई थी।

कुँवर नारायण : नामवर जी, कहीं ऐसा तो नहीं है कि हम इस तरह के रिश्तों में या सम्बन्धों में एक खामी या नुकसान को महसूस कर रहे हैं जिसकी पूर्ति के रूप में हम उसका अधिक दबाव कविता में डाल रहे हैं ताकि ये चीज़ें बची रहें?

श्रीकान्त वर्मा : नामवर जी, आपने अभी एक छोटा-सा उत्तर दिया जिसको पता नहीं मेरे सहयोगियों ने सुना या नहीं, लेकिन आपके पड़ोस में बैठे होने की वजह से मेरे कान में आवाज़ आ गई। आपने कहा कि इधर की हाल की कविता अमानवीय हो गई थी। मैं जानना चाहता हूँ कि कविता किस तरह अमानवीय होती है और अमानवीय होकर भी वह कैसे कविता होती है?

नामवर सिंह : अब ये तो जो उदाहरण या मैं कुछ नमूने बताना चाहूँगा...

श्रीकान्त वर्मा : नहीं, नमूने आप न लें क्योंकि नाम लेना उचित नहीं होगा...

नामवर सिंह : देखिए ऐसा है कि व्यवस्था विरोध के नाम पर आक्रोश की, गुस्से की कविताएँ एक पूरे दशक में गोली-बारूद की गन्ध-सी छाई थीं। उनके गुस्से में भी मनुष्य का वो क्रोध नहीं था, मानवीय ऊष्मा नहीं थी; उनकी घृणा में भी वह मानवीयता नहीं थी। नतीजा यह हुआ कि शायद यह कविता भी नहीं रह गई थी। कविता क्रान्ति, विस्फोट, विद्रोह, जैसे अमूर्त विषयों को लेकर लिखी जाने लगी थी और इस अर्थ में अपने आसपास की ज़िन्दगी की घटनाओं में साझेदारी या उनसे नफ़रत या प्यार का सही अहसास कराने का काम, जो कविता करती है, वो नहीं कर पा रही थी। इसीलिए मैंने कहा कि अमानवीय हो गई थी कविता।

श्रीकान्त वर्मा : नामवर जी, आपने अच्छे शब्दों में कहा है, मैं उसको अपने विपन्न शब्दों में इस तरह से कहूँगा कि मानवीय क्रोध से अनिवार्यतः अच्छी कविता उत्पन्न नहीं होती।

नामवर सिंह : हाँ, यदि उसमें उस क्रोध के साथ वह मूलभूत मानवीय करुणा नहीं होती जो वाल्मीकि के 'मा निषाद' वाले श्लोक में थी। वो शाप की और साथ ही

करुणा की पहली कविता थी। केवल शाप देने से और तेरी क्षय हो, तेरी क्षय हो जैसी चीज़ों से कविता तो नहीं बनेगी, भले ही एक अशक्त आदमी का प्रलाप हो जाए।

कुँवर नारायण : वो भी औपचारिक हो जाता है एक समय के बाद। गुस्से की जो कविता थी उसने भी एक औपचारिकता ग्रहण कर ली थी। शायद उसकी प्रतिक्रिया में ही एक-दूसरे तरह की कविता...

केदारनाथ सिंह : वैसे मेरा खयाल है कि एकदम जो नई-नई कविता दिख रही है, जो युवा समुदाय आया है हिन्दी कविता में, हमें उन कवियों को भी ध्यान में रखकर बात करनी चाहिए।

श्रीकान्त वर्मा : नहीं, मैंने तो सिर्फ़ नामवर जी के वक्तव्य को रेखांकित किया है क्योंकि यह प्रोग्राम रिकॉर्ड किया जा रहा है और आज से बीस साल बाद भी यह देखा जाएगा। उस समय भी लोग यह पूछ सकते हैं कि नामवर सिंह जैसा ज़िम्मेदार व्यक्ति यह वाक्य कैसे कह गया?

नेमिचन्द्र जैन : एक और पक्ष पर आप ध्यान दीजिए। एक तरह की जैसे मंगलेश डबराल की कविताएँ हैं, उनमें पहाड़ी ज़िन्दगी का एक पूरा वातावरण उसकी करुणा है। उसमें एक ललक है ज़िन्दगी के लिए और अपने आपको नए सन्दर्भ में, नई ज़मीन से जुड़कर देख सकने की। इस तरह की कविता का यह एक नया स्वर है। जैसे त्रिलोचन की कविता में एक पूरा इलाक़ा जैसे धड़कता हुआ बोलता है, अवध का पूरा प्रदेश। एक पूरे प्रदेश का अहसास उनकी कविताओं में है, जो उनकी शब्दावली से, उनके बिम्बों से, उस भाषा के संगीत से प्रगट होता है। इस तरह का अहसास कुछ नए कवियों में, जैसा कि मैंने मंगलेश का ज़िक्र किया और भी कवियों में है। यह एक गहरी संसक्ति और एक तरह की अपनी जो जुड़ाव की चेतना है यानी अपने आप से...

केदारनाथ सिंह : लेकिन वो कविता उस तरह से आंचलिक नहीं है जिस तरह से...

कुँवर नारायण : एक प्रश्न और मेरे मन में आता है। यह आंचलिकता की बात या जैसे स्थानीयता की बात कविता में अक्सर उठती है। बहुत-सी कविताएँ इस ढंग की लिखी जा रही हैं। स्थानीयता के क्या अर्थ हैं? मैं स्वयं अवध का हूँ, मेरे घर में अवधी बोली जाती थी कभी, कोई इस पर शायद विश्वास नहीं करेगा। लेकिन जिस समय हम आंचलिक या गाँवों की बात करते हैं तो हमारी दृष्टि क्या रहती है? मुझे ऐसा लगता है कि बहुत-सी ऐसी कविताएँ लिखी जा रही हैं जिसमें आंचलिकता का रंग बहुत ऊपरी ढंग से चढ़ाया जा रहा है, इस तरह कि ज़रा-सी खुर्चें तो सब हाथ में आ जाता है।

नामवर सिंह : कुँवर नारायण जी, एक सामान्य वक्तव्य मैं देना चाहता हूँ, मन में बात आ गई है। कल्चर, कविता और भोजन—इस तरह की चीज़ें नितान्त स्थानिक होकर

के ही प्रामाणिक होती हैं। अगर स्थानिक नहीं हैं तो व्यापक होने के चक्कर में न कल्चर कल्चर रहता है, न कविता कविता रह जाती है और न भोजन भोजन रहता है।

कुँवर नारायण : मैं उस स्थानीयता की भी परिभाषा दूँगा। सवाल यह है कि स्थानीयता हमारी कविता में जज़्ब होकर आती है या केवल उसके ऊपर चढ़ी हुई? आज जो मैं बात कर रहा हूँ, एक बहुत ही सोफ़ेस्टीकेटिड लहजे में, उसमें भी स्थानीयता बोल सकती है और उसका पूरा प्रभाव पड़ सकता है। भाषा सतही चीज़ नहीं है। मूल चीज़ यह है कि हम जब गाँव की हालत को देखते हैं तो हमारे मन में क्या होता है–ये कभी आगे नहीं बढ़े, यहीं के यहीं रहे। कभी-कभी हमारे मन में यह भी होता है कि यहाँ प्रगति होना चाहिए...

नामवर सिंह : मैं दो उदाहरण दूँ कुँवर नारायण जी! अज्ञेय जी भी कहीं-कहीं स्थानिक होने की कोशिश करते हैं! लेकिन उनकी कविता में यह स्थानीयता ऊपर ऊपर मलाई की तरह तैरती हुई दिखाई देती है। श्रीकान्त वर्मा अत्यधिक कास्मोपॉलीटिन कवि कहे जाते हैं लेकिन मुझे उनकी वह कविता नहीं भूलती कि 'मैं घर जाना चाहता हूँ और धुँधवाना चाहता हूँ...'। वे लाख छुपाएँ लेकिन कहीं-न-कहीं हृदय के रूप में संवेदना के धरातल पर वह स्थानिकता श्रीकान्त जी की कविता में बोलती है। यहाँ तक कि उनकी इतिहास वाली जो कविता है उसमें भी बोलती है। तो आप तो यह सही कह रहे हैं...!

कुँवर नारायण : नामवर जी, मुझे अपनी कविता की बात कहना बहुत उचित नहीं लगता लेकिन फिर भी...मैंने सिकन्दर के बारे में लिखी है एक कविता। जब सिकन्दर हिन्दुस्तान से लौटने लगा तो सिर्फ़ एक आवाज़ उसको सुनाई दी कि हम घर जाना चाहते हैं। घर की बात मैंने वहाँ एक बिलकुल अलग सन्दर्भ में की है एक विदेशी सन्दर्भ में, लेकिन मैं समझता हूँ कि वहाँ पर घर की जो एक ललक है वह उस आदमी की भी ललक है जो अवध में रह रहा है, शहरों में रह रहा है। हमारे यहाँ साधारण आदमी बीमार पड़ता है तो यही कहता है कि हम घर जाना चाहते हैं। तो यह अपनी ज़मीन से अपनी जगह से जुड़े हुए जो संस्कार हैं–चाहे मैं अलेक्ज़ेंडर के बारे में ही कविता लिख रहा हूँ तो भी, ये संस्कार कहीं-न-कहीं बोलते हैं। मेरा मतलब है कि जब इस तरह से प्रच्छन्न रूप से स्थानीयता आती है, जिसके साथ-साथ एक उद्‌देश्य यह हो कि कहीं हमारे मन में घर के लिए जो मोह है जिसको वह बेहतर रूप में देखना चाहता है तो...

नामवर सिंह : वही प्रामाणिक, वही काव्यात्मक है। उसी अर्थ में मैंने कहा कि वो सांस्कृतिक भी है।

नेमिचन्द्र जैन : मैंने जब इस स्थानीयता का ज़िक्र किया तो मेरा अभिप्राय यह नहीं था कि इस रंग की लिखी जाने वाली सारी कविताएँ हैं जिनमें वो प्रामाणिकता मौजूद है। मैं कह रहा हूँ कि एक नया जुड़ाव है अपनी धरती से जो दिखाई पड़ता है।

श्रीकान्त वर्मा : मेरा खयाल है कि यह बहस काफी हो गई है। अब अशोक जी इसका समापन करें तो फिर उसके बाद कुछ...

अशोक वाजपेयी : मुझे यह लग रहा था कि हमने शुरू तो किया था बहुत ही विराट, बीसवीं शताब्दी से और यह बहस का अच्छा ही अन्त है कि हम कविता की जो निपट स्थानीयता है उस पर अपना ध्यान केन्द्रित कर रहे हैं। एक मानी में हम सारी बीसवीं शताब्दी के अँधेरे में से अपने घर के उजाले में वापस आ गए।

श्रीकान्त वर्मा : ट्रैजेडी तो मेरी हुई है...

(हँसी)...

[*1984 में रिकॉर्डेड और 'पूर्वग्रह' अंक 75, जुलाई-अगस्त 1986 में प्रकाशित*]

जिसे तुम सपना कहते हो उसे मैं विकल्प कहता हूँ

नामवर सिंह और राजेन्द्र यादव की बातचीत

राजेन्द्र यादव : हमें बातचीत शुरू करना चाहिए एक कन्फेशन से। मैं पिछले पाँच-छह साल से ऐसा महसूस कर रहा हूँ कि भविष्य के सपने नहीं आते जैसे पहले आया करते थे। आज ऐसी कोई राजनीति, ऐसा कोई सामाजिक आन्दोलन, ऐसा कोई साहित्यिक आन्दोलन या किसी तरह की कोई ऐसी चीज़ नहीं है जो प्रेरित करे कि हम भविष्य को किस तरह बनाना चाहते हैं। लगता है, डे टु डे लाइफ है, रोज़ एक दिन को दूसरे दिन से जोड़ देना है। अब पता नहीं यह पूरे परिवेश का प्रभाव है या उम्र का, हालाँकि ऐसा होना नहीं चाहिए। उम्र वाली बात मैं हमेशा से लगभग अस्वीकार करता हूँ। फिर यह क्या चीज़ है मैं जानना चाहता हूँ। इसी जानने को थोड़ा पीछे से देखना शुरू करेंगे तो आज का जो अवरोध है या यह जो भविष्य का मर जाना है—व्यक्तिगत रूप से मेरे लिए—उसको शायद समझ पाएँ। मैं उसे समझना चाहता हूँ। नामवर जी की मदद से, लोगों की मदद से।

नामवर सिंह : जिसे तुम सपना कहते हो उसे मैं विकल्प कहता हूँ क्योंकि आज जिस मंज़िल पर देश पहुँचा है, उसमें लगभग यह महसूस हो रहा है कि कोई विकल्प नहीं है।

राजेन्द्र यादव : इसका मतलब है कि विकल्प का मतलब एक लाइन है वह विकल्प हमें तलाशना है।

नामवर सिंह : एक लाइन नहीं है। इसे कहते हैं कि वह मशहूर शे'र, जो किसी और सन्दर्भ में कहा गया था कि 'शेख ने मस्जिद बना मिसमार बुतखाना किया, तब तो इक सूरत भी थी, अब साफ़ वीराना किया।' यहाँ मस्जिद को, बुतखाना को प्रतीक के रूप में लिया जाए तो यह मस्जिद बाबरी मस्जिद ही नहीं, बल्कि समाजवाद है और समाजवाद खत्म हो गया। पहला देश था सोवियत यूनियन और उसके बाद चीन और दुनिया के और भी कई देशों में समाजवादी व्यवस्था कायम हुई जो 91 के बाद एक-एक करके खत्म हो गई। एक सूरत भी थी, एक विकल्प था कि पूँजीवादी समाज

व्यवस्था के बरक्स समाजवादी व्यवस्था, वो खत्म हो गया। अपने देश में भी एक दौर था जिसको मिश्र अर्थव्यवस्था हम लोग कहा करते थे। उस समय कहा जाता था कि समाजवादी व्यवस्था, पूँजीवादी व्यवस्था के अलावा तीसरी दुनिया का तीसरा रास्ता हो सकता है। इसीलिए मैंने कहा कि तब एक विकल्प था कि एक तीसरा रास्ता भी है जो दोनों के बीच से बनने वाला है, वह भी खत्म हो गया। अब तो केवल एक ही रास्ता रह गया, जिसको भूमंडलीकरण या ग्लोबलाइजेशन कहते हैं। एकछत्र अमेरिकी तन्त्र ही चल सकता है, यह मोटे तौर से समाजवाद ने भी मान लिया। पश्चिम बंगाल की वाममोर्चे की सरकार ने कह दिया कि बड़े पूँजीपतियों की ही नहीं बल्कि विदेशी पूँजी की मदद से भी हम अपने देश में विकास कर सकते हैं। और कोई रास्ता नहीं है। यह ज्योति बसु ने भी स्पष्ट कह दिया। इसीलिए मैंने कहा कि इस पृष्ठभूमि में उसे सपना नहीं कहेंगे। सपना तो यूटोपिया होगा। मुझे याद है कि कुछ समय पहले किशन पटनायक ने एक किताब लिखी थी–'विकल्पहीन नहीं है दुनिया'। यह बात दस वर्ष पहले की है जब उन्होंने कहा था कि विकल्पहीन नहीं है दुनिया। आज यह कहने वाले लोग नहीं दिखाई पड़ते हैं। कहते हैं कि एक ही विकल्प है, दूसरा विकल्प है ही नहीं। इस माहौल की मैं बात कर रहा हूँ।

एक लम्बा सफर तुमने तय किया है, तुम्हारे साथियों ने किया है, हिन्दी प्रगतिशील लेखक संघ का जो सम्मेलन इलाहाबाद में हुआ था उसमें हम मिले थे। तुम आगरे से आए थे और मैं दिल्ली से...।

राजेन्द्र यादव : मुझे याद है कि उस ज़माने में उर्दू के प्रगतिशील लेखक खासतौर से बहुत वोकल थे। वे लाल झंडे की बात करते थे, लाल सूरज की बात करते थे। हर जगह एक आश्वासन था जो खाली साहित्य में नहीं था, हर जगह था। मतलब कि थियेटर में था, उस ज़माने में बलराज साहनी और दूसरे लोग इस तरह का थियेटर कर रहे थे, फिल्मों में था। तो यह जो नई सुबह वाला सपना था, कांग्रेस का विकल्प देते हुए या कांग्रेस के समानान्तर चलते हुए, वह सपना धीरे-धीरे टूटा है। जहाँ तक विकल्प की बात है, दिक्कत हमारे साथ यह है कि हमारे सारे संस्कार अमेरिकन पूँजीवाद का विरोध करते हुए बने हैं और अब जब यह मजबूरी दिखाई दे रही है कि उसके सिवा कुछ नहीं है तो एक अन्धी गली में हम अपने आपको पाते हैं। क्योंकि इसका समर्थन हम कर नहीं सकते और मजबूरी है कि समर्थन किए बिना शायद भविष्य नहीं दिखाई देता।

नामवर सिंह : तुम काफी पहले की बात कर रहे हो, जब हम लोग पैदा हुए थे। 1929 के तुम हो और 1926 का मैं हूँ। जिस 'नई सुबह' की बात कर रहे हो कि वह 36 के दौर की बात है। मैं तो 52 से शुरू कर रहा था लेकिन तुम 36 की बात कर रहे हो तो उस 36 में आज़ादी की लड़ाई ने एक नया मोड़ लिया था और नया मोड़

आने में महत्त्वपूर्ण था कि दुनिया में समाजवाद कायम हो गया था। लेनिन नहीं रहे लेकिन एक समाजवादी व्यवस्था थी, बड़े पैमाने पर समाजवादी समाज का निर्माण हो रहा था जिसका सपना यहाँ कांग्रेस के अन्दर भी था। फॉर्वर्ड ब्लाक का भी था। सुभाष चन्द्र बोस थे। कम्युनिस्ट पार्टी ज़्यादा संगठित रूप में सामने आ गई थी और स्वयं कांग्रेस में नेहरू के नेतृत्व में एक नया उभार आया था जिसकी मिसाल है कि पहला प्रगतिशील लेखक संघ व कांग्रेस का अधिवेशन, दोनों लखनऊ में हुए थे, सन् 36 में। नेहरू की सहानुभूति से, उनकी प्रेरणा से प्रगतिशील लेख संघ कायम हुआ था। प्रेमचन्द भी थे। सही कह रहे हो, उस समय सपना देखते थे। नया सपना, जो नए भारत का था। किसान सभाएँ भी कायम हुई थीं, मज़दूर संगठन थे और आगे चलकर संयोग से आज़ादी के बाद कम्युनिस्ट पार्टी ने कहा आज़ादी झूठी है। कायदे से उसमें आधी सच्चाई ज़रूर थी क्योंकि सोचा गया था कि एक हिन्दुस्तान मिलेगा। जबकि हिन्दुस्तान के टुकड़े हुए। 1857 की जो एक बुनियाद थी कि हिन्दू-मुसलमान दोनों मिलकर लड़े थे और कांग्रेस इसी उद्देश्य को लेकर चल रही थी। लेकिन 57 की जो विरासत थी उस विरासत को कांग्रेस ने स्वयं छोड़ दिया और छोड़कर के विभाजित भारत को स्वीकार किया। इसीलिए कम्युनिस्ट पार्टी ने कहा आज़ादी झूठी है। लेकिन पी.सी. जोशी ने कहा, झूठी नहीं है। आज़ादी तो आज़ादी है, इसे हम भी स्वीकार करते हैं। वह हटा दिए गए इसी बात पर।

राजेन्द्र यादव : सिर्फ कम्युनिस्ट पार्टी ही नहीं, अम्बेडकर वगैरह सब उसको झूठी आज़ादी कह रहे थे कि यह सिर्फ कुछ...।

नामवर सिंह : भाई, मुझे प्रमाण नहीं मिलता कि डॉ. अम्बेडकर ने ऐसा कहीं कहा हो कि आज़ादी झूठी है।

राजेन्द्र यादव : नहीं, उन्होंने यह कहा था कि आज़ादी सिर्फ एलीट वर्ग की है, हमारी उसमें जगह कहाँ? हमको तो पाँच हज़ार साल पहले गुलामी दी और इनके पास आएँगे तो पाँच हज़ार साल फिर गुलाम रहेंगे।

नामवर सिंह : यह तथ्य की बात है। अगर ऐसा होता तो डॉ. अम्बेडकर मन्त्रिमंडल में शामिल क्यों हुए थे। कम्युनिस्ट पार्टी मन्त्रिमंडल में शामिल नहीं हुई थी। डॉ. अम्बेडकर शामिल ही नहीं हुए, बल्कि नया संविधान बनाने के लिए जो ड्राफ्टिंग कमेटी थी, उसके चेयरमैन थे। और जैसा रिकॉर्ड में मिलता है कि गांधी के सुझाव पर उनको रखा गया था क्योंकि पूना पैक्ट के बाद से ही गांधी जी यह महसूस करते थे कि अम्बेडकर को शामिल किया जाना चाहिए और उनको मन्त्रिमंडल में ही शामिल न किया जाए बल्कि संविधान ड्राफ्टिंग कमेटी का चेयरमैन बनाया जाए। बने वे, 51 तक रहे वह।

राजेन्द्र यादव : खैर सुनिए, उस समय एक दूसरी चीज़ जो दिखाई दे रही थी वह यह कि नेहरू ने 'ग्लिम्सेज़ ऑफ इंडिया' और अपनी आत्मकथा वगैरह में, इतिहास

को, और इतिहास से भी ज़्यादा संस्कृति को पुनः परिभाषित किया। वह इस तरह पुनः परिभाषित करने का युग था। इसमें भगवतशरण उपाध्याय थे, राहुल थे, रांगेय राघव थे। व्याख्यायित कर रहे थे वह इन चीज़ों को। उन्होंने पूरी संस्कृति को दुबारा समझने की कोशिश की। जो प्रगतिशील तत्त्व थे, उनकी तलाश की। यह उस रूप में मेरे खयाल में बहुत समृद्ध युग था?

नामवर सिंह : कौन सा युग?

राजेन्द्र यादव : यही जो संस्कृति और इतिहास को दुबारा खँगालने का और उसमें एक वैज्ञानिक दृष्टि विकसित करने का युग था, हालाँकि इसकी शुरुआत भी नेहरू ने की थी।

नामवर सिंह : ये 30 के आसपास की बात कर रहे हो। उन्होंने आत्मकथा उसी दौर में लिखी थी। और उस समय 'विश्व इतिहास की झलक' नाम से जो किताब आई है उसमें विश्व इतिहास की झलक मिलती है, लेकिन 'डिस्कवरी ऑफ इंडिया' तो जब 42 के आन्दोलन में गिरफ्तार होकर के जेल में वह रख दिए गए थे तब लिखी थी, सन् 46 में छपी थी। मुझे याद नहीं, तब तुम क्या लिख रहे थे और मैं क्या लिख रहा था। इसीलिए मैंने कहा कि ज़्यादा सुविधाजनक विचार यह होगा कि सन् 1947, स्वाधीनता के बाद हम लोग शुरू करें जिसमें सक्रिय रूप से हम लोगों ने दिलचस्पी ली थी। यह ज़्यादा सही होगा। और उस समय तुम्हारा सपना क्या था, यह बताओ?

राजेन्द्र यादव : देखिए, मैं याद करता हूँ। मैंने अपना पुराना उपन्यास सन् 1946 के आसपास लिखा था जब कच्ची उम्र थी। एक चीज़ ईमानदारी से उसमें आई है कि उस समय का युवक शुद्ध आदर्शों का था। आदर्श हिन्दूवादी भी थे, आदर्श गांधीवादी भी थे। उसमें बहुत बड़े नेता सुभाषचन्द्र बोस भी थे। इन सबका एक तरह से सम्मिश्रण।

नामवर सिंह : 'सारा आकाश' की बात कर रहे हो?

राजेन्द्र यादव : नहीं, उससे भी पहले 'एक था शैलेन्द्र' करके जो मैंने 45-46 में लिखा था। मैं हार्डली 16-17 साल का था। वह उपन्यास छपा अभी है। अभी इतने दिनों रोक रखा था क्योंकि बहुत कच्चा रोमांटिक उपन्यास था। तो वह जो उस समय का वातावरण था...।

नामवर सिंह : वैसे एक महत्त्वपूर्ण बात यह है कि यह उपन्यास तुम्हें इतने वर्षों बाद छपाने की ज़रूरत क्यों महसूस हुई? उस समय लिखा और लिखकर छोड़ दिया था...। पहला छपा उपन्यास तो तुम्हारी वही आया था 'प्रेत बोलते हैं' और उस समय तुमने उसका नाम 'प्रेत बोलते हैं' क्यों लिखा था और बाद में उसको 'सारा आकाश' नाम क्यों दिया यह बताओ, ज़्यादा ज़रूरी है।

राजेन्द्र यादव : इसलिए कि...।

नामवर सिंह : क्योंकि उस पर फिल्म भी बनी थी।

राजेन्द्र यादव : नहीं, शैलेन्द्र वाली बात करूँगा पहले। शैलेन्द्र में एक रोमांटिक युवक है। नैचुरली उस समय का जो वातावरण था, परिवार में ही सारा प्रेम होता था जिसे अज्ञेय लिख रहे थे, जैनेन्द्र लिख रहे थे। तो सारे लोग उस तरह का लिख रहे थे। कजिंस हीरोइन होतीं थीं और उसको प्लैटॉनिक बनाने का चक्कर था, वह सारा कुछ इसमें है। इसलिए मैंने उसको अब छपाया। एक युवक की मानसिकता को और मानसिक उड़ानों को समझने के लिए मुझे लगा कि एक ज़रूरी डॉक्यूमेंट है।

नामवर सिंह : तो इतने दिनों तक उसको दबाए क्यों रखा?

राजेन्द्र यादव : मैंने बताया न कि बहुत कच्चा है। विदाउट कामा, फुल स्टॉप बदले उसे मैंने ज्यों का त्यों रख दिया है, पर है वह बहुत रोमांटिक। उस तरह का, जैसा परिवार में होता है।

नामवर सिंह : तुम उस समय खुद रोमांटिक मनःस्थिति में थे क्या? अपनी तुम्हारी मानसिकता भी वैसी ही थी?

राजेन्द्र यादव : हाँ लगभग वही थी।

नामवर सिंह : थी न?

राजेन्द्र यादव : हाँ।

नामवर सिंह : तुम्हारा जो निजी अनुभव था, उसका सम्बन्ध उस ज़माने के वातावरण से यानी देश के वातावरण से कैसे जुड़ता है?

राजेन्द्र यादव : भाई, देश के वातावरण से...यह पुरानी चीज़ों का, पुराने संस्कार, भारतीय संस्कृति के नाम पर दुनिया भर की रूढ़ियाँ, पूजापाठ–ये सारी जगह थे ही।

नामवर सिंह : देखो ऐसा है कि कई लेखक–तुम्हारी पसन्द के लेखक–आम तौर से बचपन की यादें प्रौढ़ होने के बाद लिखते हैं। टॉलस्टॉय ने चाइल्डहुड के बारे में और जवानी के दिनों की बातें बहुत बाद में लिखीं, जब लेखक हो गए थे। रवीन्द्रनाथ ने खुद बचपन की यादों वाली किताब बहुत बाद में लिखी है, बचपन में नहीं लिखी है। आमतौर से जब हम बहुत बड़े हो जाते हैं, तब हम मुड़कर बचपन की ओर देखते हैं, लेकिन तुमने उसी समय लिख लिया था, यह अच्छा है। चमत्कार है।

राजेन्द्र यादव : लेकिन उस समय हमारे पास अपना ही यथार्थ था। चाहें तो भारतीय संस्कृति के परिवेश में या पूरे समाज के परिवेश में उसे देखा जा सकता था कि वह किसी एक घर की कहानी नहीं है...बल्कि मैं आपसे जानना चाहता हूँ कि किशोर अवस्था में जब धीरे-धीरे चेतना आपकी विकसित हो रही थी, क्या आप भी इन्हीं मानसिकताओं से गुज़रे हैं?

नामवर सिंह : मैं अब उस मानसिकता को याद नहीं कर सकता। इसलिए उन दिनों के बारे में कुछ लिखा ही नहीं है मैंने।

राजेन्द्र यादव : टॉलस्टॉय और रवीन्द्रनाथ की परम्परा में बाद में लिखा?

नामवर सिंह : नहीं, इसलिए बेहतर है कि जब हम तुम मिले उसी वर्ष से शुरू करें।

राजेन्द्र यादव : वो तो अच्छा है। वहाँ से आएँगे ही। आपकी याददाश्त के बारे में मुझे मालूम है। वह लगभग फिनामेना है। याद तो आपको सब है पर आप उसको स्वीकार नहीं करना चाहते। यह सब आपको स्वीकार करने में थोड़ा कष्ट होगा।

नामवर सिंह : नहीं-नहीं, कष्ट की कोई बात नहीं है।

राजेन्द्र यादव : तो मैं जानना चाहता हूँ कि उस समय क्या था?

नामवर सिंह : वह कौन-सा सन् है जिसकी तुम बात कर रहे हो?

राजेन्द्र यादव : 46-45

नामवर सिंह : कुछ बातें जो याद हैं, सन् 41 के आसपास से हैं। उन दिनों कविताएँ वगैरह लिखता था, बस यही है। और प्रगतिशील लेखक संघ था बनारस में, उसकी गोष्ठी में हम लोग जाते थे। शिवदान सिंह चौहान थे, उनके साथ एक गोष्ठी में सन 42 के आसपास शमशेर भी थे। चौहान ने अपना एक नाटक पढ़ा था और त्रिलोचन जी थे, आ गए थे। लेकिन ऐसी कोई उल्लेखनीय बात नहीं, बस साहित्य में दिलचस्पियाँ शुरू हो गई थीं। लेकिन तुमने जैसे उस समय एक नॉवेल लिख मारा था...।

राजेन्द्र यादव : व्यक्तिगत से बचना चाह रहे हैं इसलिए बार-बार साहित्य की तरफ...।

नामवर सिंह : नहीं, व्यक्तिगत में कोई उल्लेखनीय बात हो तब उसका ज़िक्र किया जाए।

राजेन्द्र यादव : नहीं, उल्लेखनीय क्या, एक स्मृति है जो आगे चलकर बहुत काम देती है। नहीं भी देती है तो चलिए रिकॉर्ड करने के लिए सही...।

नामवर सिंह : नहीं स्मृतियों के बारे में लिख चुका हूँ। 'तद्‌भव' में दो किस्तों में छपा है।

राजेन्द्र यादव : काशी ने लिखा है...।

नामवर सिंह : नहीं, मैंने लिखा है। उसको दोहराने का फायदा नहीं है।

राजेन्द्र यादव : चलिए आप बचते हैं तो बचिए, लेकिन...

नामवर सिंह : मैं दोहराना नहीं चाहता।

राजेन्द्र यादव : चलिए, मैंने कहा कि मेरी पहली कहानी उल्टी-सीधी बकवास वगैरह...वह थी 'प्रतिहिंसा' जो 'कर्मयोगी' में छपी थी। उसी के साथ 'चाँद' के लिए मेरे मन में शुरू से ही लगाव था मेरी माँ की वजह से। मेरी माँ 'चाँद' की नियमित पाठिका थीं। उन्होंने 'चाँद' के पुराने अंक हमको दिए तो हमने सहगल जी को चिट्ठी लिखी। सहगल जी और 'चाँद' का झगड़ा हो चुका था। उनके छोटे भाई नन्दगोपाल सहगल ने 'चाँद' ले लिया था। सहगल जी नए सिरे से अपने को स्थापित कर रहे

थे। जेल से छूटकर आए तो उन्होंने 'कर्मयोगी' का काम सँभाला। जब बाकी सब पत्रिकाएँ आठ आने और चार आने की आया करती थीं तब 'कर्मयोगी' का दाम एक रुपया था। लगभग डेढ़ सौ पन्ने, उसमें जब 'प्रतिहिंसा' छपी तो उनसे हमारा पत्र व्यवहार शुरू हुआ। उन्होंने कहा कि मैं 'कर्मयोगी' को बाकायदा स्थापित करना चाहता हूँ। इसकी बाकी व्यवस्थाएँ मैं देख सकता हूँ लेकिन मेरी आँखें कमज़ोर हैं...बुढ़ापा वगैरह-वगैरह...कोई आए और इसे सँभाले...सीधा-सा उन्होंने ऑफर दिया था कि अगर तुम आ जाओ और 'कर्मयोगी' के सम्पादन में मेरी मदद करो तो मुझे खुशी होगी। जहाँ तक मुझे याद है, पता नहीं आपको याद है कि नहीं। पहली बार मेरी आपसे मुलाकात वहीं पर हुई...

नामवर सिंह : याद है, उस सम्मेलन में तुम कुछ बोले थे कि नहीं?

राजेन्द्र यादव : नहीं, मैं तो नहीं बोला था।

नामवर सिंह : मैं तो बोला था।

राजेन्द्र यादव : हाँ, बोले थे और आपने जमाया था बहुत जबरदस्त तरीके से।

नामवर सिंह : लेकिन यह है कि पहली बार हम लोग वहीं मिले थे। तुमने कहा कि 'कर्मयोगी' के दफ्तर जाना है। वहाँ कुछ काम था, बल्कि मुझे याद है उन्हीं दिनों चाँद प्रकाशन की ओर से ग़ालिब का दीवान नागरी लिपि में छपा था।

राजेन्द्र यादव : रामनाथ सुमन वाला?

नामवर सिंह : नहीं रामनाथ सुमन का नहीं, कोई दिल्ली वाला रहा होगा उसके नाम से छपा था। तो प्रगतिशील लेखक संघ में तुम आए, उसके आसपास ही कोई प्रकाशन संस्था भी तुमने...।

राजेन्द्र यादव : वो बाद में खोली। 53-54 में।

नामवर सिंह : और उस प्रकाशन से रामविलास जी की किताब छापी थी?

राजेन्द्र यादव : हाँ, प्रगतिशील साहित्य की समस्याएँ।

नामवर सिंह : तब तक तुम्हारी कहानी छप गई थी कि नहीं?

राजेन्द्र यादव : 'हंस' में छपी थी 'खेल खिलौने'। एक तो अगस्त 51 में 'प्रतीक' में छपी थी। 'हंस' में दो-तीन कहानियाँ, ऐसी ही चालू कहानियाँ, अमृतराय ने छापी थीं।

नामवर सिंह : 'प्रतीक' तब दिल्ली से निकलने लगा था क्योंकि मुझे याद है कि द्विमासिक 'प्रतीक' इलाहाबाद से छपना शुरू हुआ था। अज्ञेय जी 46-47 में आ गए थे। उस समय 46-47 और 48 के आरम्भ तक, 'प्रतीक' के बारह अंक आ गए थे। उसकी फाइल अब भी मेरे पास है। वह सरस्वती प्रेस से भले छपता था पर उसकी सारी व्यवस्था अलग थी। सम्पादक मंडल था, नगेन्द्र भी थे और भी पाँच-छह लोगों के नाम थे। मासिक हुआ 'प्रतीक' दिल्ली जाकर। उस 'प्रतीक' में तुम्हारी कहानी 'खेल खिलौने' छपी थी। मेरा खयाल है कि यह घटना 52 या 53 की है।

राजेन्द्र यादव : नहीं, 51 की है। यह इसलिए मुझे याद है क्योंकि इसके बाद अज्ञेय जी से 'खेल खिलौने' को लेकर पत्र व्यवहार हुआ था। कहानी छपने के बाद उन्होंने बड़ी तारीफ की। एक घटना जो वह बार-बार लिख रहे थे कि आसाम की किसी महिला ने कहा कि 'कई बार मैंने इसे पढ़ा और पढ़ने के बाद इस नतीजे पर पहुँची कि मुझे आत्महत्या कर लेनी चाहिए।' रघुवीर सहाय बता रहे थे कि ऐसा पत्र आया था। इसके बाद फिर अज्ञेय का पत्र आया। उन्होंने कहा कि आपकी कहानी चरित्रों में अच्छी थी वगैरह। मुझे ऐसा लगता है कि आप लम्बी चीज़ें लिखेंगे तो ज़्यादा सफल होंगे या ज़्यादा कुशलता से लिख सकते हैं तो क्यों न प्रगति प्रकाशन के लिए एक लघु उपन्यास लिखें। उस समय वह प्रगति प्रकाशन के सलाहकार थे। मैंने एक महीने में 'प्रेत बोलते हैं' लिख डाला। उन्होंने पढ़कर उसकी बहुत तारीफ की। यह भी कहा कि उसका प्रारम्भ और अन्त बदला जाना चाहिए। हमने कहा कि हम बिलकुल नहीं बदलेंगे। क्योंकि इसमें प्रारम्भ होता है कि इन लोगों में एक की हत्या हो गई है और एक ने आत्महत्या कर ली है और इसके बाद ये प्रेत हो गए हैं और वो प्रेत अपनी कहानी बोलते हैं। उसके बाद 'प्रतीक' बन्द हो गया और वह प्रकाशन भी बन्द हो गया। शायद बनारस की सुलेमान प्रेस में छपा है वह। तो हमने आपको लिखा कि आप पता लगाइए कि कहाँ है वह। आपने पता लगाया और उसको पढ़ा और उसकी तारीफ की। नामवर जी आपको सब याद है...

नामवर सिंह : याद दिला रहे हो तो...

राजेन्द्र यादव : आपको नामवर जी सब याद है, बल्कि कुछ आपने ऐसा आभास दिया था कि इस तरह की यातना से मैं भी गुज़र चुका हूँ या गुज़र रहा हूँ। समथिंग लाइक दैट, पारिवारिक स्वप्न। दिक्कत यह है कि आप कन्फेस कर नहीं सकते।

नामवर सिंह : नहीं, कन्फेस नहीं। जब कुछ याद ही नहीं है...

राजेन्द्र यादव : अरे सब याद है। आपको एक एक लाइन याद है? उस दिन रात को बैठकर या दिन में हमने क्या-क्या बातें की थीं आपके लोलार्क कुंड वाले घर में, वह सभी याद है। आपने जो अपनी डायरियाँ दिखाई थीं जिनमें प्रेम की बातें थीं सारी, बड़ा रोमांटिक किस्म का सारा मामला था, वह याद है आपको कि नहीं? अच्छा वह याद है कि नहीं कि कुछ कविताएँ भी सुनाई थीं आपने? घूमना-घूमना घूमना...वो क्या है वो? स्वीकार क्यों नहीं करते? दिक्कत यह है कि जब आदमी बड़ा हो जाता है तो यह मानने को तैयार नहीं होता कि एक वक्त में वह नंगा घूमता था।

नामवर सिंह : मैं कब इनकार कर रहा हूँ लेकिन मैं यह कह रहा हूँ कि तुम्हें यह सब चीज़ें ज़्यादा याद हैं। हमारा तुम्हारा तो पत्र व्यवहार छप चुका है। तब से, उस दौर की उन रचनाओं को जिनको तुम सपने की बात कर रहे थे उस सपने से जोड़कर देखो कि क्या सपना उस समय देख रहे थे, यह बताना ज़्यादा ज़रूरी है।

राजेन्द्र यादव : देखिए, उस समय सपना तो वही था। मार्क्सवाद का ज़ोर था और वही एक क्लासलेस सोसायटी...सब मुक्त होंगे...वगैरह-वगैरह। जो उस समय की नॉर्मल इच्छा थी, वही हमें भी प्रेरित करती थी कि अन्याय, अत्याचार और कुरीतियों का विरोध करना चाहिए। लगभग यही स्थिति थी लेकिन नई कहानी के दौर में एक दूसरी स्थिति आई। इस पर बाद में बात करेंगे। थोड़ा सा, आपने जो बचपन की बातें...।

नामवर सिंह : वही तो बता रहा हूँ मैं आपको।

राजेन्द्र यादव : नहीं बता रहे हैं न आप, दिक्कत तो यह है।

नामवर सिंह : 'जहाँ लक्ष्मी कैद है' कहानी कब लिखी थी?

राजेन्द्र यादव : 54-55 में।

नामवर सिंह : आजकल तुम जो इतना स्त्री विमर्श कर रहे हो, इसकी शुरुआत तुमने 'जहाँ लक्ष्मी कैद है' से ही कर दी थी।

राजेन्द्र यादव : शायद। लेकिन तब चीज़ें इतनी साफ नहीं थीं...

नामवर सिंह : हाँ, अब तो उसको विमर्श का रूप दे रहे हो, तब विमर्श नहीं था। 'उखड़े हुए लोग' में भी यही समस्या है। उस समय के वातावरण में और कौन ऐसी बातें कर रहा था जो तुम कर रहे थे?

राजेन्द्र यादव : देखिए ऐसा है जिसे हम नई कहानी कहते हैं, एक्चुअली वह बहुत महत्त्वपूर्ण व्यक्तियों की कहानियाँ हैं। महत्त्वपूर्ण नहीं, महत्त्वाकांक्षी। यह, वह जमाना था जब 'परिमल' में व्यक्ति स्वातंत्र्य चल रहा था और 'प्रगतिशील लेखक संघ' में समाजवाद चल रहा था, इलाहाबाद में खासतौर से। एक के नेता भारती थे और एक के कमलेश्वर वगैरह थे—मार्कण्डेय, कमलेश्वर, दुष्यन्त। उधर साही, भारती, लक्ष्मीकान्त वर्मा, केशवचन्द्र वर्मा—उस तरह के लोग थे। व्यक्ति की स्वतन्त्रता, आज मानने में मुझे कोई आपत्ति नहीं है कि मुझे बहुत आकर्षित करता था।

नामवर सिंह : जिसे तुम व्यक्ति स्वातन्त्र्य कह रहे हो 'कांग्रेस फॉर कल्चरल फ्रीडम' नाम की संस्था ने 'फ्रीडम फर्स्ट' का नारा दिया था। बाद में प्रमाणित हुआ कि वह एकदम एंटी कम्युनिस्ट अन्तर्राष्ट्रीय संस्था 'एनकाउंटर' नाम की एक पत्रिका निकालती थी...।

राजेन्द्र यादव : एनकाउंटर बाद में निकली थी 55 के आसपास।

नामवर सिंह : नहीं नहीं...पहले से निकलती थी। 'कांग्रेस फॉर कल्चरल फ्रीडम' की वह पत्रिका थी और उसी समय 'दि गॉड दैट फेल्ड' नाम की एक किताब आई थी जो भूतपूर्व कम्युनिस्ट आर्थर कोसलर वगैरह सात आदमी उस वक्त थे, उन लोगों द्वारा छापी गई थी और उसका मुख्य केन्द्र उस समय एंटी कम्युनिस्ट, एंटी सोवियत था। वह शीतयुद्ध का माहौल था जिसमें प्रगतिशील लेखक संघ का गठन हुआ और

उसी दौर में पता नहीं तुम उसमें गए थे कि नहीं, लेकिन मैं तो गया था। 1953 में दिल्ली में प्रगतिशील लेखक संघ का अखिल भारतीय सम्मेलन हुआ था। उस समय तक डॉ. रामविलास शर्मा उसके महासचिव थे। उसी सम्मेलन के बाद डॉ. रामविलास शर्मा महासचिव नहीं रहे और किशन चन्दर को बनाया गया था जो उसको ले डूबे। उसके बाद अखिल भारतीय स्तर खत्म हो गया। लेकिन क्या प्रगतिशील लेखक संघ की वहाँ बैठकें होती थीं? क्या वातावरण था आगरा का, मैं जानना चाहता हूँ।

राजेन्द्र यादव : गोष्ठियाँ होती थीं और उसमें हेडमास्टर की तरह से रामविलास जी आते थे और सारी गोष्ठियाँ लगभग वही डिक्टेट करते थे। रांगेय राघव मेरी जानकारी में सिर्फ एक बार आए थे और चुप बैठे रहे। बोले नहीं क्योंकि उनके और रामविलास जी के बीच मतभेद बढ़ गए थे। हालांकि स्थिति यह थी कि जब रांगेय राघव जी के बारे में रामविलास जी को लिखना था तो उन्होंने किताबें रांगेय राघव जी से ही लीं और जब इनको रामविलास जी के खिलाफ लिखना था तो किताबें वहीं से लाए थे। तो यह भी सम्बन्ध था लेकिन बाद में फिर एक तरह से दो ग्रुप हो गए थे। हमको व्यक्तिगत रूप से अच्छे लगते थे रांगेय राघव। खूबसूरत आदमी थे। यारबाश थे, दोस्तों के साथ बैठ के सब तरह की बातें करना। घनश्याम अस्थाना उनका परम भक्त था। घनश्याम अस्थाना रामविलास जी का भी भक्त था एक तरह से। रामविलास जी रूसी रचनाओं का अनुवाद कर रहे थे तो बोलते थे, डिक्टेट करते थे। घनश्याम डिक्टेशन लेता था। इस तरह का अजीब वातावरण था। फिर भी गोष्ठियाँ बहुत जीवन्त होतीं। उसमें कभी राजेन्द्र रघुवंशी जी कहानी पढ़ रहे हैं कभी मैं पढ़ रहा हूँ या अमरकान्त पढ़ रहा है, तो इस तरह की गोष्ठियाँ होती थीं। नाटक भी वह लोग करते थे। एक तरह से हंगामा था।

नामवर सिंह : इप्टा की क्या स्थिति थी?

राजेन्द्र यादव : इप्टा बहुत एक्टिव था, राजेन्द्र रघुवंशी की वजह से। वही नाटक करते थे। उन्होंने 'पहेली' के नाम से नाटक भी लिखा जिसकी भूमिका अमृतलाल नागर ने लिखी थी। वह भी हमारे प्रकाशन से छपा था।

नामवर सिंह : नागर जी लखनऊ तो जा चुके थे?

राजेन्द्र यादव : लखनऊ से आते रहते थे। उनकी ससुराल भी वहीं थी, गोकुलपुरे में। ननिहाल भी वहीं था। वह बम्बई से घर छोड़कर आए तो कुछ दिन, शायद दो चार महीने, यहाँ भी रहे। तब उनसे हमारी घनिष्ठता हो गई थी। खैर, नागर जी तो प्यारे आदमी थे। उनके साथ मुझे अच्छा लगता था।

नामवर सिंह : तो यह प्रकाशन तुमने किस तरह शुरू किया दिया?

राजेन्द्र यादव : लगभग इसके पीछे थोड़ी-सी रामविलास जी की प्रेरणा थी। उस ज़माने

में हंगामा मचा हुआ था। रामविलास जी ने राहुल जी का नाश कर रखा था, यशपाल का किया था, रांगेय राघव का किया था, और किसका किया था, एकाध कोई और।

नामवर सिंह : अमृतराय का किया था। सुमित्रानन्दन पन्त का किया था।

राजेन्द्र यादव : तो उन्होंने कहा कि 'प्रगतिशील साहित्य की समस्याएँ' का प्रकाशन राजेन्द्र तुम करो तो हमने कहा चलो, करते हैं। एक राजेन्द्र रघुवंशी का नाटक 'पहेली' छपा। एक वह था रमन्ना करके, चाय-कॉफी पिलाता था और सारे दिन किताबें पढ़ता रहता था और एलिस या क्या करके उसकी जो दो बड़ी वॉल्यूम में किताब थी सेक्स के ऊपर...।

नामवर सिंह : हैवलॉक एलिस।

राजेन्द्र यादव : और लिख-लिख करके रोज़ हमको सेक्स पर भाषण देता था। तो बोला, मैं सेक्स पर एक किताब लिख रहा हूँ। मैंने कहा, लिख यार, तू भी लिख। वह भी छाप दिया हमने। कुछ नहीं था उसमें, पुराने ढंग का वही जैसे कामशास्त्र की किताबें होती हैं, वैसी ही किताब थी। कोई नई बात नहीं थी यानी हैवलॉक एलिस का कोई असर नहीं हुआ था उस पर।

नामवर सिंह : यानी एक ओर 'प्रगतिशील साहित्य की समस्याएँ' छापी; दूसरी तरफ सेक्स पर किताब छापी?

राजेन्द्र यादव : हाँ, वह भी छापी। तीन किताबें छाप दीं। इसके बाद वह हमसे चला वला नहीं। ताड़े थे एक सज्जन, उसको देखते-भालते थे। उनसे भी नहीं हुआ। बन्द कर दिया। आगरा छोड़ दिया हमने।

नामवर सिंह : तुम्हारा सम्बन्ध कमलेश्वर से कब कैसे हुआ?

राजेन्द्र यादव : प्रगतिशील लेखक संघ में मिला। वहाँ से शुरू कर रहा हूँ। उसकी कहानी 'राजा निरबंसिया', 'नीली झील'...।

नामवर सिंह : 1955 की थी।

राजेन्द्र यादव : 55 के आसपास...तो एक बहुत तेज-तर्रार,...प्रगतिशील लेखक संघ में डिस्टर्ब करने वाले एलीमेंट्स के अगेन्स्ट...।

नामवर सिंह : तुम्हारा राकेश से कब सम्बन्ध हुआ, कम कमलेश्वर से? यह जो त्रिगुट बना है राजेन्द्र, राकेश और कमलेश्वर—तीनों का एक साथ योग कैसे हुआ? यह एक महत्त्वपूर्ण घटना है।

राजेन्द्र यादव : मैं आगरा में रहता था, तो मेरी एक कजिन थी, प्रेम। वह अपने एक टीचर शीला मारवाह या ऐसा कुछ की बहुत तारीफ करती थी। प्रेम से शीला जी ने कहा कि हमारे पति भी लिखते हैं। तो वह आती थीं, हमारे घर पर आती थीं। बाहर भी शायद हम लोग मिले थे। एक दफे राकेश हमारे यहाँ आया उसको लेकर। तब हमारा राकेश से पहली बार मिलना हुआ।

नामवर सिंह : किस सन् की बात यह होगी?

राजेन्द्र यादव : 52-53 की होगी क्योंकि इससे पहले हमारी 'खेल खिलौने' कहानी को राकेश ने पंजाब से कपूर नाम के पब्लिशर के लिए एक टेक्स्ट बुक की तरह तैयार किया था और 50 रुपए भेजे थे। तब से हमारा उसे पत्र व्यवहार हुआ। फिर वह आगरा आया। आगरा आया तो फिर हमारे यहाँ आया। एकाध दफा हम उसके यहाँ गए। वहाँ हमने देखा था कि थोड़ा सा टेन्शन है आपस में...बल्कि राकेश ने एक बार हमें बुला लिया, मुझे और प्रकाश को। हम लोग पहुँचे।

नामवर सिंह : प्रकाश कौन?

राजेन्द्र यादव : प्रकाश दीक्षित, जिसके ऊपर हमने 'सारा आकाश' लिखा। तो शीला जी उस समय नहीं थीं। हम लोगों ने खाना-वाना निकालकर...बाद में मुझे लगा कि वह जान-बूझकर नहीं थीं। एवाइड कर दिया। जो टेन्शन उनके बीच चल रहा था उस समय...

नामवर सिंह : तुम्हारा परिचय पहले राकेश से हुआ या कमलेश्वर से हुआ?

राजेन्द्र यादव : पहले राकेश से हुआ। कमलेश्वर से तो तीन-चार साल बाद हुआ बल्कि 55-56 में जब हम इलाहाबाद गए। इन सब में सबसे हरामी दुष्यन्त था। यह वह समय था जब देशी प्रसंग चल रहा था। यह दोनों वहाँ जाते थे, अश्क जी के यहाँ देशी काम करती थी। सुन्दर थी, पंजाबी थी और यह लोग उसी मानसिकता के मारे हुए कि एक पंजाबी खुली लड़की इनके लिए बहुत बड़ा आकर्षण थी। पहले मार्कण्डेय के साथ उसका नाम जुड़ा। बाद में दुष्यन्त के साथ, बल्कि वह दृश्य मुझे याद है कि जब पहली बार मैं गया था इलाहाबाद, पहली बार नहीं दूसरी बार, तो वह चौक में एक दर्जी के ऊपर रहते थे।

नामवर सिंह : कमलेश्वर?

राजेन्द्र यादव : नहीं दुष्यन्त, कमलेश्वर रहता था अपने भाई के पास। तो ऊपर जब हम गए, ठंड का मौसम था। उस समय दुष्यन्त और देशी एक ही रजाई में लेटे पड़े थे। मुझे देखकर कहा—आ जा, आ जा यार कुछ नहीं। कुछ नहीं है, तू आ जा आराम से। उसकी अम्मा इनकी सेवा कर रही थी। कभी फल ला रही है...कभी चाय ला रही है। बाद में देशी पोनप्पा रोड चली गई। कमलेश्वर ने उसको संरक्षण दिया।

नामवर सिंह : 1956 में इलाहाबाद में जो साहित्यकार सम्मेलन हुआ था उस सम्मेलन में...।

राजेन्द्र यादव : मैं और मन्नू आए थे।

नामवर सिंह : हाँ, तुम आए थे। क्योंकि राकेश भी उसमें आए थे। कमलेश्वर तो स्थानीय कार्यकर्ताओं में से था। सम्मेलन में अमृतराय की बड़ी निर्णायक भूमिका थी। उसके संयोजकों में थे वह। उसमें महादेवी वर्मा भी आई थीं। हजारी प्रसाद द्विवेदी

भी आए थे, पन्त भी थे, यशपाल आए थे...और एक कहानी की गोष्ठी अलग से हुई थी। एक ओर कविता की गोष्ठी चल रही थी, उसमें पन्त जी थे और कहानी वाली गोष्ठी में यशपाल जी थे। उस गोष्ठी में शेखर जोशी और बाहर के कुछ अन्य लोग भी थे। नौटियाल भी थे शायद...तो पहाड़ वालों ने काफी घेरा था यशपाल जी को। उन्होंने एक कहानी लिखी थी पहाड़ के बारे में, उसी को लेकर कि कहाँ ऐसी औरतें दिखती हैं जो बीड़ी के बदले सब कुछ दे देती हैं? तो उस कहानी गोष्ठी में राकेश, राजेन्द्र यादव, कमलेश्वर आप लोग क्या भूमिका अदा कर रहे थे, क्योंकि 56 वाली गोष्ठी, बड़ी खुली गोष्ठी थी।

राजेन्द्र यादव : देखिए, कमलेश्वर तो आयोजकों में थे...।

नामवर सिंह : मैं इसलिए कह रहा हूँ क्योंकि 56 में गोष्ठी हुई थी, 'कहानी' नाम की पत्रिका निकलनी शुरू हो गई थी। भैरव प्रसाद जी उसके मूल केन्द्र में थे। सम्पादक थे। उसमें आप लोगों की कहानियाँ छप चुकी थीं। कहानी पर बहस शुरू हो चुकी थी। बल्कि उसमें मैंने जो कॉलम शुरू किया था उसमें दूसरा ही लेख...।

राजेन्द्र यादव : उससे पहले 'कल्पना' में दुष्यन्त ने एक लम्बा लेख लिखा था। 'नई कहानी' नाम पहली बार उसमें दिया गया था।

नामवर सिंह : अच्छा हुआ तुमने शुरू कर दिया। 'नई कहानी' आन्दोलन कैसे तुम लोगों...।

राजेन्द्र यादव : मुझे लगता है कि उस सम्मेलन में ही लगभग छनकर एक चीज़ 'नई कहानी' भी निकली और हम तीनों शायद जुड़े हुए दिखाई देने लगे। बहुत घनिष्ठ नहीं थे तब, पर दिखाई देने लगे। राकेश बहुत अच्छा बोला था।

नामवर सिंह : तब तक राकेश की कोई किताब आई थी?

राजेन्द्र यादव : मेरा खयाल है कि 'नए बादल' नाम से आई थी।

नामवर सिंह : सोच के बताओ। मैं सिर्फ इसलिए कह रहा था कि जो 50 का दशक है उस 50-60 के दशक की, यानी उस समय देश की स्थिति क्या थी और कहानी का कुल-मिलाकर मूड क्या था, उपन्यासों की क्या स्थिति थी—इसे समझना होगा। कविता में तुम्हारी दिलचस्पी नहीं है इसलिए कविता की चर्चा मैं नहीं करूँगा। आज़ादी के बाद प्रयोगवाद को छोड़कर अज्ञेय जी ने कहा कि 'नई कविता' की बात की जानी चाहिए तो 50 के दशक में नई कविता के समानान्तर नई कहानी का नारा दिया गया। यह जानना इसलिए ज़रूरी है कि लगभग 10-11 वर्ष 'नई कहानी' चली। आगे चलकर के कमलेश्वर ने 'समान्तर कहानी' को शुरू कर दिया। इसलिए नई कहानी का जो दौर था, नई कहानी, नई कविता, उपन्यास में किसी ने नया उपन्यास नहीं कहा, लेकिन कायदे से फणीश्वरनाथ रेणु का 'मैला आँचल' आने के बाद लगभग एक नए ढंग का उपन्यास शुरू हो गया था।

राजेन्द्र यादव : शुरुआत तो भारती जी ने भी की थी–'सूरज का सातवाँ घोड़ा'...।
नामवर सिंह : लेकिन 'सूरज का सातवाँ घोड़ा' 1950 के बाद लिखा गया था।
राजेन्द्र यादव : 56-57 का 'मैला आँचल' है।
नामवर सिंह : अभी हम उसके बारे में बात करेंगे। 'मैला आँचल' 53 का है। मैं 'कांग्रेस फॉर कल्चरल फ्रीडम' की बात कर रहा था। उसी दौर में 'सूरज का सातवाँ घोड़ा' एंटी कम्युनिस्ट नॉवेल के रूप में लिखा गया था और लगभग राजनीति की दृष्टि से देखें तो 'मैला आँचल' भी समाजवादी विचारधारा की दृष्टि से एंटी कम्युनिस्ट था। रामविलास जी ने इसकी डटकर सख्त आलोचना की थी। 'मैला आँचल' में गांधीवादी चरित्र है–बालदेव। उसके बाद एक समाजवादी आता है–कालीचरण। थोड़ी देर के लिए कम्युनिस्ट जैसा नेता भी आता है–चरित्तर कर्मकार। तो आइडियोलॉजी की दृष्टि से 'मैला आँचल' भी लगभग वही भूमिका अदा करता है जो 'सूरज का सातवाँ घोड़ा' अदा करता है। राजनीति में यह सारे का सारा, कुछ मिलाकर करके, जवाहरलाल नेहरू की विचारधारा के बरक्स रखा गया है। क्योंकि समझा जाता था कि जवाहर-लाल नेहरू कम्युनिस्टों के ज़्यादा नज़दीक हैं। मैं कह रहा हूँ कि उस विचारधारा के समानान्तर तुम्हारी 'नई कहानी' कहाँ आती है?
राजेन्द्र यादव : देखिए, मैं शुरू में कह रहा था कि रोमांटिक युग था, जिसमें पहली बार खुलकर स्त्री आती है। पहले यशपाल वगैरह में आती थी या अज्ञेय में, वह दबी ढँकी, जिसे कहना चाहिए कि बोलने वाली गुड़िया जैसी। वो, जैसी स्थितियाँ थीं उसको रिकॉर्ड करती थी, सफर करती थी, अज्ञेय में तो वही है लगभग। 'नदी के द्वीप' में एक स्त्री है रेखा, जो अपनी बात अपने ढंग से कहने की कोशिश करती है। वह हम लोगों के लिए बहुत बड़ा आकर्षण था।
नामवर सिंह : बीच में टोकूँगा। यह वही दौर था जब अस्तित्ववाद साहित्य में प्रवेश करता है। ज्याँ पाल सार्त्र की किताबों का अनुवाद होता है तो अस्तित्ववाद एक तरह से मार्क्सवाद के बरक्स...।
राजेन्द्र यादव : व्यक्ति स्वातन्त्र्य की वह अलग अवधारणा थी।
नामवर सिंह : अस्तित्ववादी विचारधारा का साहित्य में प्रवेश तुम्हारी कहानियों में कैसे हुआ, यह तुम कहानी और उपन्यास की दृष्टि से बताओ। कविताओं में तो खुलकर आया है। नई कविता का पूरा दौर चल रहा था और नई कहानी क्यों अपने आपको नई कविता की विचारधारा से अलग स्थापित कर रही थी, इस पर रोशनी डालो।
राजेन्द्र यादव : वही बता रहा हूँ। व्यक्ति एक तरह का स्वतन्त्र व्यक्ति था–'परिमलियों' का यह मानना था। कल्चर फॉर फ्रीडम या सार्त्र का जो 'फ्रीडम ऑफ च्वाइस', 'च्वाइस ऑफ फ्रीडम'–यह सारी शब्दावली वहीं से आ रही थी। और महायुद्ध के बाद सन्त्रास और टैरर और अकेलापन और अजनबीयत–यह सारी चीज़ें

उन लोगों की थीं। हमारे यहाँ जो युवक आता था, वह ज़्यादा सामाजिक था। सामाजिक चिन्ताएँ ज़्यादा थीं लेकिन एक दिक्कत वहाँ यह थी कि उसी दौरान जो स्त्री आ रही थी मुझे लगता है कि ज़्यादा जागरूक और चौकन्नी थी। ज़्यादा आत्मचेतस्थ। उसके साथ ज़्यादा एडजटस्मेंट नहीं हो पा रहा था। राकेश की सारी कहानियों में एक चेतना सम्पन्न पढ़ी-लिखी स्त्री है, जिसके साथ वह नहीं जुड़ पा रहा है। वह बार-बार राकेश की कहानियों में आती है पर वह उस गाँव की रोमांटिक किस्म की मल्लिका जैसी लड़की के पास लौटता है। यही थीम उसकी 'आषाढ का एक दिन' में है। यही थीम 'अँधेरे बन्द कमरे' की थी। सारे संगीतकार, नर्तक, नर्तकी और उस आधुनिक दुनिया के कलाकारों के बीच से वह लौटता है पहाड़ी, बेपढ़ी औरत के पास। उसको वहीं सुकून मिलता है। मुझे लगता है कि उस समय का पुरुष या युवक ज़्यादा कमज़ोर है, लड़की ज़्यादा एसर्टिव है और उसके साथ एडजस्टमेंट नहीं हो पा रहा है। तो वे सारी कहानियाँ लगभग मिस अंडरस्टैंडिंग कहना चाहिए कि आपस में सम्बन्ध सन्तुलन नहीं बनने की कहानियाँ हैं।

नामवर सिंह : 'कहानी' में मैंने भैरव जी के कहने पर एक कॉलम शुरू किया था। बाद में 'कहानी नई कहानी' नाम से किताब के रूप में वह छपी थी। उस समय कहानी पत्रिका की ओर से एक पुरस्कार की घोषणा हुई थी। यह 54-55 के आसपास की बात है जिसमें प्रथम दो कहानियों को पुरस्कार दिया गया था। 'डिप्टी कलेक्टरी' अमरकान्त की और कमलेश्वर की कहानी 'राजा निरबंसिया'। इन दोनों कहानियों में 'डिप्टी कलेक्टरी'...।

राजेन्द्र यादव : बहुत रियलिस्टिक कहानी थी।

नामवर सिंह : शुद्ध रोमांटिक कहानी है, 'राजा निरबंसिया'। उस दौर में मैंने अपनी लेखमाला में दूसरा ही लेख लिखा था जिसमें उस दौर में नए लिखने वाले मार्कण्डेय, शिवप्रसाद का ज़िक्र किया था, विद्यासागर नौटियाल की कहानी आई थी उसका ज़िक्र किया था, भीष्म साहनी की 'चीफ की दावत' का मैंने ज़िक्र किया था जो उसी समय छपी थी। तो भीष्म साहनी, अमरकान्त...।

राजेन्द्र यादव : लेकिन सबसे ज़्यादा चर्चा तो आपके 'परिन्दे' वाले लेख की हुई।

नामवर सिंह : 'परिन्दे' पर तो जब पुस्तक छपी है तब मैंने लिखा था।

राजेन्द्र यादव : जो भी हो, उससे सारा भटकाव शुरू हुआ।

नामवर सिंह : मैं कह रहा हूँ कि जो स्वर था 'डिप्टी कलेक्टरी, का, कि घोर निराशा का क्षण नहीं है बल्कि अब भी उम्मीद है, वही काम 'परिन्दे' संग्रह में निर्मल वर्मा करते हैं। जो स्वर 'डिप्टी कलेक्टरी' में है वही स्वर 'परिन्दे' में। 'परिन्दे' तो उस वक्त छपी भी नहीं थी 'कहानी' पत्रिका में। 'परिन्दे' छपी थी कल्पना में। उस समय कई कहानियाँ 'कल्पना' में छपी थीं। 52 के उस दौर को भी हम लोग न भूलें। उस

दौर की एक महत्त्वपूर्ण पत्रिका 'कल्पना' हैदराबाद से शुरू हुई थी। बद्रीविशाल पित्ती ने निकालनी शुरू की थी। मार्कण्डेय उसमें 'चक्रधर' नाम से नियमित कॉलम लिखते थे। तो उस दौर की कहानी का स्वर प्रगतिशीलता का था। कहानियाँ अस्तित्वादी नहीं थीं। राकेश की 'नए बादल' में भी यही चीज़ है। युवक कम्युनिस्ट पार्टी का पर्चा लेकर एक दिन या रात में उसी कहानी में आता है। वह कहानी मैंने मँगवाकर छापी थी बनारस की एक पत्रिका में। 'नए बादल' पहली बार मैंने छापी थी। उसी सिलसिले में मेरा राकेश से परिचय हुआ था। कुल मिलाकर कहानी का जो माहौल था, उस माहौल में उस दौर की जो राजनीतिक स्थिति थी, नहीं भूलना चाहिए। उस दौर में खुद कम्युनिस्ट पार्टी अपनी लाइन, बंगाल वाली लाइन, जो 48 वाली बी.टी. रणदिवे की थी, को छोड़कर अजय घोष के दौर में आई। उस समय रूस और भारत के सम्बन्ध बहुत अच्छे हो गए थे। तो भारत में अस्तित्ववादी दौर के बिलकुल खिलाफ माहौल बन रहा था। सामाजिक स्थिति यह थी कि नई पंचवर्षीय योजनाएँ शुरू हुईं। नए साहित्यिक संस्थान बनने लगे। साहित्य अकादमी की स्थापना हो गई। कुल मिलाकर देखो तो नए निर्माण के दौर से देश गुज़र रहा था। इस पूरे परिवेश को ध्यान में रखो। 52 में चुनाव हो चुका था। नई सरकार बनी थी और पहला योजना आयोग बना था। कायदे से कहिए, विकास का पहला उत्थान था। दूसरा चुनाव 57 में हुआ था जिसमें नेहरू ने 'सोशलिस्टिक पैटर्न ऑफ सोसायटी' का नारा दिया था। 'सोशलिस्ट' सीधे नहीं कहा था। उस दौर की झलक मिलती है रेणु के दूसरे उपन्यास 'परती परिकथा' में, जहाँ परती जमीन को तोड़कर नए निर्माण और विकास की दास्तान...।

राजेन्द्र यादव : नई योजना आ रही थी। आगे चुनाव में नए-नए सपने दिखाए जा रहे थे, सारी आशावादी राजनीति थी लेकिन इसके बावजूद जो ब्यूरोक्रेसी, जो नेता लोग थे उसको किस तरह से खा रहे थे। 'उखड़े हुए लोग' में मैंने यह दिखाया है कि उन लोगों में किस तरह से भ्रष्टाचार पनपने लगा था, शुरू हो गया था। भ्रष्ट और दोहरे चरित्र के नेता ऊपर से बड़े गांधीवादी और भले थे लेकिन कितने शोषक थे–ये सारी चीज़ें। धीरे-धीरे आन्तरिक रूप से समाज की, जिसे अन्तरात्मा कहिए या जो भी कहिए, का क्षरण हो रहा था। नतीजा यह हुआ कि नई कहानी 60-62 तक आते-आते लगभग एक डेड एंड पर आ गई और इसके बाद जो एंटी स्टोरी या दूधनाथ सिंह, रवीन्द्र कालिया और काशीनाथ सिंह और ये सारे लोग आए, इन्होंने हर पवित्र और हर सेन्सटिव चीज़ की सेन्सटिविटी खत्म की।

नामवर सिंह : आपने छलाँग जल्दी लगा दी। मैं यह कह रहा हूँ कि आज की रोशनी में हम लोग उस दौर को देखने के बजाय, स्वयं उस दौर में रहते हुए लेखक किस रूप में देख रहे थे, इसको देखें।

राजेन्द्र यादव : रचनाओं में बहुत उम्मीदें नहीं दिखाई दीं 55 के बाद। ज़्यादातर व्यक्ति के बिखरने, डूबने और हताश हो जाने की कहानियों के नायक मुझे याद आ रहे हैं...।

नामवर सिंह : हम लोग यह ध्यान में रखें, विभाजन के बाद विभाजन के बारे में इसी दौर में उपन्यास लिखे गए थे। यशपाल ने...।

राजेन्द्र यादव : 'झूठा सच' तो बाद में लिखा था।

नामवर सिंह : साठ के पहले का लिखा हुआ था। साठ में दोनों भाग आ चुके थे और स्वयं भगवती बाबू जो पहले लिख चुके थे 'टेढ़े-मेढ़े रास्ते', वह टेढ़े-मेढ़े रास्ते के बाद दूसरे ढंग का उपन्यास लिखने लगे थे। स्वयं नागर जी का उपन्यास 'बूँद और समुद्र' इसी दौर का लिखा हुआ उपन्यास है तो हमारे जो यह महारथी हैं...

राजेन्द्र यादव : यह सब वैल्यूज के डिसइंटीग्रेशन की कहानियाँ हैं, खत्म होने की कहानियाँ हैं।

नामवर सिंह : नहीं-नहीं, भगवती बाबू का 'टेढ़े-मेढ़े रास्ते' एंटी कम्युनिस्ट नॉवेल है...।

राजेन्द्र यादव : 55 के बाद उपन्यासों के, कहानियों के सारे नायक, एक तरह से लगभग पुरानी वैल्यूज़ से मुक्त होते हुए या उनके प्रति एक डिसएल्यूनजमेंट के शिकार और हताश होते हुए लोग हैं। आशावादी लोग नहीं दिखाई पड़ते। चाहे वह जो आप बता रहे हैं बहुत ही रोमांटिक किस्म का 'मैला आँचल' हो, चाहे इधर इन लोगों ने जो उपन्यास लिखे, वे सारे हों।

नामवर सिंह : रोमांटिक ढंग का कैसे है, एक आदमी...बावनदास जिस तरह से टूटता है...।

राजेन्द्र यादव : वही तो मैं कह रहा हूँ। 'मैला आँचल' का टोटल स्वर डिसइंटीग्रेशन, निराशा और राजनीति से डिसएल्यूनजमेंट का है। वही सारी दूसरी कहानियों में था। अपने-अपने व्यक्तिगत धरातल पर सब...मुझे तो कोई कहानी नहीं याद आती जिसको देखकर आशावादिता बढ़ती हो।

नामवर सिंह : आशावादिता, मैंने नहीं कहा।

राजेन्द्र यादव : नहीं, आपने नहीं कहा, मैं कह रहा हूँ। लगता है कि चीज़ें हाथ से फिसल रही हैं। सब चीज़ें खत्म हो रही हैं। आपसी रिलेशंस खत्म हो रहे हैं। स्त्री-पुरुष के सम्बन्ध खत्म हो रहे हैं। तलाक भरे हुए हैं राकेश में...यानी व्यक्तिगत ज़िन्दगी भी किसी तरह से भटकी हुई है। मुझे तो यह लगता है कि इसी की परिणति होती है, ज्ञानरंजन और दूधनाथ सिंह के यहाँ, जहाँ सारे पर्सनल रिलेशंस...।

नामवर सिंह : ज्ञानरंजन और दूधनाथ तो बहुत बाद में आते हैं।

राजेन्द्र यादव : बाद में क्या, 65 के बाद वह भी आते हैं।

नामवर सिंह : बहुत लम्बी छलाँग लगाई तुमने। हमारी आज की स्थिति को देखते हुए 52 से लेकर लगभग 62 तक, जिसे मैं कहूँगा कि भारत चीन की लड़ाई हुई। 61-62 के आसपास वह एक बड़ी महत्त्वपूर्ण घटना थी। राजनीतिक रूप से नेहरू युग का अन्त होता है। नेहरू जी का अन्त होता है। भारत-चीन सीमा संघर्ष होता है। उस दशक–52 से 62–को आज की रोशनी में कैसे देखते हो?

राजेन्द्र यादव : वैचारिक रूप से एक खास तरह की दृढ़ता या कमिटमेंट या एक हद तक कहें जिद, वही थी हमारी पुरानी मार्क्सवादी किताब। लेकिन जब हम कहानियाँ लिखते थे और व्यक्तिगत अनुभवों की बात करते थे और उसको वास्तविक ढंग से देखते थे तो वह सब चीज़ें हमको फिसलती हुई लगती थीं। कहना चाहिए कि 65 तक एक जनरल डिसइंटीग्रेशन का युग है। चीज़ें खंडित हो रही हैं, लोग हताश हैं और बेकारी है। 'दोपहर का भोजन' जैसी कहानी जिसमें एक दारुण गरीबी जैसी चीज़ थी।

नामवर सिंह : तुमने शेखर जोशी का नाम नहीं लिया, मार्कण्डेय...

राजेन्द्र यादव : शेखर जोशी भी एक तरह से उस भ्रष्ट वातावरण में अभ्यस्त होने की कहानी कह रहे थे। जो उनकी कहानी 'बदबू' है, उसमें धीरे-धीरे उसके हाथों से बदबू आनी बन्द हो जाती है। इस तरह से वह सड़ी-गली व्यवस्था का हिस्सा हो जाता है।

नामवर सिंह : नहीं, चेतना यह है कि बदबू का उसको जब एहसास बन्द हुआ तो चौंक गया। वह उसको बचा करके रखना चाहता है। मैं यह कहना चाहता हूँ कि जो 'डिप्टी कलेक्टरी' का मोह है, वही लगभग 'बदबू' का मोह है। जिस दिन उसको लगा कि बदबू बन्द हो गई तो अचानक वह डर गया कि चेतना कहाँ गई। यह चिन्ता बची हुई थी। यह महत्त्वपूर्ण है।

राजेन्द्र यादव : शेखर जोशी की 'कोसी का घटवार' तो निहायत रोमांटिक पहाड़ी कहानी है। उसमें तो इस तरह की कोई आशा-वाशा नहीं दिखाई देती।

नामवर सिंह : हमें नहीं भूलना चाहिए कि साहित्य प्रेमचन्द के ज़माने के गाँव की ओर लौटा।

राजेन्द्र यादव : गाँव का क्या...।

नामवर सिंह : सुनो-सुनो। कमलेश्वर कहता है, 'कस्बे का आदमी', शहर का आदमी नहीं कहा उसने। शहर नहीं, कस्बा और गाँव केन्द्र में आ गया था...।

राजेन्द्र यादव : नहीं, ऐसा नहीं है। जो कस्बे का आदमी है उसका अन्तर समझिए कि वह लड़का आया जिसकी सारी चेतना और सारी जड़ें कस्बे में हैं और शहर में जाकर वह अपने को एडजस्ट नहीं कर पाया। शहर में 'खोई हुई दिशाएँ' और 'दिल्ली में एक मौत' से आतंकित कहानियाँ हैं वे। गाँव की आप कह रहे हैं–जो शहर में

थे उन्होंने मोस्टली गाँव की कहानियाँ लिखी हैं। कभी गाँव में घूमने चले गए, एक कहानी लिख लाए। शिवप्रसाद जी ने ज़्यादातर नॉस्टेल्जिक कहानियाँ लिखी हैं। उस तरह की गाँव की कहानियाँ नहीं हैं जो प्रेमचन्द ने लिखी हैं।

नामवर सिंह : नहीं-नहीं। नॉस्टेल्जिया कहो या जो कहो लेकिन कम-से-कम वह नॉस्टेल्जिया तो बचा हुआ है। मैं इसलिए कह रहा हूँ कि आगे चलकर जिस दौर की बात कर रहे हो उसमें महानगर का सन्त्रास ज़्यादातर कहानियों में है।

राजेन्द्र यादव : हाँ है, पर एक तरह से कस्बे का आदमी शहर आता है और जो गाँव की कहानियाँ है वहाँ शहर का आदमी गाँव जाता है।

नामवर सिंह : अब उस दौर पर आओ, 65 के बाद...।

राजेन्द्र यादव : 65 के बाद तो टोटल रिजेक्शन है। हमें अतीत नहीं चाहिए, बाप नहीं चाहिए, माँ नहीं चाहिए, स्त्री नहीं चाहिए। स्त्री सिर्फ सेक्स ऑर्गन है और कुछ नहीं। यही दूधनाथ का है। यही ज्ञानरंजन का है। यही लगभग रवीन्द्र कालिया का है। काशी थोड़ा बचाए हुए हैं क्योंकि उनके पास वह काशी का घाट-वाट, कुछ लोकल चीज़ें हैं। लोक बचाए हुए है काशी को। इनके पास लोक-वोक नहीं है।

नामवर सिंह : क्यों नहीं है?

राजेन्द्र यादव : क्यों नहीं है, ये जानें या...यह तो आप बताएँगे।

नामवर सिंह : नहीं-नहीं, हमको बताओ। 65 के दौर से लेकर के, मोटे तौर से बहुत लम्बा दौर लगता है, 65 से 75 ही नहीं, बल्कि 80 तक चले आओ।

राजेन्द्र यादव : देखिए ऐसा है, यह मुझे लगता है कि पर्सनाल्टी के डिसइंटीग्रेशन की...जहाँ लगभग पात्रों के नाम भी गायब हैं, 'वह' करके लिखी गई हैं कहानियाँ। वह गया, वह था, फलाना किया। बीसियों कहानियाँ इस तरह की लिखी गई हैं।

नामवर सिंह : इसका राजनीति, आर्थिक, सामाजिक परिवेश तो बताओ कि 65 से लेकर मोटे तौर पर 80 तक मैं यों मानता हूँ कि इमरजेन्सी और इमरजेन्सी के बाद पूरा जो माहौल बना है लगभग पन्द्रह साल से...।

राजेन्द्र यादव : इमरजेन्सी के बाद जो बना है वह हिन्दुत्व का उभार है। जब जनता पार्टी में शामिल हुए ये लोग, उसके बाद उन्होंने अपना अलग घपला किया और उसके बाद आया, यही उभार हिन्दुत्व का। मैं समझता हूँ धर्म को काटता है जातिवाद। जातिवाद को क्या काटता है, यह अलग बात है। जातिवाद को काटता है बाज़ार। यानी एक जाति है मीणा और एक है गुर्जर। धर्म एक है पर दोनों एक-दूसरे के खिलाफ हैं। तो धर्म के वर्चस्व को जातिवाद काटता है। इसी से यू.पी. और बिहार में धार्मिक वर्चस्व नहीं आ पाया है, उसके पीछे शायद यह जातिवाद ही है जिसके बहुत माइनस प्वाइंट भी हैं। लेकिन जातिवाद टूट जाता है सिविलाइजेशन में, नए बाज़ार में।

नामवर सिंह : जिस 52 से 65 तक की बात हम लोग कर रहे थे, उसमें सम्प्रदायवाद खासतौर से हिन्दू साम्प्रदायिकता की कोई चुनौती साहित्य में नहीं मिलेगी। इसलिए कि हमारी राजनीति में वह चुनौती नहीं थी। यह चुनौती कब से बनी?

राजेन्द्र यादव : नामवर जी, एक चीज़ बताइए। हिन्दू साम्प्रदायिकता, पिछड़े लोगों की राजनीति और दलितों की राजनीति और वामपन्थी राजनीति का विचार पक्ष—ये सारी चीज़ें सन 80 के बाद या कहें 90 के बाद क्यों इतनी ज़्यादा फैलती गईं, क्यों इतनी ज़्यादा सशक्त होती चली गईं? हिन्दू साम्प्रदायिकता और दलितवाद दो बिलकुल विरोधी स्थितियाँ हैं। हिन्दू साम्प्रदायिकता के पास अतीत है। उनके पास वही रामराज्य और फलाना और यह वह, भारतीय संस्कृति है—उनके पास भविष्य नहीं है। भविष्य सिर्फ दलितों के पास है। जो भविष्य मार्क्सवादियों ने बनाया था वह धीरे-धीरे बिखरता चला गया। सबसे विचित्र स्थिति पिछड़ों की है। न वह दलितों के साथ हैं न बी.जे.पी. के साथ। बल्कि किसी हद तक उन्हें असुविधा नहीं होती बी.जे.पी. के साथ मिल जाने में।

नामवर सिंह : राजेन्द्र, ऐसा है कि इस पूरी समस्या को इतिहास के एक बड़े परिप्रेक्ष्य में देखना पड़ेगा। इसके लिए हमें 1857 तक जाना पड़ेगा, थोड़े सब्र के साथ। 1857 में अंग्रेज़ों ने जब अपना राज्य कायम कर लिया तो उससे सबक लिया था। क्योंकि मुगल बादशाह को अपना प्रतीक मानकर हुए 1857 के बारे में जो भी दस्तावेज हैं, बताते हैं कि उसमें हिन्दू और मुसलमान दोनों मिलकर लड़े थे। दूसरा यह कि उसमें जिनको बाद में हम दलित या अनुसूचित जाति या अनुसूचित जनजाति कहते हैं जुड़े, औरतों तक ने आगे बढ़कर हिस्सा लिया था। अंग्रेज़ों ने देखा कि ये एकजुट होकर अगर लड़ेंगे तो 1857 जैसा फिर होगा। यह दोहराया न जाए, इसलिए पहला काम उन्होंने किया कि हिन्दू और मुसलमान जो दो बड़ी कौमें हैं, एकजुट न हों और उसके लिए दो काम लम्बे दौर तक चलाए। उर्दू भाषा और हिन्दी, दोनों एक जबानें थीं—उसको तोड़े। उपनिवेशवाद के दौर में, उर्दू के अखबार हिन्दी से ज़्यादा निकलते थे। उर्दू दीगर जुबान के रूप में हर जगह पढ़ाई जाती थी बहुत दिनों तक। सर सैयद का आन्दोलन भी चला था अलीगढ़ में। अलीगढ़ मुस्लिम विश्वविद्यालय पहले कायम हुआ, बनारस हिन्दू यूनिवर्सिटी बाद में कायम करवाई। दोनों में अंग्रेज़ों का हाथ था। तो एक मोर्चा उनका यह था। दूसरा मोर्चा उनका था कि राउंड टेबिल कान्फ्रेन्स बीसवीं शताब्दी में हुई जिसमें बाबा साहब अम्बेडकर बुलाए गए, अलग निर्वाचन क्षेत्र हो दलितों का—उन्होंने माँग रखी। गांधी का इससे मतभेद था। बाद में गांधी ने इसी बात पर अनशन किया। पूना पैक्ट हुआ अम्बेडकर के साथ। उन्होंने कहा कि निर्वाचन क्षेत्र एक हो लेकिन दलितों को सीट जितनी अंग्रेज़ तुमको दे रहे हैं, मैं दोगुनी दूँगा। सीटें ज़्यादा दी गईं, बाबा साहेब अम्बेडकर ने गांधी जी की जान बचाने के लिए

दरियादिली दिखाई और उन्होंने उनका आमरण अनशन तुड़वाया। मैं यह कहना चाहता हूँ कि दोनों चीज़ें उपनिवेशवादी दौर की देन हैं। आरक्षण की शुरुआत उसी दौर में हुई थी। आज नव उपनिवेशवाद या नव साम्राज्यवाद की जो नई अर्थशक्ति कायम हुई है उसमें वही चीज़ें प्रबल होकर सामने आईं और उस प्रबलता में आरक्षण को बहुत अधिक महत्त्व हमारे संविधान में दिया गया था। मैं भूलता नहीं हूँ जो बाबा साहब अम्बेडकर ने कहा था कि इसकी एक निश्चित मियाद होनी चाहिए। यह परमानेंट नहीं होगा। लेकिन धीरे-धीरे दस साल और बढ़ाया गया और फिर बढ़ता ही चला जा रहा है। अब तो अनन्त काल तक, कोई सीमा नहीं। तो वे स्वयं समझते थे कि आरक्षण गलत है। अम्बेडकर की अपनी राजनीतिक समझ के विरुद्ध है लेकिन हम देख रहे हैं कि जिसको भू-मंडलीकरण कह रहे हैं उस दौर में ये सारी चीज़ें नए सिरे से प्रबल हो उठी हैं।

राजेन्द्र यादव : नामवर जी, मैं दूसरी बात कह रहा हूँ। जाति तो मेरा खयाल है कि पूरे स्वतन्त्रता आन्दोलन में रही है। इस रूप में रही है कि वो जब बाहर जाते थे, मंचों पर जाते थे तो अच्छी-अच्छी बातें करते थे। यहाँ तक कि आश्रमों में भी जाकर बिलकुल सेक्युलर हो जाते थे लेकिन घरों में चूँकि स्त्रियाँ, परिवार अनपढ़ थे; रूढ़ियाँ, पूजापाठ, कर्मकांड–सब चलता था। यहाँ तक कि बंगाल के कम्युनिस्टों में भी यह चीज़ चलती थी। वहाँ भी एक सवर्ण ब्राह्मण कामरेड अलग है, नीचा कामरेड अलग है। उनमें यह सारी चीज़ें दिखाई देती हैं। तो जातिवाद शुरू से ही था। अब वह प्रबल हो रहा है क्योंकि अब वे राजनीति में अपना हिस्सा माँग रहे हैं। मैं एक बात और कहना चाह रहा हूँ। मुझे लगता है कि एक सेचुरेशन प्वाइंट आ गया है। अपच हो गया है। 1857 का इतना सब किया जा रहा है और वह भी रिपिटीशन है। वही पॉलीटिकली करेक्शन होता है कि स्वतन्त्रता संग्राम का फलाना यह था, फलाना वह था। जो मैंने एक लेख लिखा था, बाद में शायद वीरेन्द्र ने भी...मैं यह मानता हूँ कि अगर अंग्रेज़ हार जाते उस समय तो क्या होता? पहला सीन तो यह होता कि महीने में पन्द्रह दिन तमाशा, नाच-गाना, ढोल–सब होता...इसके बाद लड़ाई होती कि सिंहासन पर कौन बैठेगा। सबसे कमज़ोर मुगल थे, सबसे प्रबल उस समय मराठे थे, रुहेलखंडी थे, जाट थे, तो ये सारे लोग लड़ते। अगर मराठे आ जाते तो यह जो पेशवाई है उनकी,जिसमें भयंकर कर्मकांड थे, जिस पर विजय तेन्दुलकर ने 'घासीराम कोतवाल' लिखा, वह सब हो जाता। दूसरी चीज़ यह कि उपनिवेश और जीते हुए राज्य के लिए जो एटीट्यूड अंग्रेज़ों का था, वह सारे राजाओं का होता। सारे शासक यही करते हैं, विद्रोह को वह उसी क्रूरता से दबाते हैं और जो असन्तुष्ट हैं उन पर वैसे ही अत्याचार या फाँसी पर चढ़ाना। हद है इस बात की कि अजय तिवारी ने लिखा कि डेढ़ करोड़ लोग फाँसी पर लटका दिए गए। यानी कोई संख्या का भी महत्त्व

है कि नहीं? जो मन में आए सो लिख दो, भावुकता में जाकर। डेढ़ करोड़ लोग फाँसी पर लटका दिए गए, गोली मार दी गई; ऐसा हुआ था? नहीं हुआ था। दक्षिण में तो बिलकुल नहीं था।

नामवर सिंह : पहली बात तो यह कि आपने लिखा है कि 'काश, मैं राष्ट्रद्रोही होता' जिसका कुछ लोगों ने जवाब दिया है। सम्भव है कि कुछ और लोग भी आप की तरह सोचते हों पर खुलकर आना नहीं चाहते। मैं सिर्फ यह कहना चाहता हूँ कि यह बड़ी लम्बी बहस है और हम लोग 1857 पर बहस करने नहीं बैठे हैं।

राजेन्द्र यादव : नहीं। आपने 1857 को स्टार्टिंग प्वाइंट कहा था।

नामवर सिंह : हाँ, स्टार्टिंग प्वाइंट है। 1857 पर जो बहुत कुछ लिखा गया है, उसमें कुछ काम की चीज़ें हैं उनको पढ़ लो।

राजेन्द्र यादव : उसको छोड़िए। वे मुहावरे कोई काम के नहीं।

नामवर सिंह : हो सकता है, तुम्हारे काम के न हों। तुम्हारे अपने मुहावरे हैं। मैं इस सन्दर्भ में केवल कुछ बातें कहना चाहता हूँ। सिर्फ यह कहना चाहता हूँ कि अंग्रेज़ों ने रेल अपने काम के लिए कायम की थी, फायदा दूसरों को मिल गया। आम तौर पर कोई काम करते हैं हम एक उद्देश्य से, और उसका उल्टा होने लगता है। वो हुआ। उन चीज़ों को उनकी देन के रूप में न लेकर के उनमें अपना हक भी देखें। इसकी डायलेक्टिक्स को समझने की ज़रूरत है। 1857 अकेला विद्रोह नहीं था। 1757 से प्लासी की लड़ाई शुरू होकर 1857 और उसके बाद भी लोकल विद्रोह... अंग्रेज़ी राज के खिलाफ–लम्बी परम्परा है। दक्षिण में भी हुआ। पूरब में भी हुआ, पश्चिम में भी हुआ, उत्तर में भी हुआ–सब जगह हुआ। विद्रोहों का एक लम्बा सिलसिला है। तो संघर्ष सवर्णों का ही अगर होता तो जैसा मैंने कहा कि जनजातियों ने–बिरसा मुंडा ने क्यों लड़ाई की होती? जिन्होंने 1857 की लड़ाइयों में हिस्सा नहीं लिया उनको गौरवान्वित...।

राजेन्द्र यादव : मैं गौरवान्वित नहीं, बैलेन्स कर रहा हूँ।

नामवर सिंह : उस अंग्रेज़ी राज्य को श्रेय देना और उसके उस पक्ष को न देखना जोकि आज भी दिखाई पड़ रहा है–तुम लगभग वही बात कर रहे हो जो आज की मौजूदा सरकार अमेरिकी वर्चस्व को और ग्लोबलाइजेशन को गौरवान्वित करते हुए कर रही है। आज तुम वही काम प्रकारान्तर से 1857 के दौर के अंग्रेज़ों की तारीफ करते हुए कर रहे हो कि बड़ी प्रगतिशील भूमिका थी अंग्रेज़ों की।

राजेन्द्र यादव : साहित्य पर आएँ।

नामवर सिंह : साहित्य का क्षेत्र सार्वजनिक क्षेत्र नहीं है। साहित्य के क्षेत्र में आरक्षण कभी नहीं रहा है, आज भी नहीं है, न रहेगा। साहित्य को मान लो कि यह प्राइवेट सेक्टर है, पब्लिक सेक्टर नहीं। गनीमत है कि साहित्य फायदे का व्यापार नहीं है।

और जब फायदा नहीं है तो बाज़ार का प्रवेश नहीं है साहित्य में। हमारे साहित्य के अन्दर पिछले दस-पन्द्रह वर्षों में...।

राजेन्द्र यादव : पहली बात मुझे लगती है कि इन दस-पन्द्रह वर्षों में आलोचना निरन्तर अप्रासंगिक होती चली गई है। आलोचना या तो सिमट गई है समीक्षाओं में या विश्वविद्यालयों में। वह आज भी मैथिलीशरण, अज्ञेय और उन्हीं सबको घोंट-पीस रहे हैं कि उसमें से नई दृष्टि निकल रही है। फलाना निकल रही है। मुझे लगता है कि जो सीरियस आलोचना आपके ज़माने में होती थी, उसका दौर निकल गया। जो नई फोर्सेज आ गई है दलितों की, स्त्रियों की, इनको समझने के लिए और इनका विश्लेषण करने के लिए आलोचना के पास सही औजार नहीं हैं। इसलिए वह मज़बूर है, उसको कंडम करने के लिए। वह उसको समझना नहीं चाहती। दलित फलित क्या है या ये स्त्रीवाद फिस्त्रीवाद क्या है, वह यही बोल सकती है। ऐसी ही भाषा बोल सकती है क्योंकि उसके पास वह औजार या वह दृष्टि नहीं है कि साहित्य के इस नए फिनामिना को सही ढंग से समझ सके। उसका अभ्यास सीमित है।

नामवर सिंह : ऐसा है राजेन्द्र कि मेरा सम्बन्ध आलोचना से है। इस नाते मैं उसका पक्ष लूँ, यह कोई ज़रूरी नहीं है। मैंने तो लिखना बन्द कर दिया है, इसलिए आसानी से कोई व्यक्ति कह सकता है कि मैं जब लिख ही नहीं रहा हूँ तो असफल दूसरे हो रहे होंगे, मैं तो नहीं हो रहा हूँ। लेकिन मैं केवल यह कहना चाहता हूँ कि तुम्हारे 'हंस' को छोड़ करके–जिसमें आलोचनाएँ नहीं छपती हैं, विमर्श छपता है–पुस्तक समीक्षाएँ और आलोचना हर पत्रिका में छपती है। पिछले दस वर्षों में आप देखें कि आलोचना का लगभग जितना अंश होना चाहिए उससे प्रतिशत ज़्यादा ही है। एक-तिहाई भी हो तो मैं समझता हूँ कि बहुत है। पत्रिकाओं में आरम्भ से ही रचनाएँ छपती थीं। समीक्षा के नाम पर कुछ समीक्षाएँ छपती थीं पर कम होती थीं। प्रतीक को देख लो। 'सरस्वती' जब निकलती थी...।

राजेन्द्र यादव : सरस्वती या हंस में बीस-पच्चीस पन्ने सम्पादकीय टिप्पणियों के होते थे।

नामवर सिंह : मैं सम्पादकीय की बात नहीं कर रहा हूँ। सम्पादकीय टिप्पणियाँ समीक्षा नहीं होतीं। मैं पुस्तक समीक्षा पर कह रहा हूँ कि पुस्तक समीक्षा आज भी हो रहा है। कई पत्रिकाएँ हैं जो स्वयं किताबों का चयन करती हैं कि इनकी समीक्षा होनी चाहिए। इसमें आमतौर पर कथा साहित्य, कविताओं की पुस्तकों की समीक्षाएँ छपती हैं और उन समीक्षाओं के अलावा जिसको सैद्धान्तिकी विचार-विमर्श कहते हैं, वह ज़्यादा हो रहा है। आलोचना का मतलब है साहित्यिक कृतियाँ–साहित्यिक समस्याओं–पर विचार करना, लेकिन आज देखें, टेक्स्ट बहुत कम पढ़ाया जाता है। दो-तिहाई सैद्धान्तिक सवाल पूछे जाते हैं। इतिहास के बारे में सवाल पूछे जाते हैं। साहित्य का समाजशास्त्र, रूपवादी

आलोचना, मार्क्सवादी आलोचना, प्रभाववादी आलोचना, आलोचना के बाद आलोचना के सिद्धान्त सम्बन्धी पर्चे, इतिहास सम्बन्धी पर्चे हैं, तो एक-तिहाई से कम टेक्स्ट होता है और उस टेक्स्ट में भी दो तिहाई में भक्ति काव्य, रीति काव्य, छायावादी युग रहता है। समकालीन साहित्य तो बहुत कम पढ़ाया जाता है उच्च कक्षाओं में। इसलिए जब तक उच्च शिक्षा का पाठ्यक्रम नहीं बदला जाता तब तक साहित्यिक आलोचना के नाम पर विमर्श होंगे। बिना किताब पढ़े कोई भी आदमी कुछ भी लिख देता है। यह विश्वविद्यालयों का हाल है। क्योंकि मैं जुड़ा रहा हूँ इसलिए जानता हूँ। मुख्य चीज़ है–रचनाओं को ध्यान से पढ़कर उनकी समीक्षा करना। यही समीक्षा का मूल काम है। तुम कहोगे कि मैं पुराने गीत गा रहा हूँ लेकिन अगर आलोचना का काम मूल्यांकन है तो मूल्यांकन नाम की चीज़ के लिए ज़रूरी है कि रचनाओं को अच्छी तरह गहराई से पढ़ा जाए। किसी कहानी, किसी उपन्यास, किसी कविता का मूल्यांकन उसको समझने पर किया जाए और रचनाओं की समझ बढ़ाई जाए। मैं कई पत्रिकाओं में देखता हूँ कि उनमें रचना विशेष के बारे में जो पत्र आते हैं उनमें बस यह कि आपकी कहानी पढ़ी और यह ठीक है, यह ठीक नहीं है, होता है। इसलिए जिसको वर्जीनिया वुल्फ कॉमन रीडर कहती थी, कॉमन रीडर की तरफ से हर आदमी आलोचक बन जाए, कोई ज़रूरी नहीं कि कहलवाए भी लेकिन जब कॉमन रीडर की तरफ से कोई रचना पढ़ी जाए तो मैं समझता हूँ कि आलोचना का विकास तभी होता है।

राजेन्द्र यादव : पर जो पत्र छपते हैं तात्कालिक प्रतिक्रिया भर होते हैं। उनसे विश्लेषण की उम्मीद करना बहुत ज़्यादा है। पर आप जो कहते हैं कि साहित्यिक आलोचना बन्द हो गई है, मुझे नहीं लगता।

नामवर सिंह : कम हो गई है, बन्द नहीं।

राजेन्द्र यादव : नहीं, यह वही पुराना हैंग ओवर है। आपने साहित्य को अकेले पढ़ने की बजाए दुनिया भर का समाजशास्त्र पढ़ा है, दुनिया भर का दर्शनशास्त्र पढ़ा है यानी एक समग्र इंटीग्रेटेड दृष्टि साहित्य के लिए बनाई तो अब आप कैसे उम्मीद करते हैं कि साहित्यिक मूल्यों से और साहित्यिक सौन्दर्यशास्त्र के आधार पर ही साहित्य का मूल्यांकन होगा? वो नहीं हो सकता। वो पुरानी चीज़ है। मैं खुद मानता हूँ कि जिस वर्ग पर या जिन चीज़ों पर मैंने जो कहानियाँ लिखी हैं उनका वर्ग और समाज बदल गया है, इसलिए हमारी कहानियाँ अब इतिहास की चीज़ हो गई हैं। उनमें प्रासंगिकता तलाश करना गलत है। कोई प्रासंगिकता नहीं, सिर्फ इतिहास की वस्तु।

नामवर सिंह : एक चीज़ बताएँ कि द्विमासिक 'प्रतीक' जब निकलता था, उसके बारह अंक निकले। वात्स्यायन जी ने हर अंक में यह नियम बनाया था, सूची बनाई थी कि एक कृति पर तीन समीक्षाएँ छापेंगे। 'बाणभट्ट की आत्मकथा' पर चार छापी

थीं। एक किताब पर चार लोगों से समीक्षा लिखवाना, तीन लोगों से समीक्षा लिखवाना, यह प्रणाली उन्होंने चलाई थी।

राजेन्द्र यादव : कभी-कभी हम भी करते हैं।

नामवर सिंह : करते हैं तो अच्छा करते हैं। मैं समझता हूँ कि आलोचना के विकास का सर्वोत्तम माध्यम कृति केन्द्रित है। तुम देखोगे कि अभी 'हंस' के जनवरी अंक में एक कहानी छपी है 'स्नोवा बार्नो' की। मैं नहीं जानता उन्हें तुम जानते होगे बेहतर। अब वो कहानी तुमने अच्छी छापी और मैं पढ़कर चकित रह गया कि प्रेम पर ऐसी कहानी।

राजेन्द्र यादव : मेरे पच्चीस साल 'हंस' निकालने के दौरान पहली बार किसी कहानी पर आपका फोन आया। वर्ना रोज़ तो आप किसी को प्रेमचन्द, किसी को मुक्तिबोध सिद्ध करते रहते हैं। मंच पर करते रहते हैं। पर्सनली कहा तो मुझे लगा कि सचमुच आपको वो कहानी पसन्द आई। इसलिए मुझे प्रसन्नता हुई कि ईमानदार आलोचक अभी भी आपके भीतर बचा हुआ है।

नामवर सिंह : मैं पूर्वाग्रहों से ग्रस्त होकर कोई कृति नहीं पढ़ता, बिलकुल नहीं। मेरे पढ़ने का मतलब ही यही है कि कृति और आपके बीच कोई न हो लेकिन मूल मुद्‌दा जो तुम्हारा था, आलोचना की स्थिति को लेकर...।

राजेन्द्र यादव : आलोचना की अपर्याप्तताएँ...।

नामवर सिंह : पहले सुन लीजिए। मैं कह रहा हूँ कि कुछ अच्छी चीज़ें युवा लोगों ने लिखी हैं...

राजेन्द्र यादव : साहित्य वाले नहीं लिखेंगे, बाहर से आएँगे।

नामवर सिंह : देखिए, जो लिख रहा है वह साहित्य का विद्यार्थी है या नहीं, यह मैं नहीं जानता। मैं सिर्फ यह कहना चाहता हूँ कि ऐसे लोग हैं। जैसे वो प्रतापगढ़ में था, आजकल बनारस यूनिवर्सिटी में चला गया है, कृष्णमोहन और रघुवंशमणि हैं—मैं एक दर्जन युवा आलोचकों को गिना सकता हूँ। वीरेन्द्र यादव के जो लेख 'तद्‌भव' में छपे हैं, कब से मैं कह रहा हूँ कि ये किताब ले आएँ। एक अनिल त्रिपाठी नाम का लड़का है। जैसे रचना की दुनिया में, वैसे आलोचना की दुनिया में युवा लोग आ रहे हैं। और बहुत अच्छा लिख रहे हैं।

राजेन्द्र यादव : नामवर जी, सुनिए सुनिए। जो लिख रहे हैं वो आपके उन मानदंडों से जो सन् 50-60 के आसपास फैला हुआ था जिसमें आपने अपना सर्वश्रेष्ठ दिया था उससे अलग...।

नामवर सिंह : मैं यह नहीं कहता कि मुझे दोहरा रहे हैं। उन्होंने अपना रास्ता अलग बनाया है। मैं यह कहना चाहता हूँ कि जितनी निराशाजनक स्थिति आलोचना की बता रहे हो, वह नहीं है। ऐसे लोग हैं जो गहराई से टेक्स्ट को पढ़ते हैं। उदय प्रकाश

की कहानियों पर जो टिप्पणियाँ आई हैं, समझ के साथ आई हैं। कहानियों को समझा है लोगों ने, कहानी समीक्षा आगे बढ़ी है। उपन्यासों की समीक्षा आगे बढ़ी है। छायावाद में लिखने वाले बहुत अच्छे आलोचक थे। दुर्भाग्य से उस समय कथा साहित्य में अच्छी समीक्षाएँ लिखने वाले नहीं थे। मुझे अब भी लगता है कि कथा साहित्य जितना तेजी से आगे बढ़ा है, विस्तार हुआ है, उसकी तुलना में उसकी समीक्षाएँ कम हुईं। कहानियों पर विश्वनाथ त्रिपाठी ने लिखा है, बहुत अच्छा लिखा है कुछ एक कहानियों को लेकर के। कथा समीक्षा हमारे यहाँ...।

राजेन्द्र यादव : अखिलेश की एक अद्भुत किताब है 'वह जो यथार्थ था' या त्रिपाठी जी ने जो 'नंगातलाई का गाँव' लिखा है।

नामवर सिंह : अलग हैं, ये आलोचना नहीं है। मैं यह कह रहा हूँ कि कथा साहित्य में जितने बड़े पैमाने पर स्वयं तुमने शुरू किया था, राकेश ने लिखा, कमलेश्वर ने लिखा, उस पीढ़ी के लोगों में और लोगों ने नहीं लिखा। निर्मल ने ज़रूर आलोचनाएँ बहुत अच्छी लिखीं।

राजेन्द्र यादव : बहुत अच्छी लिखीं।

नामवर सिंह : कथाकारों में भीष्म जी ने नहीं लिखीं। बैद ने कुछ लिखी हैं और अच्छी लिखी हैं। कृष्णा जी ने नहीं लिखीं। कुछ कथाकारों ने आलोचनाएँ नहीं लिखीं। प्रेमचन्द ने लेख लिखे हैं लेकिन कुल-मिलाकर आलोचनाएँ उन्होंने कथा साहित्य की ज़्यादा नहीं लिखी हैं। जैनेन्द्र ने नहीं लिखीं, नागर जी ने नहीं लिखीं, यशपाल ने नहीं लिखीं। छोटी-मोटी फुलझड़ियाँ हैं यशपाल की। उस दौर के लोगों ने नहीं लिखी आलोचना। बाकी नए जो कथाकार लिख रहे हैं उन कथाकारों में से तुम्हारा कहना सही है कि वे आलोचना के क्षेत्र में कदम नहीं रख रहे हैं। मसलन, उदय प्रकाश इतने अच्छे कथाकार हैं, उदय प्रकाश ने आलोचनाएँ नहीं लिखीं। इसलिए कथा समीक्षा हमारी विकसित नहीं हो सकी है। मैंने जब 'कहानी : नई कहानी' लिखा था तो सोचा था कि मैं कथा साहित्य की समीक्षा में आऊँगा। तुम्हीं लोगों के कुचक्र के कारण मैंने बन्द कर दिया।

राजेन्द्र यादव : हम लोगों के चक्कर में आकर बन्द कर दिया तो जो हर तीसरे दिन किताबों का विमोचन करते हैं और उसमें जो फैसले देते हैं...।

नामवर सिंह : फैसले नहीं, जो हो मैं कहानी समीक्षा सचमुच लिखना चाहता था। सीरियसली।

राजेन्द्र यादव : हाँ तो किसने मना किया? हमारी वजह से नहीं लिखते, ये कोई बात हुई?

नामवर सिंह : नहीं-नहीं। सही बात है। तुम्हीं लोगों के कारण...।

राजेन्द्र यादव : हमारे कारण...हमने क्या किया?

नामवर सिंह : जो नई कहानी को हाईजैक कर ले गए कि तीन ही आदमी नई कहानी में हैं, बाकी लोग नहीं हैं।

राजेन्द्र यादव : वो ठीक है पर आपने की कोशिश? आपने जो हमारे पक्ष में नहीं था उसको रोकने की कोशिश की? तो फिर उससे क्या मतलब? आप रुक गए क्या?

नामवर सिंह : नहीं, छोड़ दिया।

राजेन्द्र यादव : अब करिए न, किसने रोका है?

नामवर सिंह : आखिरी वक्त में क्या खाक मुसलमां होंगे।

राजेन्द्र यादव : अच्छा यह बताइए कि क्या कोई साहित्य वगैरह का भविष्य दिखाई देता है? ओवर ऑल जो सारा परिदृश्य है उसमें साहित्य खुद हाशिये पर है। साहित्य नहीं, सारी कलाएँ। नृत्यकला वगैरह सब, सब कुछ।

नामवर सिंह : हमारे मित्र स्वर्गीय विजयदेव नारायण साही ने एक लेख लिखा था बहुत पहले 'साहित्य क्यों'। समय-समय पर यह होता रहता है। जब सवाल उठें तो समझना चाहिए कि सम्भावनाएँ हैं। यह अन्त का सूचक नहीं होता बल्कि उभार का सूचक होता है। अधिकांश लोग यह कह रहे हैं कि बाज़ारवाद के दौर में नया मीडिया इतना शक्तिशाली हो गया है कि जिसको सर्जनात्मक साहित्य कहते हैं वह लगभग उपेक्षित हो रहा है, मैं नहीं मानता।

राजेन्द्र यादव : क्यों?

नामवर सिंह : बता रहा हूँ। पहली बात तो यह कि इसमें कोई कार्य कारण सम्बन्ध नहीं है। सच्चाई यह है कि पूँजीवाद आने के बाद उस दौर का महान साहित्य लिखा गया। पूँजीवाद के दौर में एक तरह का नवजागरण है। उपन्यास जैसी महत्त्वपूर्ण विधा पूँजीवाद की देन है। प्रिंटिंग मशीन आई तो उसका सबसे बड़ा फायदा कविता से ज़्यादा उपन्यास को हुआ, कहानी को हुआ। उसी तरह से मैं यह मानता हूँ कि नया दौर जो आया है ग्लोबलाइजेशन का, इससे साहित्य में फिर एक नए ढंग का उछाल होगा। इसका कोई वैसा असर साहित्य पर पड़ने वाला नहीं है। इसका सबसे बड़ा कारण यह है कि अगर मार्क्स के अन्तर्विरोध—डायलेक्टिक्स—के सिद्धान्त को माना जाए तो इसकी कब्र खोदने वाले भी इसी समय मौजूद हैं। इस समय अकेला साहित्य ही है जो प्रतिपक्ष की या विपक्ष की भूमिका निभा रहा है। राजनीतिक पार्टियों में सरकार बनाने की—पॉवर में आने की—चिन्ता है। बस अकेला साहित्य है जो क्रिटिकल है इस व्यवस्था के बारे में। यों देखेंगे तो बड़े-बड़े लेखक नहीं दिखाई पड़ेंगे। लेकिन...।

राजेन्द्र यादव : यह ठीक है कि अँधेरे युग में अँधेरे युग के गीत गाए जाएँगे, लेकिन साहित्य क्या पेशेवर प्रतिपक्ष है?

नामवर सिंह : अच्छा है कि यह पेशेवर नहीं है।

राजेन्द्र यादव : जब शुरू से ही साहित्य का एकमात्र गुण यह है कि वह प्रतिपक्ष में है तो इसका मतलब यह हुआ कि यह उसकी आदत है।

नामवर सिंह : हर चीज़ की एक लम्बी परम्परा हुआ करती है। साहित्य की परम्परा हमेशा से ऐसी ही रही है।

राजेन्द्र यादव : चलिए मान लिया। पर साहित्य का एक पक्ष ऐसा है जहाँ इस तरह का प्रतिपक्ष नहीं होता है, वो है व्यक्ति की संवेदना, व्यक्ति का प्यार। यह पक्ष जो बहुत ज़रूरी है उस पर थोड़ी-सी बात कहिए। मैं अगर आपसे पूछूँ कि आपकी इतने दिनों तक जो जीवन्तता है उसका रहस्य क्या है?

नामवर सिंह : तुम जानो, मैं थोड़े मानता हूँ? 'ज्यों आँखिन सब देखियत आँख न देखी जाए'–आँखें अपने आपको नहीं देख सकतीं।

राजेन्द्र यादव : आजकल ऐसे यन्त्र हैं कि स्वयं को देख सकते हैं। हड्डी-पसली तक देख सकते हैं।

नामवर सिंह : नहीं, मैं आईना तक नहीं देखता।

राजेन्द्र यादव : मैं अपनी बात करूँ, मुझे 'हंस' के पैशन ने बचाए रखा है। जिसे आप विमर्श कहते हैं, विमर्श का मतलब मैं समझता हूँ–नए पुराने मूल्यों का द्वन्द्व, छाँटना, एनलाइज करना, तो यह चीज़ मुझे जीवन्त बनाती है। क्योंकि मैं उन चीज़ों के लिए वहाँ भी हाथ डालता हूँ जहाँ अक्सर आप जैसे पॉलिटिकली करेक्ट लोग नहीं डालते हैं। अब जैसे मैंने वह लेख लिखा जिसे मैंने आपको ही समर्पित किया था–'होना सोना एक खूबसूरत दुश्मन के साथ'। आदमी किस भाषा में औरत के बारे में सोचता है, यही तो मैंने लिख दिया। औरत से आप बचते क्यों हैं इतना? आपका कहीं प्रेम सम्बन्ध नहीं रहा?

नामवर सिंह : मुझे तो भविष्य की चिन्ता ही जिलाए हुए है।

राजेन्द्र यादव : क्या, भविष्य की चिन्ता...बीमारी...

नामवर सिंह : बीमारी नहीं, भविष्य का मतलब यह नहीं कि मैं कितने साल जिऊँगा। यह कि जिस दौर से गुज़र रहे हैं इस दौर में देश का, समाज का क्या होगा?

राजेन्द्र यादव : मुझे वर्तमान की चिन्ता है...

नामवर सिंह : क्या होगा का मतलब कि इस समय जो है, मैं उससे बच नहीं सकता। उससे मुक्त होकर मैं कोई चीज़ सोच नहीं सकता।

राजेन्द्र यादव : चलिए...अच्छा छोड़िए। अब ये बताइए कि पिछले दस सालों में कोई ऐसी किताब है जिसने आपको बहुत आन्दोलित या प्रभावित किया हो?

नामवर सिंह : बहुत-सी किताबें होंगी।

राजेन्द्र यादव : प्रेजेंट की बात बताइए, हिन्दी की...

नामवर सिंह : अब नाम मैं क्या बताऊँ, मेरी स्मृति...।

राजेन्द्र यादव : नहीं आपको स्मृति लोप नहीं होता।

नामवर सिंह : अरे, बहुत-सी किताबें पढ़ी हैं मैंने।

राजेन्द्र यादव : जैसे एकाध बताइए। नाम लेने से उसका महत्त्व बढ़ेगा?

नामवर सिंह : नहीं, महत्त्व बढ़ने की बात नहीं है।

राजेन्द्र यादव : जैसे मैं बिलकुल बेझिझक कहता हूँ कि मुझे बहुत अच्छी लगी 'वह जो यथार्थ था'।

नामवर सिंह : वो ठीक है, पर किसी एक किताब का नाम लेना बहुत कठिन है मेरे लिए। बहुत-सी अच्छी किताबें हैं पर...

राजेन्द्र यादव : अरे, एकाध तो बताइए जिसमें कुछ दिखाई देता होगा...'काश मैं राष्ट्रद्रोही होता' किताब को छोड़कर।

नामवर सिंह : उसको छोड़कर ही बात करूँगा। वो तो बहुत खराब लगी।

राजेन्द्र यादव : लगेगी ही। अच्छी किताबें खराब लगती हैं।

नामवर सिंह : अच्छी किताब का सवाल नहीं है, वो किताब जो खराब ही है।

राजेन्द्र यादव : कोई भी बताइए। नए लेखन में कोई अच्छा लगा हो?

नामवर सिंह : कहानियाँ कुछ बहुत अच्छी लगी हैं।

राजेन्द्र यादव : कहानियाँ ही बताइए।

नामवर सिंह : जो अच्छी किताबें दिखती थीं, मैं सुबह-सवेरे कार्यक्रम में नित्य उनकी बात किया करता था। अखिलेश का जो संग्रह है 'शापग्रस्त', उसकी चर्चा भी मैंने की थी। उस संग्रह की सभी कहानियाँ बहुत अच्छी हैं। और उदय प्रकाश की कहानी 'मोहनदास'...।

राजेन्द्र यादव : मुझे तो उदय प्रकाश की 'और अन्त में प्रार्थना' सबसे अच्छी लगी।

नामवर सिंह : 'और अन्त में प्रार्थना' से अच्छी कहानी 'मोहनदास' है।

राजेन्द्र यादव : बाद में जो उसका वैश्वीकरण किया है...

नामवर सिंह : नहीं उतना वैश्वीकरण तो 'और अन्त में प्रार्थना' में भी है। मुझे नीलाक्षी सिंह की एक कहानी बहुत अच्छी लगी थी–'परिन्दे के इन्तेज़ार-सा कुछ'।

राजेन्द्र यादव : नीलाक्षी की कहानी 'टेक वे त टेक न त गो' भी अच्छी है।

नामवर सिंह : मैंने वो नहीं पढ़ी पर 'परिन्दे के इन्तेज़ार-सा कुछ' पढ़ी और बहुत अच्छी लगी। और उपन्यासों के बारे में मैं क्या कहूँ? पिछले दस-बारह वर्षों में अनेक उपन्यास आए हैं, जिनमें विनोद कुमार शुक्ल का 'दीवार में एक खिड़की रहती थी' उनका सबसे अच्छा उपन्यास है। गीतांजलि श्री का 'तिरोहित' मुझे बहुत अच्छा लगा। दूधनाथ सिंह के 'आखिरी कलाम' में बनावटीपन है। उसका पूरा ढाँचा बहुत जोड़-तोड़ पर आधारित है। काशी का उपन्यास 'रेहन पर रग्घू' की स्क्रिप्ट में कुछ चीज़ें थीं तो मैंने काशी से कहा कि यह हिस्सा तुम और निगेट कर दो तो दुबारा

काशी ने इस पर काम किया। वह उपन्यास मुझे अच्छा लगा। राजेन्द्र जी, यह बताइए कि आपने हमसे पूछा पर अपना कुछ बताया ही नहीं।

राजेन्द्र यादव : ऐसा है नामवर जी, कि अभी रे माधव से एक सीरीज आई है, 'मेरी प्रिय सम्पादित कहानियाँ'। उसके लिए हमने 'हंस' में देखा तो बहुत मुश्किल हो गई। 'हंस' के बाइस साल हो रहे हैं। एक से एक अच्छी कहानियाँ छापी हैं। उनकी सीमा थी ढाई सौ पेज, हमने कहा कि ढाई सौ पेज में तो आ नहीं सकता यह सब। तो मैंने 'हंस' के शुरू के चार साल चुने। 86 से 90 तक। इसमें हमने जो कहानियाँ चुनीं उसमें लगभग बीस कहानियाँ हैं और बीस कहानियों की सूची और है कि अगर मुझे जगह मिलती तो इन कहानियों को भी शामिल करता। फिर भी तीन-साढ़े तीन सौ पेज का हो गया। इतनी अच्छी कहानियाँ हैं चार सालों में। जिन कहानियों की चर्चा होती है वो सारी कहानियाँ उस पीरिएड में 'हंस' में छपीं। उसमें 'चिट्ठी' है, 'तिरियाचरित्तर' है, 'कामरेड का कोट' है, 'कार्लो हब्शी का सन्दूक' है, उसमें रेखा की बहुत खूबसूरत कहानी है 'हाथ', 'तिरिछ' है, 'वो लड़की अभी ज़िन्दा थी'—सारी कहानियाँ हैं।

नामवर सिंह : आपने कहानियाँ लिखना बन्द क्यों कर दिया? ज्ञान ने कहानियाँ लिखना क्यों बन्द कर दिया? जिस उठान से कहानियाँ उन्होंने शुरू कीं—अब तो अतीत के—साठ के दशक के कहानीकार होकर रह गए हैं। उसके बाद कहानियाँ उन्होंने लिखी ही नहीं हैं। और तुमने भी जिस उठान की कहानियाँ लिखीं...तो क्यों बन्द कर दिया लिखना? कोई लेखक क्यों बन्द कर देता है लिखना?

राजेन्द्र यादव : देखिए, जिस वर्ग और लोगों पर मैं कहानियाँ लिखता था, उसमें मुझे लगा कि वो जो नायक हैं या जो भी हैं वो एक्ज़ॉस्ट हो गए। उनमें कोई सम्भावना नहीं है। इसके सिवा किसी और समाज को मैं जानता नहीं था। गाँव को बिलकुल नहीं जानता था। गाँव को मैंने उपन्यास, कहानियों के माध्यम से ही देखा। अनुभव वृत्त और क्षेत्र इतना सीमित था कि उससे बाहर निकलना मेरे लिए सम्भव नहीं था। मैं उसी को अलग-अलग तरीके से कभी फैन्टेसी में, कभी यथार्थवादी कहानी में, कभी प्रतीक कथाओं में उलट-पुलट रहा था। फिर मुझे लगा कि उससे ज़्यादा सार्थक काम ये वैचारिक लेख लिखना है। बाद में तो इस तरह कंडीशनिंग हो गई दिमाग की कि अब कहानी आती ही नहीं दिमाग में। बीच में लघुकथाएँ लिखीं। मेरा खयाल है, जो सबसे मेजर कहानी बाद में मैंने लिखी वह 'हासिल' थी।

नामवर सिंह : 'हासिल' को तुम मेजर कहानी अभी मानते हो?

राजेन्द्र यादव : हाँ, पहली बार एक्सेप्ट किया जाता है उसमें कि वो बूढ़ा जो है, वो लड़की के लायक नहीं है। इसको दूसरी तरह से भी कह दें कि यंग रियल्टी के सामने हमारी जो पुरानी दृष्टि है स्खलित हो गई है, खत्म हो गई।

नामवर सिंह : तुमने भविष्य स्वप्न से शुरू किया था और उस भविष्य और स्वप्न के सन्दर्भ में परिभाषित करो कि समाज के बारे में तुम्हारी क्या सोच है? विजन क्या है? पूरा पर्सपेक्टिव क्या है?

राजेन्द्र यादव : मैं कहना यह चाहता हूँ कि बीसवीं शताब्दी में कोई भी विचार और कोई भी दर्शन हमारी अपनी धरती की उपज नहीं है। चाहे मार्क्सवाद हो, चाहे अस्तित्ववाद हो चाहे दूसरा कोई भी दर्शन हो...यह गांधीवाद भी मिश्रण है बहुत-से दूसरे दर्शनों का। सबसे ज़्यादा धरती तक गांधी ही पहुँचता है, लेकिन वो एक पर्टीकुलर पीरियड तक ही प्रासंगिक था, उसके बाद नहीं। हमारी जो उपलब्धि है बीसवीं शताब्दी की, वो यह कि वे सारे लोग, यानी जैसे मैं अगर कहूँ कि मेरी कहानियों के सारे पात्र–वो कहानियों का समाज–वो मध्यवर्ग और उसकी चिन्ताएँ–सब बदल गई हैं। जो नया मध्यवर्ग आया है इसको उस मध्यवर्ग से कोई लेना-देना नहीं है। उसका कंटीन्यूएशन नहीं है, बल्कि ये उसको ब्रेक करके आया है। यह दूसरी तरह का मध्यवर्ग है जो बाज़ारवाद की गिरफ्त में है। इसलिए बीसवीं शताब्दी का कोई दर्शन हमारे लिए प्रासंगिक नहीं है। जो चीज़ प्रासंगिक है वो यह कि सामाजिक रूप से पैराडाइम शिफ्ट हो गया है। नई दुनिया, नए लोग आ गए हैं–दलित हैं, स्त्रियाँ हैं। ये हमारी पूरी सोच में कहीं नहीं थे। इनकी तरफ से हम सोचते थे, हम ही इनको गढ़ते थे। एक से एक स्त्रियाँ रचते थे, एक से एक दलित रचकर विचलित होते थे। प्रेमचन्द का जो दलित है, वो सफर करता हुआ दलित है। रेजिस्टेन्स नहीं है उसमें। रेजिस्टेन्स अब आया है दलित में।

नामवर सिंह : ऐसा है कि गांधी और गांधीवाद पर आपने लगे हाथों जो टिप्पणी की है वह बहुत ही ऊपरी और सतही है। इसलिए उस पर मैं...यह विषयान्तर हो जाएगा। दिन-पर-दिन लोगों के लिए गांधी जितने रिलेवेन्ट होते जा रहे हैं...

राजेन्द्र यादव : लोगों के लिए?

नामवर सिंह : हाँ। मैं आपको इतनी ही मिसाल देता हूँ कि गांधी जी के मरने के बाद मार्टिन लूथर किंग भारत आया था। अपनी लड़ाई जब उसने शुरू की...

राजेन्द्र यादव : हो सकता है, तब वैसी स्थितियाँ रही हों। कोई विचारधारा...

नामवर सिंह : सुनिए तो, और बँटवारे के बाद गांधी नोआखाली गए जहाँ कोई जाने की हिम्मत नहीं कर रहा था और ज़रूरत नहीं समझ रहा था। फिर गांधी ने कहा था कि मेरा कोई विचार ही नहीं है। मेरा जीवन ही मेरा दर्शन है। इसलिए गांधी को यह कहकर खारिज करना कि आज उनकी रिलेवेन्स नहीं है तो यह आपकी अपनी समझ है। मैं दूसरा सवाल उठा रहा हूँ। मैंने पूछा था कि आपका विजन क्या है, क्योंकि इस दौर में स्त्री की समस्या, दलित मुक्ति–मुख्य रूप से दो सवाल आपने उठाए हैं। व्यावहारिक सवाल पूछता हूँ कि बड़ी तेजी से बड़ी संख्या में दलितों ने आत्मकथाएँ

लिखी हैं, जैसी भी हैं उन पर टिप्पणी करना बेकार है, लेकिन जो यह दावा है, जो आप भी मानते हैं कि दलितों के बारे में सिर्फ दलित ही लिख सकता है, दूसरा कोई नहीं लिख सकता है।

राजेन्द्र यादव : मैंने विरोध किया था...विरोध किया था मैंने।

नामवर सिंह : विरोध किया था तो ठीक किया था। वो जीवन इतना क्षीण है कि उस अनुभव को लेकर कोई बड़ी रचना बन ही नहीं सकती। कोई महत्त्वपूर्ण चीज़ नहीं आ रही है। आमतौर पर जिन्होने लिखा है वो अच्छे पदों पर पहुँच गए हैं। उसमें यह होता है कि हम ऐसे थे, देखो कहाँ पहुँच गए। यही ज़्यादातर में दिखाया जाता है। और उसमें यह होता है कि हम अपने प्रताप से यहाँ तक पहुँचे। कोई भी टिकाऊ चीज़ नहीं आई है। स्त्री लेखन में अपेक्षाकृत बेहतर स्थिति है पर उसमें भी दलित स्त्रियों द्वारा लिखा हुआ ऐसा कुछ महत्त्वपूर्ण नहीं है। मैं समझता हूँ कि यह सतही चीज़ है क्योंकि सब होते हुए भी साहित्य के अपने कुछ नियम धर्म हैं। जैसे साइंस का है, उसी तरह से साहित्य का, कला का अपना एक धर्म है, दर्शन है, उसके कुछ नियम-कायदे कानून हैं। उन चीज़ों के बारे में महारत हासिल करनी पड़ेगी लिखने के लिए। ऐसा लिखें कि गैर दलित व्यक्ति भी उसके साथ अपने को आइडेन्टिफाई कर सके। क्योंकि वह सबके लिए लिख रहा है केवल दलितों के लिए नहीं लिख रहा है। दलित द्वारा लिखा हुआ, दलित के बारे में लिखा हुआ तो ठीक है लेकिन जो लिखा जा रहा है वह सिर्फ दलितों के लिए ही अगर लिखा जा रहा है तो वह सीमित पाठकों और श्रोताओं के लिए लिखा जा रहा है। वो वह साहित्य नहीं है जो दूसरों को छू सके। यानी जिसको पढ़ के सताने वाला सवर्ण भी दहल उठे कि मैं क्या देख पढ़ रहा हूँ।

राजेन्द्र यादव : दलित साहित्य के बारे में आपने जो बातें बताईं वो हमारी भी चिन्ता का विषय है। लेकिन पहली बात तो यह कि दलित की दयनीय, दारुण स्थिति को देखकर दयामय हो जाने वाले मालिकों की कहानियाँ ये लोग नहीं लिख रहे हैं। ये रेजिस्टेन्स की कहानियाँ लिख रहे हैं। मैं मानता हूँ कि वो कलात्मक नहीं हैं। हम भी मानते हैं कि उसमें विविधता नहीं है। हम भी मानते हैं उसमें अपेक्षित तराश नहीं है, भाषा नहीं है। फिर भी कभी मैं यह सोचता हूँ कि ये सारे जजमेंट एक ऊपर बैठे हुए आदमी द्वारा जज की हैसियत से तो नहीं किए जा रहे हैं। किसने तय किया कि हम सारे साहित्य के ऊपर इस तरह से जजमेंट दें? यह जो फैसला देने का अहंकार है, इससे हम इसलिए मुक्त नहीं हो पाते कि हमारे पास कला की एक समझ है, हमारे पास भाषा की एक समझ है, हमारे पास संस्कृति की एक समझ है। ये सारी चीज़ें हमारी दुनिया की चीज़ें हैं। हम उनको यहाँ लागू करना चाहते हैं। दूसरी बात, आत्मकथाएँ कच्ची इसलिए हैं कि पहली बार बोलने का उत्साह उनमें है। भाषा नहीं है, प्रणाली नहीं है, इसीलिए सिर्फ आत्मकथाएँ लिख सकते हैं वे। वे उस तरह की

कहानियाँ नहीं लिख सकते जो सैकड़ों सालों के अतीत के बाद हम लिख सकते हैं। हमें डिपार्चर की ज़रूरत नहीं। उन्हें डिपार्चर की ज़रूरत है।

नामवर सिंह : देखिए ऐसा है कि यह हम लोगों का अपराध बोध हो सकता है। इस अपराध बोध के कारण हम उन लोगों को आवश्यकता से अधिक प्रोत्साहन दे रहे हैं। यह प्रोत्साहन उनके लिए घातक है। दूसरा यह कि...

राजेन्द्र यादव : यह दूसरा क्या कि वो...

नामवर सिंह : सुनिए, जीवन और साहित्य, दोनों में फर्क रहेगा। हम सारी सुविधाएँ दे देंगे लेकिन...

राजेन्द्र यादव : हम दे देंगे। हम हैं न देने वाले...

नामवर सिंह : मैं कह रहा हूँ कि यह साहित्य का भी नियम है और जीवन का भी। कमज़ोर गुस्सा ज़्यादा करता है, और गुस्सा जो है वह साहित्य की सबसे बड़ी कमज़ोरी है। प्रगतिशील लोग जब लिख रहे थे–सेठों, पूँजीपतियों के खिलाफ–आग उगलती कविताएँ गुस्से में, तुम्हारी क्षय हो वगैरह, वह शाप के लिए तो ठीक है पर साहित्य के लिए नहीं।

राजेन्द्र यादव : वो हमी लोगों के बीच में से थे।

नामवर सिंह : हाँ, मैं कहना चाहता हूँ कि मध्यवर्गीय मनोवृत्ति है यह। इसलिए ऐसे साहित्य की पीठ ठोककर उनका आप अहित कर रहे हैं। जो सचमुच सही स्थिति है...।

राजेन्द्र यादव : बच्चा बोलना शुरू करे तो बच्चे को पीटें कि साला गलत बोल रहा है।

नामवर सिंह : सारी बातचीत हम लोग कथा साहित्य को केन्द्र में रखकर कर रहे हैं। अब कविता को लेते हैं। एक कविता पंकज राग ने दिल्ली पर लिखी है। बड़ी लम्बी कविता। दिल्ली पर दूसरी कविता लिखी है भगवत रावत ने। वह छपी है 'नया ज्ञानोदय' में। 'कहते हैं कि दिल्ली की है कुछ आबोहवा और' और हर शहर दिल्ली होता जा रहा है। दिल्ली भोपाल में घुसता जा रहा है और भोपाल की नजर से... उसमें मुक्तिबोध आते हैं कि हर चीज़ वाया दिल्ली हो रही है और वाया ऐसा वायवीय है कि दिखाई नहीं पड़ता है...उसमें आता है कि 'नागार्जुन दिल्ली होते हुए कहीं निकल गए लेकिन दिल्ली रुके नहीं।' मुक्तिबोध कहते थे कि दिल्ली जाऊँ कि उज्जैन और अन्त तक दिल्ली नहीं गए। और जब गए तो बेहोशी के आलम में गए और वहीं मर गए। विश्वनाथ त्रिपाठी का भी ज़िक्र आता है। अच्छी कविता है वह। इसके अन्त में वह आदमी कहता है कि मैं उस दिल्ली के बारे में नहीं लिख रहा हूँ और कहता है कि फिर भी मैं दिल्ली के बारे में ही लिख रहा हूँ। तो 'मैं', एक आदमी है और दूसरा जो आदमी है वह जब दिल्ली से आता है तो उसकी जुबान पर 'दिल्ली में ऐसा नहीं होता, दिल्ली में वैसा नहीं होता', दिल्ली ही दिल्ली आता

है, और वो चला जाता है। तो एक शहर को लेकर सारी बातें कह रहा है कवि। आज के बदले हुए माहौल में महाबाज़ारीकरण और मॉल वगैरह जो उग रहे हैं, उसका वर्णन है। दिल्ली की आबोहवा की परिभाषा कहीं नहीं की है। बस ऐक्शन से बताने की कोशिश की है। ये है, ये है और ये है। और पंकज राग ने जो कविता लिखी है दिल्ली के बारे में, वो इतिहास है कि मैं ग़ालिब की दिल्ली के बारे में नहीं कह रहा हूँ, मैं कुतुबमीनार के बारे में नहीं कह रहा हूँ। दिल्ली में यह सब है, वो नहीं, बल्कि कुछ और है। वो दिल्ली क्या है? साठ के दशक में महानगरों पर खूब कविताएँ लिखी गई थीं। कलकत्ता पर बंगाल वालों के अलावा भूखी पीढ़ी वालों ने भी लिखा था। एलेन गिन्सबर्ग ने न्यूयॉर्क के बारे में लिखा था। ऐसा परिवर्तन साठ के आसपास भी हो रहा था और आज भी हो रहा है। कहानी ऐसी कोई क्यों नहीं आ रही है?

राजेन्द्र यादव : कविता जो आपने बताई, बहुत अच्छी है और कोसल में, मगध में विचारों की कमी है वाली कविता जो थी, वो भी महानगर को लेकर ही लिखी गई थी, अपने ढंग से। कविता जनरलाइजेशन में बात करती है, पर्टीकुलराइज नहीं करती। जिन अनुभवों को कविता निचोड़कर पेश करती है, कहानी में उन्हें पर्टीकुलराइज करके लिखना पड़ता है। इसलिए वो लिखना ज़्यादा कठिन है क्योंकि आइडेंटिफाई करना पड़ता है प्रॉब्लम को। जो सिचुएशन है उसमें चरित्रों को रखकर लिखना पड़ता है। उस सबको समझ पाना और लिख पाना मुश्किल है। कहानी की दुनिया, कहानी के तर्क अलग हैं। इसको कविता के साथ न कन्फ्यूज करें।

नामवर सिंह : मैं कन्फ्यूज नहीं कर रहा हूँ। कविता कविता के ढंग से लिखी जाएगी। कविता कहानी में फर्क है—यह तो मैं भी मानता हूँ लेकिन सवाल यह नहीं है। कविता बहुत कुछ छोड़ती है इमेजिनेशन के लिए, इंटरप्रिटेशन के लिए, कहानी प्रायः नहीं छोड़ती।

राजेन्द्र यादव : ऐसा है नामवर जी, मैं आपसे आलोचना को लेकर पूछना चाहता हूँ। मेरा खयाल है कि पुरानी रचनाओं को री-इंटरप्रेट करने में आलोचना का जो रचनात्मक रूप आता है वो शायद अब नहीं हो पा रहा है। जैसे मुक्तिबोध ने 'कामायनी' के साथ एक कोशिश की या हमने 'चन्द्रकान्ता' पर लिखा। तो साहित्य में पुरानी कृतियों का री-इंटरप्रिटेशन भी होना चाहिए। दूसरी बात कथेतर गद्य में भी ये है कि ज़्यादातर आत्मकथात्मक चीज़ें आई हैं चाहे वह शहरों को लेकर हो। एक बड़ी खूबसूरत किताब आई थी सुरेश सेठ की 'शहर वही था'। जालन्धर को केन्द्र बनाकर लिखी गई थी। उसमें सारे लोग थे। क्रिकेट के, संगीत के...

नामवर सिंह : अंग्रेज़ी से आया हुआ एक शब्द है 'रिपोर्ताज'। इसका चलन हुआ था दूसरे महायुद्ध के दौरान। फ्रंट पर जा करके लोगों ने रिपोर्ताज लिखा। रांगेय राघव

ने बंगाल के अकाल पर लिखा। आमतौर पर रिपोर्टिंग अखबारों में जिस तरह से होती है, उस ढंग से लोगों ने लिखा था। कुछ लोगों ने इसके साथ यात्रा भी जोड़ दिया। 'पौधे' नाम की किताब कृशनचन्दर की आई थी। तेलंगाना और हैदराबाद के बारे में थी। तो रिपोर्ताज मीडिया की चीज़ है मुख्य रूप से। अब इसको दृश्य-श्रव्य, दोनों बना दिया गया है। कोई गाँव, पुराने शहरों के बारे में जैसे बनारस या इलाहाबाद के बारे में कुछ किताबें आईं, जिसमें 'नंगातलाई का गाँव' सबसे अच्छी किताबों में से है। उसे लगभग उपन्यास की तरह पढ़ा जा सकता है। 'लखनऊ मेरा लखनऊ' संस्मरण की शैली में है। ये गद्य की विधाएँ हिन्दी में थोड़ी-बहुत तो पहले थीं लेकिन इधर इनमें कई बहुत अच्छी किताबें आई हैं। मनोहर श्याम जोशी ने लिखा है, विश्वनाथ त्रिपाठी की किताब है ही। 'आखिरी चट्टान तक' यात्रा वृत्तान्त राकेश ने बहुत पहले लिखा था। ओम थानवी ने हड़प्पा-मोहनजोदड़ो के बारे में लिखा है, चेग्वेरा के बारे में लिखा है उन्होंने—ये चीज़ें तथ्यात्मक अधिक हैं, पत्रकारिता के स्तर पर हैं लेकिन बहुत ही पठनीय ढंग से लिखी गई हैं। कुछ इसी शैली में के. विक्रम सिंह ने लिखा है।

राजेन्द्र यादव : इस मामले में अद्भुत किताब है स्वदेश दीपक की 'मैंने मांडू नहीं देखा'।

नामवर सिंह : हाँ, अलग ढंग की किताब है। कथेतर गद्य में बहुत अच्छी और महत्त्वपूर्ण पुस्तकें लिखी गई हैं जो कथा साहित्य जितनी ही मूल्यवान हैं।

राजेन्द्र यादव : देखिए, एक चीज़ जो मुझे लगती है कि साहित्य अभी तक सिर्फ मध्यवर्ग की चीज़ थी। ये एक्सक्लूसिवली कुछ लोगों का था और कुछ लोगों के ऊपर था। अब इसमें इन्क्लूसिव वाला दौर आएगा कि ज़्यादा से ज़्यादा लोग इसमें शामिल किए जा सकें और उसकी प्रक्रिया मुझे लगता है, दो-तीन जगहों से होगी। एक तो शुद्ध साहित्य नाम की चीज़ नहीं बचेगी। समाजशास्त्र आएगा, विज्ञान आएगा, दूसरी चीज़ें आएँगी। इन सबकी मिलावट से जो भी साहित्य का रूप बने, वो होगा। सिर्फ मध्यवर्ग के कुछ पढ़े-लिखे लोगों के बीच का नहीं होगा। अब दलित भी आएँगे, स्त्रियाँ भी आएँगी, मुसलमान भी आएँगे। इन सबको आपको इन्क्लूड करना पड़ेगा। इसीलिए वो पैमाने, वो मानदंड या वो कसौटियाँ लगभग व्यर्थ हो जाएँगी जिनसे हम यह कहते थे कि ये साहित्य है और ये नहीं है।

नामवर सिंह : असल में एक सामाजिक सांस्कृतिक भूमिका साहित्य की होती है। एक हवा बनाने का—माहौल बनाने का—काम साहित्य करता है। मैं सोचता हूँ कि गांधी ने स्वतन्त्रता का नेतृत्व किया लेकिन अंग्रेज़ों ने गांधी जी की हत्या नहीं की। देखें, 1857 के बाद उन्होंने एक कानून का राज्य कायम किया। बाकायदे भारत को एक आर्मी दी है, न्याय प्रणाली दी है, इंडियन पीनल कोड बना के दिया है और कानून

व्यवस्था दी है। साथ ही, अफसरशाही या नौकरशाही दी है। ट्रेन बाकायदा दी है। और पुलिस दी है–लॉ एंड ऑर्डर कायम करने के लिए। तो एक टिकाऊ चीज़ दी है जो अपेक्षाकृत आज की तुलना में सामाजिक विकारों से बहुत कुछ मुक्त थी। अब आर्मी में भी गड़बड़ियाँ सुनाई पड़ रही हैं। आर्मी, ब्यूरोक्रेसी और न्याय प्रणाली– तीनों में ज़ंग लग रहे हैं। दाम लग रहे हैं। इसलिए आज कोई भी आन्दोलन करेंगे तो तैयार रहिए उसके लिए जो ट्रेड यूनियन आन्दोलन में होता था कि जो नेता होता था उसकी हत्या कर देते थे। जैसे दत्ता सामन्त की हुई। नए तन्त्र में फासीवाद घुस गया है। मर्डर की पॉलिटिक्स। जो विरोधी दिख रहा है उसकी हत्या करवा दो, पुलिस से मरवा दो। इस नए अर्थतन्त्र में पैसे के दम पर किसी को सुपारी दे के मरवा दिया। मनोवृत्ति के रूप में और व्यवहार के रूप में यह फासीवाद का रूप है जो हिटलर ने किया था, मुसोलिनी ने किया था। ऐसे में जन आन्दोलन में अब बहुत सारे खतरे हैं। पूरा तन्त्र जहाँ ऐसा हो गया है वहाँ एक सांस्कृतिक वातावरण ऐसा बनाना है कि यह सम्भव न हो सके। तब जाकर कोई जन आन्दोलन चलेगा। भीड़ इकट्ठा करने से नहीं होगा। गांधी जी ने कहा था कि आज से समझो कि तुम आजाद हो, तो यह कि मुकाबला किया जा सकता है, प्रतिरोध किया जा सकता है, रोका जा सकता है। यह एक माहौल बनाने का काम साहित्य कर सकता है, साहित्यिक पत्रिकाएँ कर सकती हैं, कविताओं, कहानियों, लेखों के द्वारा। और देखें कि ऐसी हवा बनती है धीरे-धीरे। तो इसी के बीच से कुछ...।

राजेन्द्र यादव : प्रतिरोध के एलीमेंट कहाँ दिखाई पड़ते हैं? कौन लोग कर रहे हैं?

नामवर सिंह : बिखरे हुए हैं, इकट्ठा थोड़ी ही दिखाई पड़ेंगे?

राजेन्द्र यादव : कौन? जैसे?

नामवर सिंह : जिस लोकेलटी में होता है वहाँ जवाब देने वाले खड़े हो जाते हैं। नेता नहीं हैं पर लीडरलेस असन्तोष है, इसी के बीच से कुछ निकलेगा। यह प्रतिरोध, स्थान-स्थान पर, जहाँ ऐसी कोई घटना होती है वहाँ दिखाई पड़ता है। असन्तोष बढ़ रहा है। निराशा के खिलाफ आवाज तो उठानी ही है। विरोध तो करना ही है। यह विरोध का स्वर धीरे-धीरे उम्मीद है कि ज़ोर पकड़ेगा।

राजेन्द्र यादव : लेकिन रोशनी नहीं दिखाई देती।

नामवर सिंह : रोशनी अपने अन्दर से ही पैदा करनी चाहिए।

राजेन्द्र यादव : सब लोग अपनी तरह सोचें, पर मुझे लगता है कि मैं एक डेड एंड पर आ गया हूँ।

नामवर सिंह : देखिए, जब तक साँस है तब तक जो गलत लग रहा है और है, उसे गलत कहिए। कोई न सुधरे, कोई न समझे, फिर भी उसके सामने हथियार नहीं डालना चाहिए।

राजेन्द्र यादव : आप नामवर जी 'चाहिए' बहुत बोल रहे हैं।
नामवर सिंह : तो और क्या बोलें?
राजेन्द्र यादव : अरे चाहिए तो बहुत-सी चीज़ें, तो उसके लिए कोई तैयारी भी तो होनी चाहिए।
नामवर सिंह : कोई 'चाहिए' बोलने वाला भी तो नहीं है।
राजेन्द्र यादव : वो तो सभी कह रहे हैं कि आदमी को भला होना चाहिए, आदमी को एम्बिशस होना चाहिए वगैरह-वगैरह। ये बातें हिम्मत बाँधती हैं लेकिन रियलटी नहीं हैं। मुझे लगता है कि इस 'चाहिए' का भी थोड़ा विश्लेषण किया जाना चाहिए।
नामवर सिंह : फिर चाहिए।
राजेन्द्र यादव : नहीं, कोई रास्ता नहीं दिखाई देता नामवर जी।
नामवर सिंह : इनका ये भरत वाक्य है जिससे मैं सहमत नहीं हूँ–

न हँसना ही सलीके का, न रोना ही सलीके का
परेशानी में कोई काम जी से हो नहीं सकता।
जो हो सकता है इससे वो किसी से हो नहीं सकता
मगर देखो तो फिर कुछ आदमी से हो नहीं सकता।

[*26 जनवरी, 2008 को दिल्ली में हुई बातचीत, 'तद्भव' के अंक 18, जुलाई 2008 में प्रकाशित*]

हिन्दी और उर्दू का कथा-साहित्य

नामवर सिंह और शमीम हनफ़ी से असग़र वजाहत और विभूतिनारायण राय की बातचीत

असग़र वजाहत : 'वर्तमान साहित्य' के शताब्दी के कथा साहित्य पर केन्द्रित इस विशेषांक के लिए जो बातचीत हम लोगों ने शुरू की थी वह यहाँ आकर के रुक गई थी कि हिन्दी कथा साहित्य पर उर्दू के कथा साहित्य की ट्रेडिशन का कहाँ तक दखल रहा है। क्या उर्दू कथा साहित्य परम्परा को समझे बगैर हम हिन्दी कहानी या हिन्दी उपन्यास पर बात कर सकते हैं? यदि हम प्रेमचन्द के कथा साहित्य की परम्परा को ट्रेस करेंगे तो उसकी जड़ें 'फ़सान-ए-आज़ाद' और 'तिलिस्मे-होशरुबा' तक जाती हुई दिखाई देती हैं। क्या हमारी परम्परा मिली-जुली परम्परा है? हिन्दी-उर्दू एक-दूसरे से नजदीक आईं या बाद में अलग हुई तो इसके कारण क्या थे?

नामवर सिंह : एक बात तो साफ है कि भारत की बड़ी भाषाओं में हिन्दी में नॉवेल उन्नीसवीं सदी में बहुत देर से शुरू हुआ और बहुत कमज़ोर है। मसलन, नॉवेल की शुरुआत बांग्ला में करीब 1857 के आसपास हुई। और सबरो बड़े नाविलनिगार उपन्यासकार बंकिम चन्द्र हुए जिनकी 'दुर्गेशनन्दिनी' 1865 में छपी। हिन्दी में 'उपन्यास' शब्द ही बांग्ला से आया है। ये हिन्दी के लेखक, आलोचकों ने उसी ज़माने में स्वीकार किया था कि देखने में यह शब्द संस्कृत का मालूम होता है लेकिन संस्कृत में कथा के साथ इसका कोई सम्बन्ध नहीं था, आख्यान के साथ है। तो उपन्यास शब्द भी आया और साथ ही बांग्ला में जो उपन्यास लिखे गए उनके हिन्दी अनुवाद भी सामने आए। भारतेन्दु हरिश्चन्द ने 'दुर्गेशनन्दिनी' का अनुवाद किया। उसके बाद 'कपाल कुण्डला' आदि के अनुवाद भी हुए। यही नहीं, मुझे एक चीज़ यह भी दिलचस्प लगी कि ठेठ हिन्दी उर्दू का एक इलाका है उसमें नॉवेल ठेठ उर्दू में शुरू हुआ, हिन्दी से पहले। डिप्टी नजीर अहमद ख़ाँ तो नाम लोग लेते ही हैं लेकिन प्रेमचन्द ने जिसका बाद में अनुवाद किया, 'फ़सान-ए-आज़ाद' महत्त्वपूर्ण रचना है। यही नहीं कि 'सरशार', 'शरर' और 'रुस्वा' के कथा लेखन का दौर ध्यान देने योग्य

है। मोटे तौर पर 'फ़सान-ए-आज़ाद' और 'रुस्वा' का 'उमरावजान अदा' देखें। 'उमरावजान अदा' उन्नीसवीं सदी की आखिरी दहाई में, 1899 खत्म होने के एक साल पहले लिखा गया था। उसके समानान्तर अगर हम हिन्दी के उपन्यासों को देखते हैं तो उन्नीसवीं सदी के सबसे बड़े हिन्दी लेखक भारतेन्दु हरिश्चन्द ने एक भी नॉवेल नहीं लिखा। आखिरी दिनों में कहते हैं कि एक कहानी 'कुछ आप बीती कुछ जग बीती' लिखना उन्होंने शुरू किया था और उसके दो पन्ने मिलते हैं। इन्तेकाल हो गया, पूरा नहीं कर सके। चाहते थे लिखना लेकिन बहुत कम उम्र में दिवंगत हो गए। हिन्दी का पहला नॉवेल माना जाता है लाला श्रीनिवास दास का 'परीक्षा गुरु', जो 1885 में लिखा गया। उसी के आसपास एक और नॉवेल या उपन्यास 'श्यामा स्वप्न' नाम से ठाकुर जगमोहन सिंह का छपा, जिसको लोग उपन्यास कम मानते हैं। यद्यपि उसके बारे में मेरी अलग राय है। फिर उन्नीसवीं सदी की आखरी दहाई में यानी 'परीक्षा गुरु' के बाद 'उपन्यास' नाम की एक पत्रिका निकली। किशोरीलाल गोस्वामी का भी यही युग है जिनके बारे में शुक्ल जी ने लिखा है कि उन्होंने उपन्यासों का अटाला खड़ा कर दिया। मेरा खयाल है कि करीब 75-80 नॉवेल उन्होंने लिखे। ऐतिहासिक लिखे, कुछ बांग्ला से प्रेरणा लेकर लिखा, ऐतिहासिक, सामाजिक विषयों पर लिखा और राजनैतिक उपन्यास कुँवर सिंह पर लिखा जो 1857 के हीरो थे। अन्य महत्त्वपूर्ण कृति 'चन्द्रकान्ता सन्तति' है। देवकीनन्दन खत्री ने अनेक उपन्यास लिखे। वे बनारस के थे। इस तरह युग के तीन बड़े उपन्यासकार थे। कोई भी देखे तो 'सरशार' और 'रुस्वा', 'फ़सान-ए-आज़ाद' और 'उमरावजान अदा' के ऊँचे स्तर का उपन्यास हिन्दी में उस ज़माने में एक भी नहीं था। यह क्यों हुआ कि उर्दू में यह दो इतने बड़े नॉवेल लिखे गए और उसके बराबर हिन्दी में वैसा नहीं हुआ?

सच पूछिए तो प्रेमचन्द से पहले हिन्दी में उपन्यास था ही नहीं। और प्रेमचन्द भी उर्दू में हाथ आजमा के हिन्दी में आए थे। तो सच्चाई तो यह है कि हिन्दी में ठीक-ठीक कहने लायक नॉवेल उपन्यास तो बीसवीं सदी में लिखा गया। क्यों ऐसा हुआ–यह मैं सोचता रहा। शमीम हनफ़ी साहब की राय जानने से पहले मैं एक अपना अनुमान बताना चाहता हूँ। दो बातें। संस्कृत की आख्यान की एक लम्बी परम्परा, कथा की रही है। 'कथा सरित्सागर' की, 'कादम्बरी' की, जातकों की, वृहत कथा की, आख्यान की है। उस परम्परा का कोई असर, उसकी प्रेरणा क्यों नहीं दिखाई देती? उर्दू में दास्तान, दास्तानगोई की एक परम्परा है। लोक कथाओं को भी अगर हम लें तो 'बेताल पच्चीसी', 'सिंहासन बत्तीसी', 'किस्सा तोता मैना' आदि-आदि चीज़ें पहले-पहल जिस ज़बान में लिखी गई–वह क्या उर्दू है? मैं नहीं जानता। लेकिन हिन्दी में ये फुटपाथ पर बिकनेवाली चीज़ें थीं यानी कि एक लौकिक परम्परा भी थी लोक जीवन की। और संस्कृत की परम्परा थी। ये दोनों परम्पराएँ थीं। इन दोनों परम्पराओं

के बावजूद हिन्दी में उपन्यास का विकास नहीं हो सकता तो क्या उर्दू के पीछे सिर्फ दास्तानों की परम्परा मानी जाए? तिलिस्मी नॉवेल उर्दू में भी थे, हिन्दी में भी थे और दोनों का प्रेरणास्रोत उस ज़माने का 'मिस्ट्री ऑफ लंडन' रिनॉल्डस का उपन्यास था। उससे दोनों प्रेरणा ले रहे थे। मैं यह भी सोचता रहा कि कुछ भाषा या ज़बान का भी दखल होना चाहिए। मसलन, खड़ी बोली साहित्य भाषा के रूप में पहले उर्दू में आई। यह चन्द्रधर शर्मा गुलेरी ने लिखा है। लोगों ने सुना भी है। इसकी एक मिसाल ग़ालिब के खुतूत का गद्य है। उन्नीसवीं सदी के पूर्वार्द्ध का वैसा गद्य– आप देखें तो हिन्दी में उन्नीसवीं सदी के उत्तरार्द्ध में भी दिखाई नहीं पड़ता। मैं केवल शायरी की बात नहीं कह रहा हूँ–'वली', 'सौदा', 'मीर' बाद में 'ग़ालिब'। हिन्दी में खड़ी बोली में कविता तो शुरू हुई उन्नीसवीं शताब्दी की आखिरी दहाई में। श्रीधर पाठक पहले कवि हुए। उस समय यह बहस चल रही थी कि खड़ी बोली में कविता लिखी जाए कि ब्रज में। तो कायदे से खड़ी बोली कविता बीसवीं शताब्दी में शुरू हुई। मैथिलीशरण गुप्त बाकायदा खड़ी बोली में लिखते थे। पर उससे पहले खड़ी बोली आन्दोलन चला, बड़ी बहस हुई थी। खड़ी बोली कविता तो देर से शुरू हुई पर गद्य में खड़ी बोली इस रूप में आई कि नाटकों में आधा हिस्सा, थोड़ा-सा बोलचाल के टुकड़े रहते थे, कविताएँ रहती थीं। 'देखी तुमरी कासी, प्रभु देखी तुमरी कासी'। बाकी ब्रज इस्तेमाल करते थे। गद्य कमज़ोर था हिन्दी में। 'हिन्दी नई चाल में ढली' यह वाक्य भारतेन्दु हरिश्चन्द ने 1873 में लिखा था। इसके पहले उर्दू गद्य आ चुका था और मैं समझता हूँ कि कहानी कहने के लिए नाविलनिगारी के लिए, नरेशन के लिए जो गद्य चाहिए, वह हिन्दी के पास था ही नहीं तो कहाँ से नॉवेल लिखते? इसलिए हिन्दी में देर से नॉवेल शुरू हुआ। क्या भाषा ही एकमात्र कारण थी या कुछ और भी था, यह जानना चाहता हूँ। प्रो. शमीम हनफ़ी साहब आप बताइए।

शमीम हनफ़ी : नामवर जी की बातचीत का दायरा इतना फैला हुआ होता है और उसमें एक साथ इतनी बातें आ जाती हैं कि मुश्किल हो जाता है सिरा पकड़ना। जहाँ तक नॉवेल लफ़्ज का ताल्लुक है तो इस लफ़्ज का इस्तेमाल उर्दू में बहुत देर से हुआ। लेकिन वह चीज़ जिसे हम नॉवेल कहते हैं, उसके लिए 'किस्से' का लफ़्ज उर्दू में पहले होता था। मुझे याद आता है, एक ज़माने में बहस चली थी कि नरेशन की जो यह परम्परा है, जो नॉवेल के माध्यम से आई, कहाँ से शुरू होती है? इन्तेज़ार हुसैन ने दिलचस्प जुमला कहा था जो बहुत आम भी हुआ कि नॉवेल तो एक विदेशी पौधा था जो देसी गमलों में ला के लगा दिया गया। अब तक हम यही समझते रहे कि उर्दू समेत हमारे मुल्क की ज़बानों में नॉवेल की जो परम्परा मिलती है यह सारी की सारी 'इंस्पायर्ड' परम्परा है। अंग्रेज़ी से और यूरोप से आई है। इस सिलसिले में मतभेद बहुत हैं। मसलन, नजीर अहमद का 'मेरातुल उरूस'–आपने इशारा किया

1869 में लिखा गया। अब उससे पहले की चीज़ मिल गई है। अभी कुछ दिनों पहले हरियाणा के एक साहब मुंशी गुमानी लाल का एक किस्सा 'रियाजे-दिलरुबा' के नाम से छप गया है। जिन साहब ने एडिट किया है वह दिल्ली यूनीवर्सिटी में पढ़ाते हैं। उन्होंने यह कहा कि यह उर्दू का पहला नॉवेल है इसलिए कि इसमें कोई भी सुपर नेचुरल करेक्टर नहीं है, किसी तरह का ऐसा एक्सपीरियन्स नहीं है जो वेरीफायेबुल न हो, मेटाफिजिकल एक्सपीरियन्स नहीं है। सारे मसले, जो हैं, सारी समस्याएँ, सारे अनुभव, वह हमारे आपके जैसे हैं। यह 1857 के पहले की रचना है– 'रियाज-दिलरुबा'। यह बहस चल ही रही थी कि इसी बीच एक वाकया और भी हुआ। आपको उसकी खबर होगी। कुर्रतुल-ऐन-हैदर ने एक नॉवेल तलाश किया। वह उर्दू तर्जुमा था हिन्दुस्तानी-फारसी से। फारसी तो ठीक है, हमारी ज़बान नहीं थी, हिन्दुस्तान की ज़बान नहीं थी, लेकिन इंडियन-पर्शियन तो एक खास शैली रही है हमारे यहाँ। कहते हैं, वह शायरी में भी है और नस्र में भी। उसकी बड़ी लम्बी रवायत है। बहुत-सी चीज़ें हमारी इंडियन-पर्शियन में लिखी गई हैं। कुर्रतुल-ऐन-हैदर ने जो रचना दरयाफ़्त की है, वह आपकी नजर से गुज़री होगी। यह हसन शाह 'जप्त' का एक किस्सा है जिसका नाम 'नश्तर' है। उर्दू में यह छपी है। खुदा बख्श लाइब्रेरी में उसकी पांडुलिपि सुरक्षित है। उनका कहना यह है कि साहब, यह तो पहला इंडियन नॉवेल है। अंग्रेज़ी में छप गया है, 'नाच गर्ल' के नाम से। अमेरिका में भी छपा, हमारे यहाँ हिन्दुस्तान में भी छपा। उनका क्लेम यह है कि यह फर्स्ट इंडियन नॉवेल है जो इंडियन-पर्शियन में लिखा गया था अठारहवीं शताब्दी के आखिरी में। अब वह अंग्रेज़ी में छप करके सामने आ गया है। सन् मुझे याद रहते नहीं, इसलिए इस वक्त मैं एक्जैक्टली नहीं बता सकता कि किस सन् में यह अनुवाद हुआ, किस सन में लिखा गया।

कहने का मतलब यह है कि इतना तो इस्टैबलिश है कि उर्दू में नॉवेल के नाम से जो चीज़ें लिखी गईं उससे पहले से ऐसी रचनाएँ मौजूद हैं जो नॉवेल की शर्तों को पूरा करती हैं और अब उनको नॉवेल के तौर पर पढ़ा जा रहा है। इसलिए मेरे खयाल में अब यह बहस शायद बहुत अहम् नहीं रहेगी कि उर्दू में यह 'फॉर्मेट' नॉवेल का वेस्ट से आया है या नहीं। एक किताब अख्तर अहसन की इस अर्से में और छपी है जिसका नाम है 'इल्युमिनीश ऑन द पाथ ऑफ सोलोमन'। उन्होंने लिखा कि शायरी की हद तक तो यह हमारी समझ में आता है कि हम मगरिब की तरफ बढ़कर के देखते हैं और बहुत-से फॉर्म्स नज्म के जैसे नज्म मोअरा, पोयम वगैरह हमने वहाँ से ले लिए लेकिन कहानी के लिए हमें यूरोप जाने की भी क्या ज़रूरत थी? इसलिए कि कहानी लिखना तो हमने सिखाया दुनिया को। ईस्ट तो हमेशा ठेठ नरेटर रहा है। वेस्ट को तो आती ही नहीं कहानी सुनाने की कला। 'कथा-सरित्सागर', 'पंचतन्त्र'

मिडीवियल एजेज में सूफियों के किस्से वगैरह हमारी रवायत हैं। तो यह बहस एक दिलचस्प रुख अख्तियार कर गई है कुर्रतुल-ऐन-हैदर के इस तर्जुमे के बाद कि नॉवेल को क्या हम वाकई यह कहें कि वह हमारे यहाँ यूरोप से आया या कि हमारे यहाँ खुद उसकी मिसाल मौजूद थी, जो इंडियन-पर्शियन में लिखी गई थी। अच्छा यह वाकई पूरा-का-पूरा नॉवेल है आप पढ़िए उसे।

मेरा खयाल यह है कि उन्नीसवीं सदी में 1835 ई. तक तो हमारे यहाँ सरकारी ज़बान फ़ारसी थी। सभी फ़ारसी पढ़ते थे। उसके बाद अंग्रेज़ी का चलन शुरू हुआ और उसके नतीजे में एक फायदा यह हुआ कि ज़बानें आगे बढ़ने लगीं। अब हिन्दी और उर्दू के मामले में तो उसको इसी तरह से समझता हूँ कि उस ज़माने में खड़ीबोली की वह शक्ल, जिसका उर्दू नाम तो बहुत बाद में पड़ा, सदियों से चली थी। डिप्टी नजीर अहमद के बाद 'सरशार', 'शरर', 'रुस्वा'। रुस्वा का तो इन्तेकाल बीसवीं सदी में, हमारा खयाल है कि 1930 के आसपास हुआ। कहने का मतलब यह है कि यह सिलसिला तो बहुत बाद का है। इसमें कोई शक नहीं कि उर्दू चूँकि पढ़ाई जाने लगी थी स्कूलों में, कॉलेजों में, इसके डिपार्टमेंट्स कायम हो गए थे और बहुत अच्छे टीचर्स थे। इसलिए शायद ज़्यादा आसान था लोगों को, पर्शियन स्क्रिप्ट से वाकिफ थे। कहने का मतलब यह है कि यह बड़ी लम्बी रवायत है। अलबत्ता कहानी का सुराग हमें उन्नीसवीं सदी में बहुत कम मिलता है। उर्दू में जो पहली कहानी कही जाती है, सर सय्यद का एक निबन्ध है जो कहानी के फॉर्म में लिखा गया है। कहानी का मामला यह है कि उसका फॉर्म डिफाइन नहीं है नॉवेल की तरह। आप नॉवेल खत के फॉर्म में लिख लीजिए, ट्रेवलॉग के फॉर्म में लिख लीजिए, रिपोर्ट के फॉर्म में लिख लीजिए किसी भी तरह आप लिखिए, आप उसे नॉवेल कहते हैं। इसी तरह कहानी का मामला यह है कि आप चाहें जिस तरह लिखें। सर सय्यद का निबन्ध 'गुज़रा हुआ जमाना' में कहानी के तत्त्व हैं। एक बूढ़ा है और वह बैठा हुआ है, याद कर रहा है गुज़री हुई बातों को। हामिद बेग का कहना यह है कि राशिदुल खैरी के किस्से पहले अफसाने की पैदाइश हैं। जाहिर है कि वे प्रेमचन्द से पहले थे। लेकिन जैसा कि आपने कहा कि कहानी तो हमारे यहाँ उर्दू में भी जिसको हम बाकायदा 'कहानी' कहते हैं उसका तो सेंट्रल रेफरेन्स प्रेमचन्द की जात इस तरह बन गई है कि फौरन ध्यान उनकी तरफ जाता है। चुनांचे अब जाहिर है कि उन्नीसवीं सदी की पहली दहाई में जो चीज़ें लिखी गईं, 'सोजेवतन' 1910 में और उससे पहले प्रेमचन्द की 'दुनिया का सबसे अनमोल रतन', इसमें ज़माना भी शामिल है। अब मसाला यह है कि ये तकसीम जो हुई हिन्दी उर्दू में उसका कारण तो जाहिर है कि लैंग्वेज की एक जो अपनी सोशियोलॉजी होती है। उसके हिसाब से देखा जाए तो किसी नतीजे तक हम शायद पहुँच सकते हैं। लेकिन इसमें कोई शक नहीं कि उन्नीसवीं सदी में ज़बान का

एक डिवीजन मालूम होता है। उर्दू में जो चीज़ें लिखी गईं उनकी ज़बान वाजे तौर पर हिन्दी में जो चीज़ें लिखी गईं उनसे अलग है। लेकिन प्रेमचन्द तक आते-आते ऐसा मालूम होता है कि कहानी को वह 'ईडियम' मिल गया था जो हिन्दी-उर्दू दोनों के लिए यकसां तौर वैलिड था। इसको आप पता नहीं किस तरह देखेंगे लेकिन मेरी समझ में यह आता है कि कायस्थों के घर में जो ज़बान बोली जाती थी उस पर फारसी का असर था। दूसरा था घर का कल्चर। प्रेमचन्द के साथ यह देखिए कि पर्शियानाइज उर्दू उनसे सँभल नहीं सकी और मेरा खयाल यह है कि 'असरारे मआबिद' में जो उर्दू लिखी है वह अच्छी तस्वीर न तो नेरेशन की है, न उसमें वह बहुत बड़ा प्रमाण मिलता है प्रेमचन्द के जीनियस होने का। उसमें कहना चाहिए कि उसका इजहार भी नहीं हो सका। प्रेमचन्द ने जो एक-एक नया ईडियम पाने की कोशिश की, उसको पैदा किया तो वहाँ उर्दू-हिन्दी को तो मिलना ही था। चुनांचे अगर वहाँ आप देखें तो यही कहेंगे कि यह बिन्दु है जहाँ प्रेमचन्द अपने ज़माने के लिखने वालों से बहुत आगे बढ़ जाते हैं।

नामवर सिंह : शमीम साहब, इसमें एक और पहलू है। पहली बात तो यह कि हिन्दी में उन्नीसवीं सदी में 1857 के बाद जो केन्द्रीय फॉर्म था, वह नाटक था, थियेटर था। नाटक कहानी भी कहता था और संवाद भी होते थे। मैं इसलिए कह रहा हूँ कि जो 'परीक्षा गुरु' नाम का नॉवेल है उसमें उनकी सबसे बड़ी समस्या यह थी 'डायलॉग' कैसे दिए जाएँ। कहानी कहना ही नहीं है, कहानी में बातचीत भी होनी थी। तो हुआ यह कि नाटक में जो बोलचाल का डायलॉग है वह पूरा कहानी में आ जाता है। यह जो उर्दू में नहीं हो सका कि उन्नीसवीं सदी में उर्दू में नाटक है नहीं और हिन्दी की सबसे बड़ी विधा है नाटक। हरिश्चन्द्र ने लिखा और लोगों ने लिखा, अनुवाद भी किए। यह सोचते हुए मुझे लगा कि उपन्यास के विकास का सम्बन्ध कहीं-न-कहीं पाठक समुदाय से है। हिन्दी में कथा कहनेवालों और कथा सुनने वालों की परम्परा तो है। श्रोता तो हिन्दी के पास था लेकिन लिखा हुआ पढ़ने का, प्रिंट मीडिया का जो पाठक था, वह हिन्दी में था ही नहीं। और नॉवेल जो है, वह प्रिंट मीडिया की चीज़ है। लिपि की वजह से और मुंशी नवलकिशोर जी के प्रेस के कारण उर्दू में पाठक समुदाय था। सरशार का 'फ़सान-ए-आज़ाद' सीरियालाइज हुआ था। कोई ऐसा अखबार हिन्दी में था ही नहीं। 'कवि वचन सुधा' की कितनी कापियाँ छपती थीं जो भारतेन्दु निकालते थे। पत्रिका मूल्य केवल प्रेम। लेखक, विक्रेता और सेठों की कोठी पर जा कर के भारतेन्दु सुनाते भी थे। तो हिन्दी में श्रोता तो थे जो नाटक से सन्तुष्ट हो जाते थे लेकिन हिन्दी में पाठक नहीं थे।

विभूतिनारायण राय : डॉ. साहब, एक छोटा-सा मेरा प्रश्न है। संस्कृत में नाटकों की एक लम्बी परम्परा थी और हिन्दी कहीं-न-कहीं जा करके उस संस्कृति से प्रेरणा ग्रहण

करती थी। फारसी में मुझे पता नहीं कि नाटकों की परम्परा है कि नहीं है। यह अपने आप में जैसा आपने कहा कि भाषा की सोशियोलॉजी होती है तो उर्दू को चाहे-अनचाहे फारसी से ज़्यादा ताकत मिली और हिन्दी को संस्कृत से मिली। क्या वजह रही कि हिन्दी में उन्नीसवीं सदी में उपन्यास से ज़्यादा महत्त्वपूर्ण फॉर्म नाटक का था लेकिन उर्दू में यह नहीं हो पाया?

शमीम हनफ़ी : लेकिन राय साहब, मुझे इख्तेलाफ है। जो अपने मालूमात की हद तक करेक्ट करना चाहूँगा। वह यह कि उर्दू में भी नॉवेल से पहले एक बड़ी लम्बी दास्तान की परम्परा हैं जो 'ओरल' चीज़ है। कथा है एक तरह की। शमसुर्रहमान फारुखी दास्तानों पर आजकल काम कर रहे हैं। वे कहते हैं कि जो चीज़ लिख ली गई वह दास्तान नहीं है। दास्तान वह है जो अनरिटेन नेरेटिव फॉर्म के तौर पर हमारे यहाँ सदियों से चली आ रही है। और रही ड्रामा की बात, यह तो सही है कि उर्दू जिन बाहर की जबानों—अरबी और फारसी से प्रेरणा लेती है उसमें ड्रामा की रवायत चाहे इतनी बड़ी नहीं रही जितनी संस्कृत में, लेकिन उर्दू में ड्रामा की रवायत रही है। उन्नीसवीं सदी में ड्रामा का एक अच्छा-खासा भंडार मिलता है। मसलन, खुर्शीद के ड्रामे जो पारसी थियेटर में थे। पारसी कम्पनियों के ड्रामे। नॉवेल में यह बात बहुत दिलचस्प थी कि ड्रामा के पूरा फॉर्म को, खासतौर पर संवाद को, नॉवेल में उन्नीसवीं सदी में इस्तेमाल किया गया। एक नॉवेलनिगार जिसका ज़िक्र हम लोग आमतौर पर नहीं करते हैं, वह थे 'अवधपंच' के मुंशी सज्जाद हुसैन। नेशनलिस्ट थे और उनका रिसाला फ्रीडम स्ट्रगल को सपोर्ट करने वाला अखबार था। नेशनेलिज्म की जो पूरी तहरीक चल रही थी उसको सपोर्ट करने वाला सबसे बड़ा ऑर्गन बन गया था। उस ज़माने में मुंशी सज्जाद हुसैन के साथ पंडित गोविन्द नाथ हिज्र, सज्जाद अली, अहमद अली, शौक और अकबर इलाहाबादी, मिर्जा मच्छूबेग सिकन्दरी, पं. प्रेम नारायण चकबस्त थे। मुंशी सज्जाद हुसैन ने जो नॉवेल लिखे हैं मसलन एक रूपान्तर मैंने किया था 'स्टूडेंट डेज', उस ज़माने में लोकभारती से छपा था। उसका नाम है 'तरहदार लौंडी'। उस नॉवेल में डिकेडेंट लखनऊ की पूरी तस्वीर कुछ किरदारों के जरिए पेश की गई है। उसका फॉर्मेट वही है जैसी आपस में लोग बातें करते हैं।

नामवर सिंह : तो मैं यह चाह रहा था कि इसका कुछ रिश्ता बनना चाहिए जैसा कि मैंने कहा पाठक समुदाय (रीडिंग पब्लिक) नहीं था और रीडिंग पब्लिक माने फुटकर अलग-अलग पढ़ने वाले नहीं, एक समुदाय हो जिसके लिए नॉवेल लिखा जाता है। उर्दू में एक एरिस्टोक्रेसी तो थी बज्म और महफिल की, लेकिन मिडिल क्लास, मॉर्डन मिडिल क्लास जिसे कहते हैं, मुस्लिम सोसायटी में बहुत बाद में विकसित हुआ। हिन्दू सोसायटी में मर्केन्टाइल क्लास और नौकरीपेशा पहले आए। नॉवेल का अगर ताल्लुक मिडिल क्लास से है तो हिन्दी में आना चाहिए था। उर्दू का गहरा रिश्ता शे'रो-शायरी

से होना चाहिए। ये जो विरोध, असंगति दिखाई पड़ती है, ऐसा क्यों हुआ? कम्युनिटी उर्दू में नहीं थी पर हिन्दी में थी लेकिन इसके बावजूद नॉवेल उर्दू में पहले आता है।

दरअसल नॉवेल एक ऐसा नरेशन है, आख्यान है, जिसका ताल्लुक नेशन या राष्ट्र से है। आमतौर से उपन्यास के उदय से पहले हर भाषा में यह काम करता था 'इपिक'। 'इपिक' किसी कौम के पास है तो इसका मतलब है कि वह कौम है, नेशन है। आधुनिक युग में वह कम्युनिटी नहीं बनी बल्कि वह नेशन हो गया। इसका गहरा सम्बन्ध इससे भी है। बंकिमचन्द्र ने बंगाल जाति और राष्ट्र को स्थापित किया। चाहे वह 'दुर्गेशनन्दिनी' हो, चाहे वह 'कपाल कुण्डला' हो, चाहे वह 'आनन्दमठ' हो। मध्यवर्ग का आधुनिक उपन्यास से गहरा सम्बन्ध माना जाता है। नॉवेल के सेंटर में रीडिंग पब्लिक का मतलब है कि कम्युनिटी बनी है और साथ ही नेशन, इस अर्थ में कि एक नेशनल कम्युनिटी निर्मित हुई है जिस पर 'भामा' ने किताब 'नेशन एंड नरेशन' नाम से लिखी है। इसलिए उपन्यास केवल एक दास्तान नहीं है, एक आख्यान नहीं है। उसमें एक सपना भी है। वह सपना है जो कि एक पूरा समुदाय गढ़ता है उपन्यास में। सरवेन्टीज़ का 'डॉन किग्जोट' की स्पेनिश बोलने वाली पूरी कम्युनिटी उसका प्रतीक बन जाता है। रूसी लोग इसी तरह से टॉलस्टॉय के उपन्यासों की रीडिंग करते हैं। मैं यह कह रहा था कि उपन्यास के उदय का सवाल इसके फॉर्म का नहीं है, सवाल है नए उभरते हुए नेशन का। 1857 की क्रान्ति जो हुई वह हिन्दुस्तानी इलाकों में हुई। उर्दू-हिन्दी का इलाका दिल्ली, लखनऊ और पूर्वी उत्तर प्रदेश। यह केन्द्र में था और एक राष्ट्र के रूप में खड़ा हुआ था नरेशवाद के विरुद्ध। यह भावना उदय के साथ उर्दू से भी जुड़ी होनी चाहिए, हिन्दी से भी क्योंकि हिन्दी-उर्दू ने ही अहम् भूमिका निभाई थी राष्ट्रीय मुक्ति में। प्रदीप सक्सेना ने बड़ी अच्छी किताब लिखी है। उन्होंने बताया है कि 1857 की क्रान्ति से हिन्दी के बहुत-से उपन्यास सीधे जुड़े हुए हैं। और जिसको अनदेखा किया है लोगों ने, मास्टरों ने। क्योंकि उपन्यास को लोग समाज-सुधार का हथियार तो मानते हैं राष्ट्र की मुक्ति और राष्ट्र-निर्माण से उपन्यास को जोड़कर देखने की प्रवृत्ति आई नहीं। जैसा कि 'इपिक' की थी। यह भूमिका किसी हद तक 'सरशार' ने, 'शरर' ने, 'रुस्वा' ने उर्दू में निभाई है। सारे उपन्यास के केन्द्र में, दुनिया में और यहाँ भी, औरत रही है। बल्कि नॉवेल फॉर्म का ही बहुत-से लोगों ने सीधा रिश्ता माना है कि यह औरतों से है। नॉवेल को कहते हैं कि यह तो औरतों की दास्तान है। औरतों के बारे में औरतों के द्वारा कही हुई पुरुषों के द्वारा लिखी गई। इसलिए यही वजह है कि उन्नीसवीं सदी के बड़े उपन्यास यदि मैं उत्तर भारत से लूँ, बंकिम का 'कपाल कुण्डला', 'दुर्गेशनन्दिनी' या 'आनन्द मठ' वगैरह में, औरत केन्द्र में है। 'कपाल कुण्डला' में एक तरह से जो बंगाल की धरती है, जंगलों में पली हुई वह औरत, जो अन्त में शहर से टकराती है।

शमीम हनफ़ी : यह आपने ठीक कहा है कि नॉवेल में ही क्लासेज के इमर्जेन्स का सिलसिला मिलता है। शायद इसीलिए फ्रेगडेन जेसन की वो इस्लाह है 'नेशनल इलीगरी' जो उसने नॉवेल को कहा है। उन्नीसवीं सदी में उर्दू की हद तक जो शक्ल बनती है, वह खासी महत्त्वपूर्ण है। 'शरर' का मामला तो यह है कि उनके सामने मॉडल 'सर वॉल्टर स्कॉट' थे, और दूसरी चीज़ यह कि 'शरर' का एक्सपीरिएंस मुझे बहुत छोटा मालूम होता है। बहुत लिमिटेड है उनका मसला यह था कि जिस तरह क्रूसेड्स में क्रिश्चियन्स अच्छा दिखाया जाता है, बेहतर दिखाया जाता है उसी तरीके से मुसलमानों को किस तरह बढ़ाकर दिखाया जाए। अब्दुल हलीम शरर के नॉवेलों में मुझे सबसे बेहतर लगता है–'फिरदौसेबरी' जो एक तरह से फैंटेसी है। वह कुछ बेहतर मुझे लगा क्योंकि उसमें हीरो मुसलमान है, हीरोइन क्रिश्चियन है। तो ये एक कॉन्क्वेस्ट है। 'सरशार' के यहाँ बड़ा जबरदस्त नॉवेलनिगार है। नामवर जी को कहना चाहिए कि हम लोगों ने तो ठीक तरह से उसको पढ़ा ही नहीं। 'फ़साने आजाद' का वॉल्यूम ही देखिए। सोचिए कि एक आदमी 40, 42, 46 साल की उम्र में खत्म हो जाता है। लिखते भी वह किस तरह से थे कि बैठे हुए हैं, एक-एक किस्त उन्होंने लिखी और कातिब बगल में है। फिर किसी मशगले में फँस गए, उसके बाद फिर नौबत आई फिर उन्होंने बैठकर लिखा। भई अजीबोगरीब आदमी थे। उनको जो ज़बान पर कमांड था, पूरी उन्नीसवीं सदी में किसी और के पास नहीं था ऐसा कुछ। उस तरह की लैंग्वेज, किसी किस्सागो ने लिखी ही नहीं। जहाँ वह संजीदा होता, जहाँ ह्यूमर होता, जहाँ बाज़ार की ज़बान लिखता, जहाँ अमीरों-रईसों की ज़बान लिखता है, वहाँ इतने शेड्स मिलते हैं लैंग्वेज के, कि कमाल की बात है। नौचन्दी का जब वर्णन करते हैं तो आप देखें, कैरेक्टर उसने 'एलाइव' कर दिए हैं। 'रुस्वा' तो बहुत वाकिफ़ आदमी थे। यूरोप की ट्रेडिशन से भी बहुत करीब। बहुत पढ़े-लिखे आदमी थे। साइन्स, फ़िलासफ़ी, हिस्ट्री के अच्छे जानकार और थोड़े-से पागल। वो 'इन्नोवेटर' भी थे। 'टाइपराइटर' बना रहे हैं। सोना बनाने का भी शौक था। अच्छा, यह भी अजीब बात है कि सदी में जब नॉवेल लिखा जा रहा है 'रिफॉमरमेशन मूवमेंट' के साये में और उस दौर में एक शख़्स नॉवेल लिखता है तो मरकज़ी किरदार किसको बनाता है–एक तवायफ को। एक नाचने वाली औरत को। यह अपने आपमें मैं समझता हूँ कि एक तरह का बहुत बड़ा 'मॉरल स्टैंड' है। 'रुस्वा' ने और पाँच-छह नॉवेल लिखे लेकिन ज़ाहिर है जो शोहरत 'उमराव जान अदा' को मिली वह दूसरों को नहीं मिल सकी। उसका एक सबब तो यह है कि मेरे खयाल से जब आप फॉर्म तलाश करते हैं और अपने एक्सपीरिएंस का दायरा बढ़ाते हैं तो 'मॉरल वइस' हमेशा होती है। 'शरर' ने जब नॉवेल लिखा तो मैं समझता हूँ कि खासा रिवोल्यूशनरी काम किया कि तवायफ़ के किरदार को सेंट्रल कैरेक्टर के तौर में पेश किया। अच्छा,

सरशार में एक अजीब ऑब्जेक्टिव है। आप यह पता नहीं लगा सकेंगे कि किन चीज़ों को वह नापसन्द कर रहे हैं, किन चीज़ों को वह पसन्द कर रहे हैं। एक बहुत ही दयानतदार किस्सागो की तरह वह लखनऊ के डिकेन्स का भी ज़िक्र करते हैं और उसकी कहाँ वह हँसी उड़ा रहे हैं और कहाँ वह दुखी हो रहे हैं, आप आसानी से यह डिफरेंशिएट नहीं कर सकते। वहाँ तो यह समझ लीजिए कि एक आदमी की आँखें खुली हैं। वह देख रहा है और बयान कर रहा है। अजीबो-गरीब उसका हाल है।

असग़र वजाहत : यह जो आपने फरमाया था कि उपन्यास जो है कि केवल भाषा और फॉर्म में ही नहीं बल्कि एक तरह की नेशनेलिटी की पहचान भी बनाता है, तो हिन्दी-उर्दू के जो उपन्यास लिखे जा रहे थे दो अलग-अलग संस्कृतियाँ जो हैं, उनको सामने ला रहे थे?

विभूतिनारायण राय : मतलब टू नेशन थ्योरी का बीज यहीं से नहीं पड़ा?

नामवर सिंह : अगर ऐसा होता तो 'मुसद्दस' शायरी में लिखा गया, कोई नॉवेल 'मुसद्दस' की तरह का क्यों नहीं लिखा गया है? इस मामले में मुझे एक किताब दिलचस्प लगती है जो नॉवेल नहीं है। मुझे लगता है कि शहर भी एक कैरेक्टर रहा है नॉवेल में। पेरिस बालजाक का, डिकेंस का लन्दन। उसी तरह से उर्दू नॉवेल का मरकज़ लखनऊ है। लखनऊ शहर का एक पूरा कल्चर है। पूरी हिस्ट्री है उसकी। 1857 में पहले का भी लखनऊ। यह आकस्मिक नहीं है कि 'सरशार' और 'रुस्वा' दोनों के नॉवेल का गहरा ताल्लुक लखनऊ से है। आगे चलकर हिन्दी में अमृतलाल नागर, भगवतीचरण वर्मा ने अवध और लखनऊ को केन्द्र में रखा था। लेकिन प्रेमचन्द पहले लेखक थे जिनका लोकेल अवध होता है। जब अवध कहते हैं तो उसमें बनारस भी शामिल है। इससे पहले, अजीब बात है कि दिल्ली हिन्दी उपन्यास का मरकज़ था। श्रीनिवास दास दिल्ली के थे। किशोरीलाल गोस्वामी मथुरा के थे। बंकिम के उपन्यासों के केन्द्र मुर्शिदाबाद और नवाबी इलाका है, कलकत्ता नहीं है। विषयान्तर चाहे आपको लगे, मगर मैं यह कहना चाहता हूँ कि 'नेशनेलिटी' या 'कम्युनिटी' की बात जब कहीं हो तो कम्युनिटी कोई हवा में नहीं होती। कहीं के बाशिन्दे होते हैं। जगमोहन सिंह के 'श्यामा स्वप्न' में मध्य प्रदेश के मैहर और मध्य प्रदेश के जंगलों का वर्णन आता है। यह इत्तेफ़ाक है। यह वही आदमी है जिसने पहला 'वायरन' का तर्जुमा किया था। जिसके बाप 1857 में छोटे-से जमींदार थे। रियासत थी उनकी। 1857 में वह बगावत करने वालों में थे। पकड़कर उन्हें अंडमान भेज दिया गया था। वहाँ उन्होंने आत्महत्या कर ली थी। मैं इस उपन्यास का इसलिए ज़िक्र करना चाहता हूँ कि आमतौर से हम लोग समझते हैं कि नॉवेल रियलिज्म या यथार्थवाद से जुड़ा हुआ है। हम यह भूल जाते हैं कि बहुत-से बेहतरीन नॉवेल फैंटेसी में, ड्रीम्स में, रोमान्स के रूप में लिखे

गए हैं, जिनकी बाद में रियलिज्म के कारण उपेक्षा की गई। 'श्यामा स्वप्न' जेल के बारे में लिखा गया उपन्यास है, जिसमें श्यामा है, लगभग 'रुस्वा' के 'उमरावजान अदा' की हीरोइन की याद दिलाती है।

असग़र बजाहत : बुनियादी सवाल है कि उर्दू ट्रेडिशन से हिन्दी के प्रारम्भिक उपन्यासों ने क्या लिया, क्या कुछ दिया?

नामवर सिंह : लिया, ज़बान ली। पहली बात यह है कि देवकीनन्दन खत्री का 'चन्द्रकान्ता' हिन्दुस्तानी ज़बान में लिखा गया। वह संस्कृतनिष्ठ हिन्दी नहीं है। और मैं फिर कहूँ कि 'परीक्षा गुरु' की ज़बान हिन्दुस्तानी है। हरिश्चन्द्र खुद 'रसा' नाम से शे'र कहते थे। फारसी में शेर कहते थे। किशोरीलाल गोस्वामी के उपन्यास, आप उनकी भाषा पढ़ें। वह जो ज़बान थी उस ज़माने में, उसके बिना किस्सागोई तो हो ही नहीं सकती थी। एक बात और देखने लायक है। आप कायस्थों की बात कर रहे थे। कायस्थ सरकारी मुलाज़िम होते थे या नवाब के दरबार के। और दूसरे होते थे खत्री पंजाबी और ये बिजनेस करते थे और उस ज़माने में यही खत्री आधुनिक थे। अग्रवाल जो थे वे आगरा के होने के कारण ब्रजभाषा प्रेमी थे और खत्री खड़ी बोली को मानने वाले थे। मैं यह कहना चाहता हूँ कि हिन्दी उपन्यासों के जो लेखक थे उनके उपन्यासों की जो एक बुनियादी चीज़ थी वह थी लोकेल। वे ज़मीन, मिट्टी और खेत से जुड़े हुए थे। मसलन, देवकीनन्दन खत्री में मिर्जापुर, नौगढ़, बनारस, चुनार भरा हुआ है जैसे बंकिम में मुर्शिदाबाद। उर्दू में जैसे लखनऊ, अवध है। इस मामले में यह उपन्यास का रियलिज्म है। वह 'ग्रोथ' उसकी बताती है कि ख़ास जगह है जहाँ उपन्यास पनपता है। दूसरा यह कि जिसकी ओर मैं इशारा कर रहा था उस पर आप कुछ कहें। मेरी दिलचस्पी इसमें है कि आज के नॉवेल में आने वाले फैंटेसी, रोमांस, स्वप्न, नाइटमेयर, मैजिक रियलिज्म की जड़ें उन्नीसवीं सदी में कहाँ तक फैली हुई हैं।

शमीम हनफ़ी : असल में एक किस्सा ग़ालिब ने भी लिखना शुरू किया था जो अधूरा रह गया है। लेकिन इन्तेज़ार हुसैन की थीसिस है कि ग़ालिब के खुतूत उन्हें पहला नॉवेलनिगार बनाते हैं। क्योंकि वहाँ भी दिल्ली एक शहर के तौर पर नहीं एक 'सिम्बल' के तौर पर उभरता है। अच्छा जैसे डिकेंस के यहाँ इंग्लिस्तान है। हिस्ट्री के सब्स्टीट्यूट के तौर पर फिक्शन को पढ़ने की परम्परा भी बहुत पुरानी है। इसलिए मार्क्स बाल्जाक के बड़े कायल थे। और ज़ाहिर है कि अगर आपको पुराने फ्रांस को समझना है तो बाल्जाक है, या रूस को समझना है तो टॉलस्टॉय है। उर्दू में आप यह देखें कि प्रोज़ की हद तक, तो जो बोलचाल की भाषा, जिसकी तरफ आपने इशारा किया था, उसकी मिसालें उन्नीसवीं सदी के बिलकुल शुरू में मिलती हैं। मीर अम्मन की बाग़ोबहार, आप देखें उसमें जीनियस जो है वह रवानगी है आज की

ज़बान मालूम होती है, बिलकुल आज की ज़बान। उसे 'ह्यूमन रिलेशन' का किस्सा समझकर हम लोग पढ़ते हैं, बाकी बातों पर ध्यान कम देते हैं। लेकिन सच्ची बात यह है कि 'ह्यूमन रिलेशन' की गहराई को समझने की कोशिश जिस तरह से की गई है, उस पूरे किस्से में वह बहुत खूबसूरत, ख़्वाजा सरपरस्त का पूरा किरदार है कि एक भाई के लिए उसमें अपने कुत्ते की तरह ऐसी गहरी इंस्टिक्ट भी है जो अजीबो-गरीब है। अच्छा, उसके बाद आप ग़ालिब की प्रोज़ देखें, जो उनके खुतूत में है। मुक्कम्मल मोहम्मद ख़ालिद अख़्तर ने लिखा है कि साहब उर्दू की सबसे अच्छी नज़्म और सबसे अच्छी नस्र लिखना एक ही दुखियारी रूह के हिस्से में आया है और वह रूह है ग़ालिब की। ग़ालिब जैसा डिस्टर्ब आदमी अपने ज़माने में या उस पूरी ऐज में कोई नहीं मिलता। यह सच्ची बात है कि इस मुल्क को जाने दीजिए यहाँ तो वह अकेले थे। इतना डिस्टर्ब और इतना उलझा हुआ आदमी पूरी दुनिया में न था। ग़ालिब के यहाँ जो एक कॉम्पलेक्सिटीज़ का परसेप्शन है, वह अजीबो-गरीब है। आप अगर उनकी 'प्रोज' देखें तो बहुत ही पेचीदा मसलों को बयान करने की बहुत ही जबरदस्त सलाहियत ग़ालिब के यहाँ मिलती है। लैंग्वेज़ की हद तक तो कहना चाहिए कि उर्दू ने जो एक लेविल अख़्तियार कर लिया था और वही आगे चलकर विकसित हुआ। प्रेमचन्द ने बहुत ठीक यह किया कि पर्शियानाइज़ डिक्शन छोड़कर आम बोलचाल की ज़बान पर आ गए।

असग़र वजाहत : प्रेमचन्द से पहले हिन्दी के जो लेखक थे उन्होंने ग़ालिब की इस परम्परा से क्या कुछ सीखा?

शमीम हनफ़ी : अब वह तो नामवर जी ज़्यादा बताएँगे। हमारे यहाँ तो सच्ची बात यह है कि उन्नीसवीं सदी बल्कि अठारहवीं सदी में 'पोयट्री' में जो ज़बान इस्तेमाल की गई वह बाद की 'पोयट्री' की ज़बान के मुकाबले ज़्यादा आसान थी। उर्दू के 'प्रोज़' की एक बहुत यादगार किस्म की किताब लिखी गई। किसके लिए लिखी गई? अंग्रेज़ों के लिए। उन लोगों के लिए, जो इंग्लिस्तान से यहाँ नौकरी करने के लिए आते थे। उन्हें भाषा कैसे सिखाई जाए, उनके लिए किताब लिखी लेकिन वह उर्दू 'प्रोज़' का सबसे अच्छा नमूना बन गई थी। वैसे ही, जैसे ग़ालिब के खुतूत।

विभूतिनारायण राय : असग़र भाई, हम लोग सौ साल का जायजा ले रहे हैं।

शमीम हनफ़ी : लेकिन एक बात और जरा-सा आगे बढ़ने से पहले मैं अर्ज़ कर दूँ कि रियलिज़्म के बारे में प्रगतिवादी आन्दोलन के दौरान जो परिभाषा दी गई वह शायद बहुत 'एडजेस्टेबल' नहीं रही है। क्योंकि यह वाज़े हो गया कि रियलिज़्म में इतने स्तर होते हैं, इतने शेड्स होते हैं कि रीयल वह ही चीज़ नहीं है कि जिसे हम बज़ाहिर समझ रहे हैं, हमें जो सामने दिखाई दे रहा है। जिसको हम मैजिक रियलिज्म कहते हैं, वह एक्सटेंशन हुआ है रियलिज्म का। इसकी मिसाल यह है। साइको-

लॉजिकल रियलिज्म के नमूने दास्तानों में मिल जाएँगे। एक अजीबो-गरीब सफ़र, परम्परा का सफ़र जो होता है, कभी बिलकुल सीधा लकीर में नहीं होता। वह तो एक अजीब तरीके से सर्किल बनते, दायरे बनते चले जाते हैं। बहुत-सी आज की भी नई चीज़ें ऐसी हैं कि हमें उनकी मिसालें पुराने साहित्य में मिल जाएँगी। मैं आपसे बयान करूँ हज़रत ख़्वाजा नवाज़ बन्दा गेसू दराज़ के शिकारनामे, आप सोचें कि कब के लिखे हुए हैं। आप पढ़िए तो आज के ज़माने में जो ऐब्सट्रैक्ट स्टोरी लिखी जा रही है, सिम्बोलिस्टिक कहानी जो लिखी जा रही है, उसकी मिसालें आपको वहाँ मिल जाएँगी। मसलन, एक कहानी में जहाँ वह यह बयान करते हैं कि हम लोग भूखे थे, जब भूख लगी तो ज़र्दालू का एक दरख़्त नज़र आया, तोड़ना चाहा हाथ नहीं पहुँचा तो हमने एक गड्ढा खोदा ताकि हमारा हाथ वहाँ तक पहुँच जाए। फिर भी हाथ नहीं पहुँचा तो हमने गड्ढा और खोदा, उसको और गहरा किया। अच्छा, उनका उनवान है 'कारे दुनिया' यानी 'दुनिया का कारोबार'। मतलब यह है कि आप ज़मीन में जितने धँसते जाएँगे उतने ही कामयाब होते चले जाएँगे। चीज़ों को हासिल करने का यह 'फॉर्म' एक बड़ी पेचीदा लेकिन बहुत अजीबो-गरीब बात है। मेरे खयाल में प्रेमचन्द की अहमियत हमारे यहाँ सिर्फ इसलिए नहीं है कि वह उर्दू के पहले बड़े नॉवेलनिगार थे बल्कि इसलिए भी है कि ज़बान को उन्होंने एक ऐसा 'रोल ऐसाइन' किया जो उनके ज़माने में किसी लिखने वाले ने नहीं किया था। यहीं से तो ऐसा मालूम होता है कि इन सबको प्रेमचन्द ने पीछे छोड़ा और वह आगे बढ़ गए। फर्क यह है कि यथार्थवाद जो प्रेमचन्द के यहाँ दिखता है, न तो हमें यलदरम के यहाँ मिलता है और न 'मजनूं' के यहाँ।

विभूतिनारायण राय : शुरुआती दौर में तो प्रेमचन्द ने ज़्यादातर उर्दू में ही लिखा था लेकिन बाद वाले सालों में प्रेमचन्द ने सिर्फ हिन्दी में, सिर्फ नागरी में लिखना शुरू किया। एक डि-पार्चर पॉइंट तो क्या हिन्दी फिक्शन में जो था, कहीं-न-कहीं उर्दू परम्परा से जुड़ा हुआ था? तब कैसे हुआ?

नामवर सिंह : उसमें बात एक बहुत अटपटी लगेगी कि उन्नीसवीं सदी और बीसवीं सदी के नॉवेल में फर्क यह था कि उन्नीसवीं सदी के हमारे नॉवेल का ताल्लुक किसानों से और गाँवों से कितना बन सका। ज़्यादातर शहराती क्लास, मिडिल क्लास या पुराने टूटते हुए नवाब और एरिस्टोक्रेसी से नॉवेल का ताल्लुक था। गाँव की झलक थोड़ी-सी 'संन्यासी विद्रोह' में आप चाहें तो कह सकते हैं। प्रेमचन्द की बहुत बड़ी देन यह थी और एक तरह से राजनीतिज्ञ के रूप में गांधी की देन थी कि राष्ट्र को पुनर्व्याख्यायित किया। पहले शहर के सम्पन्न लोग मिडिल क्लास या नवाब ही हिन्दुस्तानी माने जाते थे। 20वीं सदी में गांधी ने पहली बार 1918-20 के आसपास यह बताया कि हिन्दुस्तान में 7 लाख गाँव भी हैं। इतिहास से मालूम होता है कि 'पीजेंट मूवमेंट' 1857 के पहले

भी हुए थे और उन्नीसवीं शताब्दी के उत्तरार्द्ध में भी हुए। पीजेंट रिवोल्ट बहुत हुआ है लेकिन बावजूद इसके उपन्यासों में और हमारे साहित्य में उसका ज़िक्र बहुत कम मिलता है। पहली बार खुले रूप में किसानों की ताकत का एहसास असहयोग आन्दोलन में हुआ था। पश्चिम वालों के लिए तो मिडिल क्लास का इपिक था उपन्यास। लूकाच ने भी कहा है। हिन्दुस्तान में जो थीसिस रही—ठेठ तीसरी दुनिया तथा हिन्दुस्तान का उपन्यास गाँव के किसानों की महागाथा है, मध्यवर्ग का महाकाव्य नहीं है। प्रेमचन्द का महत्त्व इसमें नहीं है कि उन्होंने भाषा हिन्दुस्तानी या उस तरह की लिखी। मुंशीजी पहले बहुत ज़्यादा पर्शियानाइज उर्दू लिखा करते थे और बहुत बाद में बोलचाल की भाषा के निकट आए थे। आप पढ़ें 'दुनिया का सबसे अनमोल रत्न'। बिलकुल फारसी की दास्तान मालूम होती है। अवध के किसान आन्दोलन, असहयोग आन्दोलन का पहला उपन्यास 'प्रेमाश्रम', 'गोशे आफियत' और दूसरा 'चौगाने हस्ती' इसके बाद 'गोदान'। प्रेमचन्द की देन केवल ज़बान नहीं है। नॉवेल का सेंटर जो उन्होंने शिफ्ट किया, वह है। फिर एक लम्बी परम्परा हिन्दी में चली, जिसको आंचलिकता नाम दिया गया, जिसमें प्रेमचन्द, फिर रेणु, राही मासूम रज़ा, शानी आदि आते हैं।

असग़र वजाहत : अच्छा, उर्दू में यह क्यों नहीं हुआ?

नामवर सिंह : इसलिए कि असहयोग आन्दोलन के मामले में जो मुस्लिम समुदाय के सम्भ्रान्त लोग थे वे खिलाफत के कारण साथ आए थे, असहयोग के कारण नहीं।

असग़र वजाहत : वही बात जो मैंने शुरू में कही थी कि हिन्दी-उर्दू साहित्य के अन्दर क्या अलगाव के बीज इस तरह पैदा हो गए थे कि यह टू नेशन थ्योरी को 'सपोर्ट' कर रहा था। बाद में जब प्रेमचन्द गाँव के बारे में लिख रहे थे तो उर्दू का कोई साहित्यकार ऐसा नहीं था जो यह कहे कि गांव में क्या है।

शमीम हनफ़ी : असल में मेरे खयाल में इस तरह सोचेंगे तो हम नतीजे पर पहुँचेंगे। यह चीज़ अहम नहीं होगी किसी फिक्शन लिखने वाले के लिए कि उसने ज़िन्दगी के किस दायरे में अपने किरदार लिए हैं या किस टोपोग्राफी या किस ज्योग्राफिकल एरिया या किस लोकेल को अपना मौजूं बनाया? देखा यह जाता है कि उसका एक्सपीरिएंस बुनियादी तौर पर क्या है जो एक नॉवेल की सोशिओलॉजिकल स्टडी भी हो सकती है। एक पॉलीटिकल स्डटी भी उसकी हो सकती है। लिखने वाले की बड़ाई या छोटाई का पैमाना यह होता है कि उसमें डेप्थ क्या है, कहाँ मिलती है। 'ह्यूमन एक्सपीरिएन्स' को 'ऐज ह्यूमन एक्सपीरिएन्स' कैसे बयान करता है मसलन, कुर्रतुल ऐन हैदर। शुरू में बहुत-से लोगों ने उनके खिलाफ मजमून लिखा कि साहब, वह समाज के ऊँचे तबके को अपना किरदार बनाती हैं। उन्होंने यह कहा कि मैं जो कुछ कहना चाहती हूँ, उसके लिए किरदार वही तो बनाऊँगी जिन किरदारों को मैंने देखा है, जिनकी ज़िन्दगी से मैं परिचित हूँ। किरदार हम इनवेंट तो नहीं करेंगे? वैसे

उन्होंने बंगाल के काश्त करने वालों को भी कैरेक्टर बनाया, चाय के बाग में, 'आख़िर शब के हमसफर' में जिसका आपने तर्जुमा किया है। मसला लेविल ऑफ परसेप्शन का है। प्रेमचन्द का रूरल बैकग्राउंड था। वाकिफ़ थे उससे। जाहिर है कि उसके बारे में ज़्यादा लिखेंगे। प्रेमचन्द के नॉविलों में, कहानियों में वे हिस्से बहुत कमज़ोर हैं, जहाँ वह शहर की ज़िन्दगी के बारे में कलम उठाने की कोशिश करते हैं और उसका सबब शायद यही है। कहीं-कहीं शहरी ज़िन्दगी उनकी गिरफ़्त में नहीं आती। 'गोदान' में तो वह हिस्सा जो शहर की कहानी है, वहाँ कैरेक्टर भी कमज़ोर हैं और नरेशन भी कमज़ोर हो गया है। गाँव में जाते थे तो एक तरह की ताक़त उनके यहाँ पैदा हो जाती थी। प्रेमचन्द के जूनियर कंटेम्प्रोरीज़, जैसे अली अब्बास हुसैनी ने गाँव की भी कहानियाँ लिखीं, शहर की भी कहानियाँ लिखीं। हयातउल्लाह अंसारी। 'अंगारे ग्रुप'। लेकिन अब आप देखिए कि प्रेमचन्द उसमें शेयर कर सकते थे। प्रेमचन्द का पॉइंट ऑफ रिफरेन्स उनसे अलग था।

विभूतिनारायण राय : कहानी वाली बात तो हुई नहीं। नई कहानी भी रह गई। हमारे यहाँ कहानी में बड़े घपले हुए हैं। नामवर जी ही उस मकड़जाल को सुलझा सकते हैं। हमारे यहाँ बहुत सारे आन्दोलन हुए, कहानी के नाम पर। नामवर जी से मैं यह पूछना चाहता था कि ये सारे आन्दोलन प्रायोजित थे? खास व्यक्तिगत कारणों से किसी को उठाना है किसी को गिराना था? जैसे नई कहानी में घोषित कर दिया कि यही तीन लोग हैं लेकिन इस पूरे दौर में बहुत सारे लोग ऐसे थे जो इन चक्करों में बिना पड़े लिखते रहे और बड़ी चीज़ें लिखते रहे। इन पर नामवर जी थोड़ा बताएँ।

नामवर सिंह : इस पर बात करने से पहले मैं एक इनीशियल-सी टिप्पणी करना चाहता हूँ। ज़रूरी नहीं है कि दुनिया के जिन देशों में नॉवेल अच्छी लिखी गई हो, वहाँ कहानियाँ भी अच्छी लिखी गई हों। कुछ ऐसे देश हैं जहाँ दोनों अच्छे लिखे गए हैं।

असग़र वजाहत : नामवर जी, क्या कारण है कि उर्दू में विभाजन के ऊपर इतनी सशक्त कहानियाँ लिखी गईं और हिन्दी में बहुत ही सतही और मामूली कहानियाँ लिखी गईं?

विभूतिनारायण राय : न सिर्फ विभाजन बल्कि 1984 में सिखों का जो नरसंहार हुआ, बाबरी मस्जिद तोड़ने की घटना और बहुत सारे साम्प्रदायिक दंगों पर हिन्दी में क्यों नहीं बड़ी चीज़ें लिखी गईं? उर्दू में क्यों बड़ी चीज़ें लिखी गईं?

नामवर सिंह : ये सवाल बड़े नाज़ुक हैं, जज्बाती हैं। आप बड़े गलत सवाल उठा रहे हैं। वहाँ से अगर हम शुरू करेंगे तो बड़ी गड़बड़ जगह पहुँचेंगे। एक बात मैं साफ कहना चाहता हूँ। मैं कह रहा था कि हो सकता है कि दुनिया में हिन्दुस्तान बेहतरीन कहानियों के लिए याद किया जाए, नॉवेल के लिए उतना न याद किया जाए। मैं सोच रहा हूँ, राय नहीं दे रहा हूँ।

शमीम हनफ़ी : शायद सही सोच रहे हैं आप।

नामवर सिंह : मंटो, बेदी, टैगोर लाजवाब कहानीकार हैं। रवीन्द्रनाथ, प्रेमचन्द, वाइकुम मोहम्मद बशीर ने मलयालम में जो कहानियाँ लिखी हैं वे विश्व साहित्य में जगह पाने योग्य हैं। हिन्दुस्तान कहानियों के लिए ही याद किया जाएगा जैसे चीन नॉवेल के लिए नहीं याद किया जाएगा। चीन लूशुन की कहानियों के लिए याद किया जाएगा। माफ करिएगा, कहीं महशर में जब फैसला होने लगेगा तो हो सकता है कुर्रतुल ऐन हैदर अपनी कुछ कहानियों के लिए याद की जाएँ। जब याद की जाएँगी तो उनका नाम मंटो, बेदी के बहुत बाद में आएगा।

असग़र वजाहत : रुकिए, मैं अभी हिन्दी पर बात करूँगा। यशपाल और नॉवेलों के लिए नहीं याद किए जाएँ, याद किए जाएँगे कुछ कहानियों के लिए। प्रेमचन्द अपनी कुछ कहानियों के लिए याद किए जाएँ, हो सकता है। नॉवेल किसी समाज-शास्त्रीय कारण से याद किए जाएँगे। जैनेन्द्र अपनी कुछ कहानियों के लिए याद किए जाएँगे, नॉवेल के लिए नहीं। निर्मल वर्मा भी तमाम उनकी आलोचनाओं के बावजूद। असग़र वजाहत की कहानियाँ, उदय प्रकाश और स्वयंप्रकाश की भी रह सकती हैं। मैंने कहा, हो सकता है हिन्दुस्तान को हिन्दी-उर्दू में ही नहीं, बांग्ला, मलयालम, कन्नड़ आदि के कारण कहानियों की दुनिया में याद किया जाए। मैं यह नहीं कह रहा हूँ कि यही होगा। इसलिए उसकी एक वजह भी है। सोलहवीं शताब्दी से लेकर बीसवीं शताब्दी, जो विश्व इतिहास विकास की धारा रही है उसमें खासतौर से उन्नीसवीं और बीसवीं शताब्दी में हम लोग मार्जिन कर रहे हैं। सेंटर पर नहीं रहे। हाशिये पर हम लोग चलते रहे और उपन्यास इस दौर में सेंटर की विधा है। इसलिए हमने कोई शेक्सपियर नहीं पैदा किया। हमने कोई बाल्जाक नहीं पैदा किया। हमने कोई दास्तोव्यस्की नहीं पैदा किया। न इपिक, न नॉवेल। हम लोगों ने कोई बहुत अच्छे लिरिक पैदा किए। बहुत अच्छी शॉर्ट स्टोरी लिखी।

नामवर सिंह : मैं एक बात बताऊँ। हिन्दुस्तान से गए लोग, जिन्हें वह मुहाजिर कहते हैं, जो गए उनकी अनुभूति वही नहीं है, सेंसीबिलिटी वही नहीं है जो वहाँ नहीं गए और रह गए हैं। एक और दूसरे वे पंजाबी जो यहाँ नहीं आए, माइग्रेट नहीं किया, वहीं रह गए और जो मिलीटरी तानाशाही कायम किए हुए हैं पूरे पाकिस्तान पर, सिन्ध पर, तमाम लोगों पर, वे वही नहीं है जो हमारे यहाँ के लोग हैं। दोनों की सुनिए। पॉलीकिटकल सिचुएशन में देखिए।

विभूतिनारायण राय : हिन्दी में बाबरी मस्जिद का डिस्ट्रक्शन, सन् ’84 में सिखों का कत्लेआम, पार्टीशन पर।

नामवर सिंह : लिखा गया है। दोनों पर बहुत अच्छा नहीं लिखा गया मगर लिखा गया है।

असग़र वजाहत : इनका यह सवाल है कि हिन्दी में ऐसा कुछ क्यों नहीं लिखा गया जो उर्दू में लिखा गया है? क्या बात है?

नामवर सिंह : पार्टीशन पर बता चुका हूँ। उर्दू में सबसे अच्छा लिखा गया है। उसके मुकाबले हिन्दी में कुछ नहीं लिखा गया है।

असग़र वजाहत : क्या वजह है साहब, क्या कारण है उसका?

नामवर सिंह : जो सफरिंग उन लोगों को हुई है। और यह भी बता दूँ, माफ कीजिएगा, उस पर खासतौर पर उन लोगों ने अच्छा लिखा है जो यहाँ से छोड़कर वहाँ गए हैं।

विभूतिनारायण राय : ये सही कह रहे हैं।

नामवर सिंह : मसलन इन्तेज़ार हुसैन, अब्दुल्ला हुसैन पंजाब के, गुजरात के रहने वाले थे।

शमीम हनफ़ी : अब्दुल्ला हुसैन यहाँ से नहीं गए।

असग़र वजाहत : डॉक्टर साहब, वहाँ से जो इधर आए—भीष्म साहनी, कृष्ण बलदेव वैद—इन लोगों ने वैसा क्यों नहीं लिखा?

नामवर सिंह : वह दर्द ही नहीं था। वे यहाँ आकर पछता नहीं रहे हैं। वे तो बच के आ गए। वह मानते हैं कि साहब, अच्छा हुआ। जान बची तो लाखों पाए। और आपको बताऊँ, बांग्लादेश में बंगाल के पार्टीशन पर न इधर के कमबख़्तों ने लिखा न उधर के कमबख़्तों ने लिखा। बांग्लादेश बँटा, बँट जाने के बाद न इधर के हिन्दुओं ने लिखा न मुसलमानों ने लिखा। बांग्ला भाषा दोनों की।

विभूतिनारायण राय : नामवर जी का यह स्टेटमेंट हसिलेशाम है कि दर्द तो जो उधर गए उन्होंने महसूस किया। इधर वाले लोगों को लगा कि जान बची तो लाखों पाए। हमारे यहाँ नामवर जी, इस समय कोई भी रिफ्यूजी कॉलोनी किसी शहर में नहीं है। मैं अभी लाहौर गया था। वहाँ अभी भी रिफ्यूजी कॉलोनी दिखाई देती है। मैं तो उन लोगों से यही कह रहा था कि भई, अब तो 50 साल हो गए। अब कब तक रिफ्यूजी रहोगे?

नामवर सिंह : मैंने कहा कि बावजूद इसके कि यहाँ के लोगों ने भी लिखा, आप देखें—एक तो हिन्दू दिमाग तो लिख ही नहीं सकता पार्टीशन पर। जो मुसलमान नहीं है वह लिख ही नहीं सकता।

असग़र वजाहत : क्या कारण है?

नामवर सिंह : गिल्टी एंड शेम—दोनों चीज़ें याद रखिए। अपराधबोध और शर्म। सारी दुनिया जानती है कि यू.पी. की मुसलमान लीडरशिप ने तकसीम करवाई है, जिन्ना ने नहीं कराई। कुछ लोग गए। मोहाजिर कराची में 'सफ़र' कर रहे हैं और पंजाबियों ने उनको भून डाला और उनमें हिम्मत नहीं है।

विभूतिनारायण राय : नामवर जी ने बहुत ही अहम बात कही लेकिन अभी यह कि हम लोग '47 तक पहुँचे हैं। हमें '47 के आगे भी जाना है।

नामवर सिंह : भीष्म साहनी, यशपाल तो थे ही नहीं पंजाब के। वह क्या लिखेंगे? कांगड़ा के रहने वाले क्या जानें दर्द पंजाब का? भीष्म जी ने नकली चीज़ लिखी है। उसमें तो वह भी नहीं है जो मंजूर एहतेशाम के 'सूखा बरगद' में है। क्या नॉवेल लिखा है!

असग़र वजाहत : डॉ. साहब, क्या आप यह बात मानते हैं कि नई कहानी आन्दोलन के शुरू होने से पहले उर्दू कहानी, हिन्दी कहानी से कई अर्थों में एक तरह से आगे रही है? नई कहानी आन्दोलन जो हमारा शुरू हुआ उसने शायद सुपरसीड किया उर्दू कहानी को।

नामवर सिंह : मैं उसको इस तरह से, हिन्दू-उर्दू के ऐतबार से नहीं देखता। मैं इस रूप से देखता हूँ कि नई कहानी आन्दोलन से पहले उर्दू के सबसे बड़े कहानीकार बेदी नहीं माने जाते थे, न मंटो माने जाते थे, कृश्नचन्दर माने जाते थे। तर्जुमा सबसे ज़्यादा उन्हीं का हुआ था। 'मंटो' का बहुत कम तर्जुमा हुआ था। पहली किताब उपेन्दनाथ 'अश्क' ने 'मंटो : मेरा दुश्मन' नाम से छापी और उपेन्द्रनाथ 'अश्क' को यह श्रेय देना चाहिए कि उस आदमी ने बेदी का 'लाजवन्ती' नाम का संग्रह छापा। उसके पहले 'हंस' में उर्दू के दो ही लेखकों की कहानियाँ छपती थीं। अब्बास और कृश्नचन्दर कहानीकार माने जाते थे और अली सरदार जाफरी शायर माने जाते थे। 'फ़ैज़' का नाम उस ज़माने में, मैं '50 की बात बता रहा हूँ, कम ही जाना जाता था। उर्दू कहानियों में उस समय कोई आदमी इस्मत का, मंटो का, बेदी का नाम नहीं लेता था। उर्दू कहानी का मतलब था—कृश्नचन्दर, ख्वाज़ा अहमद अब्बास। यह पूरा नक्शा बदला है '57 में, जब 'नई कहानी' शुरू हुई। अमरकान्त जैसे लोग लिखने लगे। 'नई कहानी' की सबसे बड़ी देन यह है कि जो आजिज आ चुके थे तरक्कीपसन्दी से, बी.टी.आर. वाली क्रान्ति करने से। वह दौर एक तरह का साहित्य का 'ऑटम' था। क्रान्ति अब कहीं नहीं होने वाली थी, यह मालूम हो गया था। उस समय अजीब बात थी कि कृश्नचन्दर एकदम आउट ऑफ फैशन हुए। उसी दौर में मंटो के सारे तर्जुमे हुए। बेदी की 'लाजवन्ती' कहानी मैं पहली बार पढ़ के दंग हो गया कि क्या कहानी है! मैं कहना चाहता हूँ कि हिन्दी की नई कहानी के विकास में योगदान उर्दू कहानी का है, खासतौर से मंटो और बेदी का।

असग़र वजाहत : लेकिन उसके बाद क्या हुआ? फिर उर्दू कहानी बढ़ी या नहीं बढ़ी?

नामवर सिंह : नई कहानी के उस दौर में जैनेन्द्र ज़िन्दा थे। नई कहानी के लोगों ने उनको किनारे कर दिया, हाशिए पर डाल दिया। अज्ञेय को भी हाशिए पर डाल दिया गया। यशपाल को हाशिए पर डाल दिया। इतने बड़े लोगों को हाशिए पर डाल करके हिन्दी के लेखकों ने पहली बार मंटो को डिस्कवर किया, बेदी को डिस्कवर किया।

विभूतिनारायण राय : बड़ी चीज़ है। 'टू नेशन थ्योरी' गलत साबित होती है, इन्हीं कार्यों से।

नामवर सिंह : और एक अजीब बात है, पहली बार इस दौरे में लोगों ने मैक्सिम गोर्की को किनारे करके चेखव को पढ़ना शुरू किया। उनकी कहानियों के अनुवाद उसी दौर में हुए हैं।

शमीम हनफ़ी : दास्तोव्यस्की को भी पढ़ना शुरू किया। उस ज़माने में लेखक पसन्द से पढ़ते थे इन लोगों को।

नामवर सिंह : यह वह दौर था जिसमें नई कहानी में कोई नारेबाजी नहीं थी। अमरकान्त की 'दोपहर का भोजन' में न उनकी 'डिप्टी कलेक्टरी' में। निश्चित तौर पर उस दौर में दास बाबू बलिया से आए, एक गाँव के लड़के थे।

विभूति नारायण राय : अच्छा, नामवर जी ने एक ही नाम रेखांकित किया।

नामवर सिंह : 'ज़िन्दगी और जोंक' जो उन्होंने लिखी।

असग़र वजाहत : एक प्रॉब्लम वह रह गई कि उर्दू में 'नई कहानी आन्दोलन' क्यों नहीं चला?

नामवर सिंह : उर्दू में यह 'नई कहानी' आन्दोलन चल चुका था '38 में। उर्दू की नई कहानी मंटो, बेदी, इस्मत चुगताई, रशीद जहाँ की कहानियाँ हैं।

शमीम हनफ़ी : वो हल्कए अरबाबे जौक '39 में।

नामवर सिंह : जी, उर्दू में नई कहानी की शुरुआत '38 में हो चुकी थी। हिन्दी में यह शुरुआत '57 में हुई है। उससे दो 'डीकेड' पहले उर्दू में कहानी शुरू हो चुकी थी। मेरी यह समझ है कि उर्दू में नई कहानी पहले आ चुकी थी। जैसे नॉवेल उर्दू में पहले आ चुका था उसी तरह से अफसाना उर्दू में पहले आ चुका था। कहानी में नई चीज़ें तो बाद में शुरू हुई हैं। ये चीज़ें आईं, यह फैक्ट है। अगर आप उस नजर से देखें। मुझे तकलीफ यह है कि उर्दू पर बाज़ार का तन्त्र हावी हुआ है। उर्दू कुछ दिनों से बेगम अख़्तर, जगजीत सिंह और इन लोगों की ग़ज़ल का पर्याय बन गई है। उर्दू फिर से केवल शायरी की ज़बान बन के रह गई है। नॉवेल, अफसाने की ज़बान के रूप में आम पब्लिक में उर्दू की छवि नहीं है।

असग़र वजाहत : डॉ. साहब, नई कहानी आन्दोलन के बाद साठोत्तरी कहानी और उर्दू की कहानी के रिश्तों पर कुछ बात की जाए?

नामवर सिंह : देखिए साठोत्तरी तो नहीं, इंडो-पाक वॉर, जो '65 का हुआ और दूसरा '71 का हुआ। उससे '71 के बाद इन्तेज़ार हुसैन की 'बस्ती' का तर्जुमा हुआ। उनकी कहानियों का हिन्दी में बहुत तर्जुमा हुआ। इन कहानियों ने फिर एक नई भूमिका अदा की। जो साठोत्तरी आप कह रहे हैं, जिस पीरियड के ज्ञानरंजन हैं, साफ नहीं है मेरे जेहन में लेकिन आप उसके बाद आए हैं। उस पीरियड का सबसे बड़ा लेखक ज्ञानरंजन है। ज्ञानरंजन नहीं जानते थे इन्तेज़ार हुसैन को। इन्तेज़ार हुसैन को आपकी जेनरेशन, आप और उदयप्रकाश, यह पीढ़ी जानती है। मंटो के बाद इन्तेज़ार हुसैन

का सन् '70 में आना उल्लेखनीय है। कहानी का नक्शा बदल गया। जो भूमिका एक ज़माने में मंटो और बेदी ने नई कहानी के आसपास निभाई थी, वही काम इस दौर में इन्तेज़ार हुसैन ने किया।

असग़र वजाहत : नक्शा बदल गया है का मतलब?

नामवर सिंह : इस दौर में ये फैंटेसी, लीजेंड्स और क्या-क्या लेकर कहानी बनाई जा सकती है जो इन्तेज़ार हुसैन बना रहे हैं। अभी मैं पढ़ रहा था, मैंने हिन्दी में कोई कहानी नहीं देखी है। इन्तेज़ार हुसैन ही लिख सकते थे। राजस्थान में मोरों को लेकर पोकरण के न्यूक्लियर एक्सपोलोरीजन के ऊपर जो उन्होंने लिखा है।

शमीम हनफ़ी : इन्तेज़ार हुसैन के साथ कुछ नाम और आए थे। हिन्दी में उनका तर्जुमा नहीं हो सका। मसलन, बहुत अच्छी लिखने वाली खालिदा हुसैन, जिनके बारे में इस्मत आपा ने एक बार अलीगढ़ में कहा कि मैंने अभी एक पाकिस्तानी लड़की की कहानी पढ़ी। बांग्लादेश की जंग पर बड़ी उम्दा कहानी थी। वह कहानी थी 'वैगन' जिसका तर्जुमा कुर्रतुल-एन-हैदर ने किया था। और इसी तरह से कई लिखने वाले वहाँ हैं।

['वर्तमान साहित्य' के शताब्दी कथा विशेषांक, जनवरी-फरवरी 2000 में प्रकाशित]

आज : साहित्य की चुनौतियाँ और सरोकार

नामवर सिंह, कमलेश्वर, गोपीचन्द नारंग, सुधीश पचौरी और पंकज सिंह की बातचीत

पंकज सिंह : मुझे लगता है कि साहित्य इसलिए है कि उसका एक समाज है। और जो साहित्य की चुनौतियाँ हैं वे अपने समय के समाज के सम्मुख भी उपस्थित हैं या उनकी प्रतिक्रियाएँ हैं। हम एक उत्तर औपनिवेशिक समाज का संकट झेल रहे हैं, जो उत्तरोत्तर बढ़ रहा है। संस्कृति का संकट और समाज का संकट दरअसल एक निरन्तर क्षरित होती हुई मूल्य-व्यवस्था का परिणाम है। इस उत्तर औपनिवेशिक समाज में हमें अपनी पहचान निर्मित करनी थी। कुछ खोए हुए जातीय रूपों का पुनराविष्कार करना चाहिए था। वे कोशिशें आधी-अधूरी रहीं। इतना ही नहीं औपनिवेशिक विरासत से ही तमाम रुग्णताएँ भी जुड़ती गईं जिन्होंने हमारे पूरे जातीय, सांस्कृतिक जीवन को अधिक से अधिक संकटों, चुनौतियों और मुश्किलों से भरा। अब जो भारतीय सांस्कृतिक चेतना है या साहित्य के जो सरोकार हैं, उनमें आज़ादी के बाद के दौरों में एक तरह का सांस्कृतिक अमरीकीवाद देखने में आया और हिन्दी में उसके कई रूप दिखाई दिए। एक प्रकार की व्यवस्था विरोधी आक्रामकता या टकराव का दौर भी आया। उस आक्रामकता में अतियाँ कई थीं परन्तु एक स्वप्न भी था—एक नया समाज, एक समतामूलक समाज रचने का। लेकिन समाजवादी सत्ताओं के एक विश्वव्यापी पतन और पराभव के बाद हताशा का एक नया दौर शुरू हुआ। इसके साथ-साथ हिन्दी में एक तरह का वैचारिक क्षरण आया। परन्तु धीरे-धीरे पिछली आकृतियाँ क्षीण हुईं और अब एक नए किस्म के प्रतिरोध का, विमर्श का स्वभाव हिन्दी विकसित कर रही है। इसमें अनेक विचारों की आवाजाही रही, वैश्वीकरण और बाज़ारीकरण के साथ उत्तर-आधुनिकता का हस्तक्षेप भी अपने ढंग से हुआ। इसे भले ही ईगल्टन जैसे लेखक पश्चिम के हवाले से 'हिस्टोरिक शिफ्ट' की संज्ञा दें परन्तु हमें देखना यह है कि हमारी अपनी जो सांस्कृतिक स्थितियाँ हैं, हमारा समाज जिन दशाओं में है उनके मद्देनजर, और उन पिछले दौर के आइकॉन्स के टूटने के बाद

आज जहाँ हम खड़े हैं और नए विचारों के जिन थपेड़ों में हम जी रहे हैं, उस स्थिति में एक तरह का अवसाद, एक तरह की हताशा एक बड़े हिस्से में देखने में आ रही है। इन सब चीज़ों के बीच क्या सिर्फ दिग्भ्रम की स्थिति है या ये सब चुनौतियाँ मिलकर कुछ ऐसे संकेतक हैं जो सारे कोहरे के बीच से नए रास्ते दिखा रहे हैं? तो इस सन्दर्भ में मैं चाहता हूँ कि सबसे पहले नामवर जी अपने विचार रखें।

नामवर सिंह : पहले भी एक दौर के आखिरी हिस्से में 'ज्ञानोदय' निकला था। यानी आज़ादी के बाद के पचास वर्ष के ऊपर देखूँ तो मैं समझता हूँ कि चौथे दौर में हैं इस समय हम। यह दौर नेहरू जी की मृत्यु के साथ, भारत-चीन की लड़ाई और फिर भारत-पाकिस्तान की लड़ाई यानी 1965 के आसपास तक माना जाता है। इसी दौर में 'ज्ञानोदय' साठोत्तरी समय के अन्तिम शिखर पर जाकर बन्द हुआ था। दूसरा दौर जो शुरू हुआ वह लगभग 80 के आसपास का दौर है। पन्द्रह-बीस साल, जिसके मूल में इमरजेंसी है और बांग्लादेश की मुक्ति, उसी का बढ़ाव अगर मानें तो तीसरा दौर था। मेरे हिसाब से नब्बे तक मोटे तौर से 1969-70 से लेकर 90 तक का दौर कह सकते हैं। तीसरा दौर जो था वह साठोत्तरी की प्रतिक्रिया में था और चौथा दौर 90 के आसपास शुरू हुआ। सांस्कृतिक राष्ट्रवाद का वर्चस्व बढ़ा। उसी दौर से हम लोग गुज़र रहे हैं। मैंने राजनीतिक परिवर्तनों की भाषा में इन दौरों को प्रस्तुत किया है। लेकिन साहित्य के विषय और साहित्य की चिन्ताएँ इसके साथ-साथ बदलती रही हैं, यह ध्यान देने लायक बात है। तो इस दौर में इस वक्त जो साहित्यिक विमर्श हैं और जो कविता के, उपन्यास के, कहानियों के विषय हैं वे बदल गए हैं। मोटे तौर से मैं पहले तीनों दौरों को एक नए राष्ट्र के निर्माण की लम्बी प्रक्रिया मानता हूँ। और इस दौर में आकर खुद इतिहास लिखने की प्रक्रिया में राष्ट्र उतना केन्द्र में नहीं रह गया था। इतिहासकारों ने अपने इतिहास को जैसे देखा, उसके बरक्स हम देखें तो सबाल्टर्न पर ज़्यादा ध्यान हुआ जो साठोत्तरी दौर से ही शुरू हो गया था, जिसको नक्सलवादी आन्दोलन के नाम से जानते हैं। उसी तरह से मंडल, दलित, स्त्री-साहित्य के ये विषय इस बीच में दिखाई पड़ते हैं। पहले की चिन्ताओं को हम देखें तो पाएँगे कि एक लम्बे अरसे तक साठ के दशक में आधुनिकता और आधुनिकीकरण पर लम्बी बहस चल रही थी और साहित्य दो खेमों में बँटा हुआ था। एक तो मोटे तौर पर मार्क्सवादी था, और दूसरा आधुनिकतावादी। राजनीतिक दृष्टि से वह शीत युद्ध का जमाना था। मैं उस दौर का नाम इसलिए खासतौर से जान-बूझकर लेना चाहता हूँ क्योंकि इस पूरे दौर की गहरी प्रतिक्रिया चौथे दशक में आई। विचारधारा के रूप में अमरीकी विचारधारा बहुत गहरे रूप में साहित्य के बड़े हिस्से को इस शीत युद्ध के दौर में प्रभावित कर रही थी। विचारधारा का पक्ष और विचारधारा का विरोध साहित्य की अपनी स्वायत्त सत्ता है। मोटे तौर से जिसे हम नेहरू युग कहते हैं और

उस दौर के अधिकांश लेखक जो आधुनकितावादी थे, वे व्यवस्था-विरोधी और राजसत्ता-विरोधी थे, और बहुत स्पष्ट था कि नेहरू की सारी विचारधारा भारत-सोवियत रूस मैत्री के कारण कहीं-न-कहीं सेक्युलर और प्रगतिशील विचारधारा की प्रच्छन्न समर्थक मानी जाती थी।

नया अर्थतन्त्र तो पूरा-का-पूरा 1990 से शुरू हो गया था। वह एक अमरीकी वर्चस्व था। विचित्र बात है कि '60 के दशक में आत्मनिर्भर अर्थव्यवस्था और सार्वजनिक अर्थतन्त्र की मज़बूती और अमरीका के वर्चस्व को अस्वीकार कर दोनों खेमों से अलग एक तीसरा रास्ता तलाश करने की कोशिश की जा रही थी, परन्तु साहित्य में नहीं हो रहा था यह। इसके लिए संघर्ष था साहित्य में। लेकिन सार्वजनिक जीवन में लगभग नए स्वाधीन राष्ट्र ने अमरीकी वर्चस्व को स्वीकार नहीं किया था। और आज चौथे दौर में लगभग इस राष्ट्र ने, या कहना चाहिए राज्यसत्ता ने उस वर्चस्व को पूरी तरह स्वीकार कर लिया है कि उसके सिवा दूसरा रास्ता हमारे लिए विकास का नहीं है। और जहाँ तक अर्थतन्त्र के विकास का सवाल है, राष्ट्र में सर्वानुमति-सी बनी हुई दिखाई पड़ रही है। अब हम अमरीकी वर्चस्व को इस हद तक स्वीकार कर चुके हैं कि आत्मनिर्भर विकास का मॉडल ही छोड़ दिया है, जो उस दौर में था। यह लगभग सर्वानुमति बनी है इसलिए इस दौर में सरकार के विरोध का अर्थ दूसरा है। और लेखक आज राज्यव्यवस्था का विरोध करे या न करे, लेकिन विडम्बना यह है कि स्वयं सांस्कृतिक राष्ट्रवाद इसका विरोध करता दिखाई पड़ता है। लेकिन इसका विरोध करने के साथ वह सार्वजनिक संस्थाओं को मज़बूत करने की बात नहीं करता। तो विकास किस तरह होगा? गांधीजी का नाम बार-बार लेते हैं तो भ्रम की स्थिति पैदा होती है।

इसलिए मुझे ऐसा लगता है कि इस चौथे दौर में हम लोग विचारधारा के स्तर पर भी अमरीकी विचारधारा को अपना रहे हैं। पंकज सिंह अभी उत्तर-उपनिवेशवाद की बात कर रहे थे। साठ के दशक में यह शब्द ही नहीं चला था। पोस्ट-कोलोनियलिज़्म ऐसे समय चल रहा है जब एक तरह का नव उपनिवेशवाद शुरू हो गया है और पोस्ट-कोलोनियलिज़्म की विचारधारा भी पश्चिम से आई हुई है। इसलिए इस उत्तर-उपनिवेशवाद की जाँच करने की ज़रूरत है कि यह अचानक ऐसे समय आया है जबकि एक नए ढंग का उपनिवेशवाद जो बाज़ार के माध्यम से, विश्व-बाज़ार और वित्तीय संस्थाओं के माध्यम से आ रहा है जिसके केन्द्र में अमरीका है। याद होगा कि उस दौर में हिरोशिमा की घटना हो चुकी थी। विश्व-शान्ति आन्दोलन था। पूरा आन्दोलन इस बात का था कि दुनिया को परमाणु युद्ध के खतरे से बचाया जाए। और आज लगभग यह ज़िक्र हो रहा है कि कैसे परमाणु शक्ति पर नियन्त्रण किया जाए? लेकिन साहित्य की दुनिया में परमाणु विरोधी आन्दोलन कहीं दिखाई नहीं पड़

रहा है। हमारे यहाँ भी इसकी कोई चिन्ता नहीं है। तो ये जो नया उत्तर-उपनिवेशवाद जिसमें नव-उपनिवेशवाद बढ़ रहा है, अमरीकी वर्चस्व बढ़ रहा है, उसका साहित्य में उल्लेख कर दिया जाता है लेकिन गहरा विमर्श उत्तर आधुनिकता की राजनीति पर नहीं होता। पोस्ट-मॉडर्निज़्म एक आइडियोलॉजी है। भले ही वह फ्रांस में निर्मित हुई हो लेकिन वह विश्व विचारधारा बनी या बनाने की कोशिश की गई तो अमरीका में जाकर यह सब हुआ। देरीदा, फूको वगैरह पैदा चाहे जहाँ हुए हों, लेकिन अमरीका के माध्यम से उनकी उत्तर आधुनिकता विश्व विचारधारा के रूप में सब जगह पहुँची और उसकी मौत की भी घोषणा करने वाले कहाँ मौजूद हैं? रूस में 1991 के बाद जब समाजवाद खत्म हुआ तब वहाँ पोस्ट-मॉडर्निज़्म पर जर्नल और किताबें निकल रही थीं। तब मुझे लगा, बहुत और गहरा सम्बन्ध होना चाहिए इससे (बाज़ारवाद से) पोस्ट-मॉडर्निज़्म का।

हमारे यहाँ एक निश्चित ऐतिहासिक पृष्ठभूमि में अमरीकी अर्थतन्त्र ही नहीं आया है। प्रसंगवश कहना चाहता हूँ कि पोस्ट-मॉडर्निज़्म आइडियोलॉजी का ही हिस्सा है। पॉलिटिक्स ऑफ आइडेन्टिटी, जिसे अस्मिता की राजनीति कहते हैं, उसी राजनीति का अंग है। नारी विमर्श, दलित विमर्श, पिछड़े वर्ग का विमर्श, सबाल्टर्न। यह सारा का सारा पोस्ट-मॉडर्निस्ट है, बुनियादी रूप में। इसलिए 'ज्ञानोदय' ने जिस नई चुनौती को उठाया है वह चौथे दौर की चुनौती है, जिस दौर से हम गुज़र रहे हैं। सोचना चाहिए कि नेहरू युग की जो राजनीति थी या जो अर्थतन्त्र था, उस समय सम्प्रदायवाद नहीं था। यह समझा जाता था, पब्लिक सेक्टर के द्वारा नेहरू का योजनाबद्ध विकास आत्मनिर्भर अर्थतन्त्र विकसित करेगा। लेकिन उसमें कमजोरियाँ दिखाई देने लगीं। और तब कहा गया था कि जब तक व्यक्तिगत होड़ नहीं होगी—जो पूँजीवाद की ताकत है—तब तब आर्थिक विकास नहीं होगा और यह तो कोटा परमिट राज होकर रह गया है। तो भ्रष्टाचार के कारण सरकारी अर्थतन्त्र की बड़ी आलोचना की गई, लेकिन लोग आज माने बैठे हैं कि व्यक्तिगत पूँजी के निवेश से, उनकी आपसी होड़ से भ्रष्टाचार नहीं होगा और सभी लोगों को रोज़गार मिल जाएगा। तब मुक्त बाज़ार में ये सारे दोष देखे जाते थे, अब सारे गुण पूँजीवाद में दिखाई पड़ रहे हैं। लोग समझते हैं कि पूँजीवाद आएगा तो स्वास्थ्य, रोज़गार और बाकी चीज़ों के अपार द्वार खुलेंगे। मान लिया गया है कि समाजवाद में बहुत बुराइयाँ थीं, व्यक्तिगत आज़ादी नहीं थी, सारी चीज़ें नहीं थीं। अब उसमें बड़ी सुरक्षा दिखाई पड़ रही है। कांग्रेसियों का शोशा था पूँजीवाद का विरोध करना। अब वही राक्षस देवता बन गया है। ये सारी की सारी चीज़ें एक डेफिनिट आइडियोलॉजी के तहत हैं और उस आइडियोलॉजी का एक सुविधाजनक नाम बता रहा हूँ—तथाकथित पोस्ट-मॉडर्निज़्म, जिसकी नजर में सारी बुराइयाँ मॉडर्निज़्म की हैं क्योंकि वह एज ऑफ रीज़न और

एनलाइटेनमेंट था। परन्तु उसके बदले में जो मिल रहा है, वह क्या है? इस वैचारिकता की जाँच-पड़ताल यदि साहित्यकार नहीं करेगा तो अर्थशास्त्री तो नहीं ही करेगा और पॉलीटिशियन इसलिए नहीं करेंगे कि उनकी दिलचस्पी सिर्फ पॉवर पॉलिटिक्स में है। दर्शन के लोग जो हैं, वे वेद में सारी चीज़ें ढूँढ़कर दिखा देंगे। वे मान बैठे हैं कि रीज़न और विवेक नाम की चीज़ जो है वह सबसे बुरी चीज़ है। जिस विवेक का सहारा आप लेते हैं, उस पर पोस्ट-मॉडर्निज़्म का सबसे बड़ा हमला है–रीज़न यानी विवेक पर। इस चौथे दौर में जो बौद्धिक स्तर पर खतरे हैं इनका ताल्लुक साहित्य से है।

पंकज सिंह : टेरी ईगल्टन ने 'इल्यूज़न्स ऑफ पोस्ट-मॉडर्निज़्म' में आइडेन्टिटी पॉलिटिक्स की बात कही थी। उसके 'एनलाइटेनमेंट ऑफ वेल्यूज' के दायरे में पोस्ट-मॉडर्निज़्म आता है। उसने कहा था मैं सोशलिस्ट नजरिए से पोस्ट-मॉडर्निज़्म की जाँच कर रहा हूँ। वे सन्देह के दायरे में लाकर अपनी विचार शैली बनाते हैं। इसी में टेरी ईगल्टन ने कहा था कि किस तरह यह एक हिस्टोरिक शिफ्ट है, जिसमें पूँजीवाद के उपकरण बदले हैं।

नामवर सिंह : इस पर एक टिप्पणी करके मैं छोड़ देता हूँ कि ईगल्टन कोई प्रमाण नहीं हैं। आपके लिए होंगे, मेरे लिए नहीं हैं, मार्क्सिस्ट होते हुए भी। एक मोटा तथ्य यह है कि इन सारी चीज़ों के होते हुए भी, इंग्लैंड अछूता रहा है पोस्ट-मॉडर्निज़्म के प्रभाव से। हम लोगों के लिए यानी भारत के लोगों के लिए ईगल्टन या कोई हो, चाहे मार्क्सवाद, अब इन सब पर बहस अप्रासंगिक हो गई है। इसलिए हम लोग अपनी समस्या क्या है, इसी को देखें। इंग्लैंड के या दुनिया के दूसरे देश उन समस्याओं से कैसे लड़ रहे हैं, उनके लिए क्या ज्वलन्त है, यह उनकी अपनी समस्या होगी। हमारे यहाँ जिस शक्ल में समस्याएँ आई हैं उसी को हमलोग देखें और मार्क्सवाद बनाम पोस्ट-मॉडर्निज़्म बहस चलाने की कोशिश न करें क्योंकि हिन्दुस्तान में मेरी जानकारी में, मार्क्सवादियों में, जितने लोगों को मैं जानता हूँ, उन्होंने पढ़ा भी नहीं है पोस्ट-मॉडर्निस्ट लोगों को और उसके विरोध में लिखने या उस पर बहस करने की ज़रूरत भी नहीं समझते हैं, यह उन लोगों के लिए इर्रेलिवेन्ट है। मैंने कहा कि बहुत-से लोग न जानते हुए उन समस्याओं को छू रहे हैं जो समस्याएँ कहीं-न-कहीं जाकर वहाँ जुड़ जाती हैं। यानी परिणाम यह हुआ है कि हमने साहित्य में इसे मान लिया है कि विचारधारा नाम की न कोई चीज़ होती है। न एंड ऑफ आइडियोलॉजी की घनघोर विजय इस समय हिन्दी साहित्य में दिखाई पड़ती है, जहाँ लोगों ने मान लिया है कि विचारधारा कोई हो, विचारधारा खतरनाक चीज़ है, बुरी चीज़ है। इसकी कोई ज़रूरत नहीं है। इस हालत में उन्होंने पोस्ट-मॉडर्निज़्म को भी खारिज कर दिया है।

सुधीश पचौरी : मैं एक करेक्शन कर रहा हूँ। चूँकि बातचीत में एक कनफ्यूजन है और एक गैर-जानकारी है। देरिदा को पोस्ट-मॉडर्निज़्म में डालना, एक तरह से इंटेलेक्चुअल इडियासिटी है। यह लगभग एक ऐसी कसरत है जिसका कोई मतलब नहीं है। इससे लगता है कि देरिदा को लोकेट करने में भी दिक्कत है। यह इत्तिफाक है कि पोस्ट-स्ट्रक्चरलिज्म और देरिदा और पोस्ट-मॉडर्निज़्म एक ही दौर में सक्रिय हुए हैं और उनके प्रभाव पड़े हैं। लेकिन दोनों एक-दूसरे के आमने-सामने रहते हैं, एक-दूसरे से एक्सचेंज करते हैं, एक-दूसरे को काटते भी हैं। मैं अपना वक्तव्य नहीं दे रहा हूँ, मैं सिर्फ इसे करेक्ट कर रहा हूँ, प्लीज!

पंकज सिंह : नारंग जी, मैं चाहूँगा कि आप भारतीय समाज और साहित्य के सन्दर्भ में अगर इस बात को वापस लाएँ और इसके कुछ कारकों की ओर कुछ संकेत करें कि साहित्य और इस समाज के सामने आज क्या चुनौतियाँ हैं?

गोपीचन्द नारंग : चूँकि बात साहित्य की हो रही है, अगर हम इस वक्त दुनिया भर में जो हो रहा है, सियासी सतह पर, पॉलिटिकल सतह पर, पूँजीवाद की सतह पर दूसरी तब्दीलियाँ हो रही हैं उन सब पर जाएँ; जो चैलेंजेज संस्कृति के लिए दुनिया में ग्लोबलाइजेशन के नाम पर कमर्शियलाइजेशन के नाम पर, और जिस तरह रिवा-इवलिज़्म की तरफ इशारा किया गया, ये सब अलग-अलग मुद्दे हैं।

मैं सोचता हूँ कि एक ऐसी विचारधारा जो हर बँधी-टिकी परिभाषा को रद्द करती हो उस विचारधारा को आप किसी एक स्तर पर रखकर कैसे देख सकते हैं? आमतौर पर लोग ये सवाल उठाते हैं और अभी भी कहा गया, नामवर जी ने संकेत किए कि मार्क्सिज़्म का जमाना एनलाइटेनमेंट का जमाना कहा जाता है। सही। और मॉडर्निज़्म दुनिया भर में आत्मचेतना प्रोजेक्ट का हिस्सा था, यह माना जाता है। हमारे यहाँ यह ऐसा था कि नहीं, यह सवाल अलग है। लेकिन यह कि रीज़न पर सवालिया चिह्न लगा दिया गया है। किसी हद तक यह बात सही है लेकिन पूरी तरह सही नहीं है। कांट से लेकर हीगल तक, और हीगल से लेकर हाइडेगर तक और बाद में भी ये सवाल बार-बार उठाए गए हैं। क्या सच्चाई या रियलिटी केवल उतनी है जितनी हमें आँखों से दिखाई देती है? या सच्चाई वह है जो मन की आँखों से देखी जाती है? इन दोनों बातों में जमीन-आसमान का फर्क है। यहाँ से एक भयंकर परिवर्तन आया। जूलिया क्रिस्टीवा इतनी गैर-ज़िम्मेदार नहीं हैं। एक पोयटिक रिज्योल्यूशन पर जब वह बुनियादी तौर पर यह सवाल उठाती है कि राजनीति हो या संस्कृति या साहित्य हो—इन सब में जब बड़े बदलाव आते हैं तो उनकी परछाईं पहले भाषा में दिखाई देती है। और उन सब बहसों में हुआ यह है कि हम आइडेंटिटी की बात तो करते हैं, हम अपनी पहचान की बात तो करते हैं, हम अपनी परम्परा की बात तो करते हैं लेकिन इसे भूल गए हैं कि भाषा के सन्दर्भ में जितनी गहरी सोच भारतीय

चिन्तन में मिलती है, किसी दर्शन की परम्परा में नहीं मिलती। देरिदा जो बातें कह गया वे सब उसने खुद लिखी ही नहीं। उसके शिष्यों ने लिखी होंगी, उसके लेक्चर के नोट्स। लेकिन उसका बुनियादी काम संस्कृति पर है और न्याय पर।

अगर आप पाणिनि को देखें, भर्तृहरि को देखें, नागार्जुन को देखें तो पाएँगे कि उनके यहाँ बहुत साफ-साफ रीज़न की बात उठाई गई है। कहा गया है कि भाषा केवल रीज़न का नाम नहीं है। जितना रेशनलिस्ट दर्शन बाद में विकसित हुआ है, (सो कॉल्ड रेशनलिस्ट) इसे छोड़ भी दें तो भी हमारी परम्परा में सबसे पहले न्याय में यह बात कह दी गई कि भाषा में कहीं कोई चीज़ पॉज़िटिव नहीं है। मधु कहने से मुँह मीठा नहीं हो जाता या अग्नि कहने से ज़बान जल नहीं जाती। मैं डिटेल में नहीं जाता, लेकिन यही बात कर्नेल सोसिया ने कहा कि 'देयर इज़ नथंग पॉजिटिव इन लैंग्वेज, लैंग्वेज ऑपरेट्स थ्रू निगेटिविटी।' और जब लैंग्वेज निगेटिविटी से ऑपरेट करती है तो किसी भी लिखी हुई चीज़ का अर्थ सिर्फ रीज़न से एक जगह पर कायम नहीं हो जाता। देरिदा क्यों कहता है–'मीनिंग इज़ इन्नेट सिन्स द कॉन्टेस्ट इज़ इनफेनाइट।' शेक्सपीयर की रीडिंग बदलती जा रही है। ग़ालिब की रीडिंग उनकी ज़िन्दगी में बदल गई। उन्हें लोग बेवकूफ कहते थे। मंटो की रीडिंग हमारे देखते-देखते बदल गई। मंटो को अदालत के कटघरे में खड़ा होना पड़ा। कौन-सी बदनामी थी, रुसवाई थी, गाली थी जो मंटो के युग ने मंटो को नहीं दी? बाद में उसकी तारीफ़ की गई लेकिन मंटो पर जब मुकदमा चल रहा था, कोई उनको चार आने की चाय पिलाने तक नहीं आता था, सिवा बारी अली के। वह अकेला जज से बहस करता था। तो वह क्या चीज़ है साहित्य में जिसकी वजह से साहित्य की इंटरप्रेटेशन बदलती है? और कोई अन्तिम व्याख्या नहीं होती। इंटरप्रेटेशन में खुद द्वन्द्वात्मकता (कॉन्फ्लिक्ट) है। अब समस्या यह है कि आज इरा वक्त इतना क्राइसिस है हमारे यहाँ–पॉलिटिकल क्राइसिस, कल्चरल क्राइसिस, इकोनॉमिक क्राइसिस और जिस तरह के सवाल उठाए गए, अगर हम पॉलिटिकल थिंकर हैं, सोश्योलॉजिस्ट हैं तो उस गहराई में जाएँ। और अगर साहित्यकार हैं तो देखें कि जिन रास्तों से हमारा काफिला गुज़रा है सन सैंतालीस के बाद या सन पचास के बाद, और आज तक जो आए हैं तो इस मामले में कितनी बड़ी तब्दीली हुई? तब्दीली तो हो गई लेकिन जहन साफ नहीं है। एक बहुत बड़ी बात तो बार-बार सामने आती है वो यह है कि क्या साहित्य सेल्फ सस्टेनिंग है? सेल्फ रेग्लेटिंग है? खुद मुख्तार है? ऑटोनोमस है? मैं तो अब कल के मार्क्सिस्टों को भी यह कहते सुनता हूँ कि हाँ, साहित्य ऑटोनोमस है। अगर साहित्य स्वायत्त है तो पोस्ट-मॉडर्निस्ट थिंकर्स ने सबसे बड़ा सवाल यह उठाया है कि रीडिंग्स क्यों बदलती है? कैनन्स क्यों बदलता है? क्यों बड़े बाज कवि बिलकुल बैकग्राउंड में चले जाते हैं? उर्दू में नजीर जैसे कवि की ज़िन्दगी में उनके बारे में लिखा

गया है कि वह नॉन-पोएट है। लचर और पोच बकता है। आज वह सेंटर स्टेज पर है। ये सब तब्दीलियाँ कैसे होती हैं? अगर वे बड़े स्कूल हैं। मिसाल के तौर पर–तरक्कीपसन्दों का और आधुनिकता वालों का। तरक्कीपसन्दों में रास्ता उस ज़माने में बहुत आसान था। मार्क्सिज़्म की वह ताबीर बहुत आसान थी जो किसी एक पॉलिटिकल पार्टी के द्वारा मिलती थी। और सीधी-सी बात यह कही जाती थी कि समाज आइडियोलॉजी के नीचे बैठे और आइडियोलॉजी का सबसे बड़ा फर्ज है कि वह समाज को बदले। इस बात में कोई बुराई तो नहीं है, लेकिन समाज को बदले एक खास तरीके से सुर्ख इन्कलाब लाने के लिए। इस पर जगह-जगह सवालिया निशान लगे। यह इंटरप्रेटेशन या साहित्य से काम लेने का यह तरीका रीज़न पर निर्भर था, केवल तर्क पर। साहित्य में जो कुछ होता है, वह सब कांशस माइंड का खेल नहीं है। कांशस और अनकांशस और क्युमुलेटिव अनकांशस के घालमेल से शक्लें बनती और बिगड़ती हैं। आधुनिकतावालों ने कहा–उसमें हम भी शरीक थे क्योंकि उस वक्त वह एक रिवोल्यूशन था, वह जो जकड़बन्दी पैदा हो गई थी। टोटैलिटेरियन जकड़बन्दी एक ऐसी सोच, जो फार्मूलाबद्ध थी और कहीं-न-कहीं मैनिफेस्टो पर अमल करती थी और नारेबाजी या प्रोपेगंडा थी। तो आधुनिकता हमारे यहाँ आत्म सजगता के प्रोजेक्ट का हिस्सा नहीं बनी कभी, कम-से-कम मेरी भाषा में नहीं बनी। मगर उसमें इतना तो था कि आज़ादी थी, नए तजुर्बे की गुंजाइश थी। फिर इसे तोड़ा उत्तर-आधुनिक चिन्तन ने। मुद्दे बहुत हैं, मैं सिर्फ एक बात को लूँगा, जिसका संकेत आपने किया था। 'डैथ ऑफ द ऑथर' का मतलब यह बिलकुल नहीं है कि ऑथर की मौत हो चुकी है, लेखक की मौत हो चुकी है, अर्थ की मौत हो चुकी है, साहित्य की मौत हो चुकी है, संस्कृति की मौत हो चुकी है। हर्गिज नहीं। दाँत अपनी जगह पर हैं, जिह्वा है, कंठ है, सबकुछ है, आँखें हैं, आप इन्सान हैं, हाथ-पाँव हैं–इस समाज में रहिए। भाषातंत्र को अलग कर लीजिए। सिस्टम को अलग कर लीजिए आपकी कोई पहचान बिलकुल नहीं रहेगी। लेखक अपनी पूरी परम्परा से, अपनी पोएटिक्स से, अपने सरमाए से अपने को अलग कर ले तो क्या वह लिख सकता है? नहीं। और रोमांटिसिज़्म में एक फेज यह था, क्लासिसिज़्म में भी। रोमांटिसिज़्म में भी कि लेखक जो है वह एक क्रिएटर है, वह एक सुपर कांशस है। उसकी संस्कृति, उसका इमेजिनेशन, उसकी क्रियेटिविटी–असल चीज़ वह है, जिससे वह रचता है।

असल तीन चीज़ें हैं–सबसे पहले तो भाषा का सिस्टम, फिर पोएटिक्स की परम्परा, फिर लेखक की सब्जेक्टिविटी, उसका मांइड, फिर जो टेक्स्ट लिखा गया वह मौजूद है। आज तक हमें नहीं मालूम कि अरेबियन नाइट्स का ऑथर कौन है? बहुत-सी ऐसी किताबें हैं, हमारी परम्परा और में तो और भी ज़्यादा हैं, क्योंकि वाणी जो है वो ब्रह्म है। शब्द को ब्रह्म का दर्जा दिया गया। तो क्या वह टेक्स्ट आज अर्थ

देते हैं कि नहीं? ज़िन्दा हैं कि नहीं? मौजूद हैं कि नहीं? लेखक के बिना मौजूद है इसलिए कि टेक्स्ट मौजूद है। और टेक्स्ट मौजूद है इसलिए उसका पढ़नेवाला मौजूद है। ये पढ़ी जा रही हैं। तो बार्थ ने बाइबिल के 'मैन प्रपोजेस गॉड डिस्पोजेस' की जगह 'राइटर प्रपोजेस रीडर डिसपोजेस' कहा। इसमें यह बदलाव आया कि जिसे हमने बहुत बड़ा क्रिएटिव समझ रखा था यानी 'लेखक के माइंड' को, केवल वही बड़ा नहीं है बल्कि उसके साथ टेक्स्ट यानी भाषातंत्र भी बड़ा है। हर युग के साथ उसकी अपेक्षा का आयाम, उसका मानी बदलता रहता है। मैंने देखा कि मुल्क रातोंरात नए बन जाते हैं। रात के बारह बजे तारीखें बदल जाती हैं, लेकिन कल्चर और साहित्य में तब्दीलियाँ बहुत आहिस्ता-आहिस्ता होती हैं। खासतौर से ऐसा चिन्तन, ऐसी विचारधारा जो तर्कों को खोलती है, जो हर तरह के अधिनायकवाद के खिलाफ होती है।

हमारा संविधान अपने को डेमोक्रेटिक भी कहता है, सोशलिस्ट भी कहता है और सेक्युलर भी कहता है। और सैंतालीस में आपने बँटवारा मान लिया और बँटवारा हुआ था 'टू नेशन थ्योरी' के नाम पर। तो पुनरुत्थान को तो बढ़ना ही था। और जब दुनिया की हालत यह हो गई कि एक खास मजहब का पुनरुत्थान टेररिज़्म के साथ जोड़ दिया गया, कुछ खराब कामों की वजह से, तो उसकी जद में हम भी आ गए। मेरा दुख– एक सोचने वाले, एक आलोचना करने वाले के तौर पर, सबसे बड़ा दुख यह है कि ये लोग लड़ रहे थे यानी हमारे लीडर, गोखले से लेकर और बाद में जितने भी हैं, गाँधी जी और जवाहरलाल नेहरू तक। यानी 1857 की लड़ाई तो हमने मिलकर लड़ी। उसके बाद भी जो मेनस्ट्रीम है हमारी फ्रीडम स्ट्रगल की, उसमें रिवाइवलिज़्म के रंग बहुत फीके हैं, जिनको कॉलोनियलिज़्म बढ़ावा देता है। 1922-23 में खिलाफत के फेल होने के बाद तक वह रंग बढ़ता गया जो बँटवारे तक पहुँच गया। अब उसके बाद न तो वह तरक्कीपसन्द रही जो फार्मूला या एक लीक देती थी न वह आधुनिकता ही क्योंकि साहित्य का स्वायत्त होना ही रद्द हो गया। अर्थ का फकत एक सेन्टर पर कायम होना ही रद्द हो गया। तो अब जो इतना बड़ा क्राइसिस है कल्चर का, उसमें लेखक का रोल क्या हो? सबसे बड़ी बात यह है कि कम-से-कम यह ज्ञान तो पैदा हुआ दुबारा कि भाषा संस्कृति का चेहरा है और कोई तब्दीली या चैलेंज, चाहे वह संस्कृति का हो, चाहे वह पॉलिटिक्स का हो या पॉलिटिकल सिचुएशन का हो, वह भाषाई सोच के बदलाव के बगैर मुमकिन ही नहीं है। बकते रहिए, सिर्फ कहते रहिए 'आइवरी टॉवर' साहित्य को। वह 'आइवरी टॉवर' नहीं है, वह ज़िन्दगी से जुड़ा हुआ है जैसा प्रेमचंद के युग से लेकर तरक्की पसन्दों के बाद के युग तक रहा। तो फिर पुरानी तरक्की पसन्दगी में और आज की उत्तर आधुनिकता में फर्क क्या है? मैं जहाँ तक जानता हूँ कि साहित्य का कोई चेहरा आइडियोलॉजी के बगैर नहीं है। कल्चर आइडियोलॉजी

से अलग नहीं है। पॉलिटिक्स तो सत्ता का खेल है, केवल साहित्य या आर्ट की दुनिया ऐसी है कि उससे बड़ा लोकतंत्र नहीं है कोई। सच्ची और खरी पोजीशन किसी भी लेखक की आज भी विरोध की है चाहे वह सत्ता का हो, पॉलिटिकल सिस्टम का हो या किसी और का। लेखक क्या चाहता है, अपनी आज़ादी, 'अपने जमीर की आज़ादी' से पोजीशन लेना। अफसोस है कि साहित्य ने पोजीशन लेना छोड़ दिया है। अलबत्ता पोजीशन किसी पॉलिटिकल पार्टी की दी गई लीक के मुताबिक हो या न हो, यह तय करना लेखक का काम है। सबसे बड़ी मिसाल मेरे सामने फैज़ की है। फैज़ पर इतने बड़े एतराज किए गए—और इसी बात पर मैं खत्म करूँगा। जब 1947 के बाद जोश भी लिख रहे थे आज़ादी पर, मज़ाज भी लिख रहे थे, अली सरदार जाफरी भी लिख रहे थे, तब फैज़ ने एक छोटी-सी नज़्म लिखी—'सुब्हे-आज़ादी।' लतीफा इस पर यह है कि अली सरदार जाफरी ने इस पर टिप्पणी की थी। कहा, 'इस तरह की नज़्म? ये नज़्म तो कोई आर.एस.एस. वाला भी लिख सकता है कि चले चलो कि वो मंज़िल अभी नहीं आई। कोई दूसरा भी कह सकता है।' अली सरदार जाफरी ने जो उस समय नज़्में लिखी थीं या जोश ने या बीसियों दूसरों ने, वे तो भूल गई हैं, फैज़ की नज़्म याद है। क्यों याद है, इसका जवाब आज भी अगर साहित्यकार देना चाहे तो उसको मालूम होगा कि इस उत्तर आधुनिक युग में उसको अपनी तरफें खुद खोलनी हैं, उसको अपनी डेफिनेशन खुद बनानी है, उसको अपना वैल्यू सिस्टम खुद आँकना है और उसको खुद किस तरह से ज़िन्दा रहना है, उस सच्चाई को पाने के लिए जो केवल, केवल साहित्य में ढूँढ़ी जा सकती है और जो हर्गिज, हर्गिज कोई कॉम्प्रोमाइज़ नहीं करती।

पंकज सिंह : अब मैं कोई टिप्पणी न करते हुए कमलेश्वर जी से आग्रह करूँगा कि वह अपनी बात कहें।

कमलेश्वर : मेरी दिक्कत यह है कि आप लोगों के बीच बैठने के लिए मुझे यह सब पढ़ना पढ़ता है जिसके बारे में बातें की गईं। लेकिन मेरी दुनिया कतई दूसरी है एक लेखक के रूप में। अगर आप चाहें तो चलिए इसी पर बहस कर लेते हैं कि पोस्ट-मॉडर्निज़्म क्या है! सवाल यह है कि आप दर्शन में ज़िन्दगी खोजते हैं, मैं लेखक के रूप में ज़िन्दगी में दर्शन तलाशता हूँ। मेरा फर्क यह है। हालाँकि यह सब पढ़ा मैंने भी है। लेकिन जब मैं लिखता हूँ तो देरिदा को पढ़कर नहीं लिखता या फूको को पढ़कर नहीं लिखता या नीत्शे को पढ़कर नहीं लिखता। मैं ज़िन्दगी को पढ़कर लिखता हूँ। हमारे तमाम समकालीन उसको पढ़ते हैं। जैसे डॉक्टर साहब (नारंग जी) ने जो बात कही कि भई, सिर्फ आप मन की आँखों से देख रहे हैं, लेकिन मुझे यह लगता है कि इससे भी बढ़कर कहीं-न-कहीं हम अपने-अपने वक्त को निश्चित रूप से अपने अनुभव की आँखों से भी देखते हैं और तब हमारे नतीजे निकलते हैं। वे नतीजे किसी भी पार्टी के दफ्तर में बैठे हुए लोगों के द्वारा समर्थन पाते हैं या नहीं पाते हैं, इससे

हमें कोई लेना-देना नहीं। लेकिन आपने जो भूमिका दी और जिस तरह की स्थितियाँ आज आईं, मेरे भी ज़माने में थीं। उस समय अस्तित्ववाद था। वह आया था एकाएक। लोग एकाएक अस्तित्ववादी हो गए थे। एक-दूसरे को पहचानना छोड़ दिया था। चूँकि ये फ्रांस से आया था...तो हम एक-दूसरे को पहचानना बन्द कर चुके थे। नामवर जी ने जिसे साठोत्तरी लेखन कहा था उसमें आप देखिए कि कितना कुछ विरूप आया, एन्टीलिटरेरी ट्रेंड्स आए थे। अकविता, अकहानी, बुभुक्षावाद, भूखी कविता, श्मशानी पीढ़ी; ये सब सारा का सारा तमाशा जो आया था साठोत्तरी पीढ़ी में, इससे लगता है कि एक आदमी कहीं-न-कहीं आत्महत्या के लिए सुविधाजनक जगह तलाश रहा है, यानी जो आत्महत्या करना चाहता है। तो इस तरह की चीज़ें आईं, एकाएक प्रतीक बदले साहित्य में, हालाँकि पी.एल. फोर एट्टी गेहूँ अमरीका का बहुत पहले आ चुका था हमारे यहाँ और उसके साथ ही देश में अकहानी के साथ क्रॉक्रोच, तिलचट्टे उलटे पड़े हुए थे। उसी तरह कुछ कुत्ते पूँछ दबाए हुए, भागते हुए रिरियाते हुए निकल गए। कुछ नीले अँधेरे आए। नीले अँधेरों में बैठकर लोग क्या बातें कर रहे थे, कुछ समझ में नहीं आती थीं।

तो हुआ क्या कि हमारे साहित्य में इन तमाम दार्शनिक सिद्धान्तों के बावजूद जो ज़िन्दगी में से दर्शन निकल रहा था, उस दर्शन के तहत यह लग रहा था कि हमारे सामान्य आदमी की या औसत आदमी की जो चिन्ताएँ थीं, वे जिसे आप नेहरू का दर्शन कहते हैं, मैं कहता हूँ कि वह उस समय के हमारे सामान्य आदमी का दर्शन था जिसे हम सुविधाजनक रूप से हम 'नेहरू का स्वप्न' कह देते हैं। तो वह एक स्वप्न, बनता हुआ स्वप्न था सबके मन में, आज़ादी के तत्काल बाद। लेकिन उसी के साथ-साथ जिस तरह से शीत युद्ध चल रहा था, जिस तरह की स्थितियाँ थीं, जिस तरह से हमने कहीं-न-कहीं अपने लिए कुछ सिद्धान्तों को तय किया था वे सिद्धान्त बहुत जबरदस्त परेशानी लाए। हालाँकि उनका कॉमन आदमी से सीधा लेना-देना नहीं था लेकिन सवाल इस बात का था कि हमें यह देखना पड़ता था कि उनका क्या असर पड़ता है? आप देखें कि जिस समय हमारे यहाँ पब्लिक सेक्टर का बनना शुरू हुआ तो वे कहाँ बने? सारे के सारे वे बड़े शहरों में नहीं हैं। यहाँ से निकलकर कस्बे और दूर-दराज जगहों में वे स्थापित थे। गाँव की आबादी रोज़गार पाने के लिए या दूसरे को रोज़गार मुहैया कराने के लिए निकलने लगी। तो उनकी सच्चाइयाँ बदल रही थीं और वे सच्चाइयाँ ये थीं कि कहीं-न-कहीं उन्हें लग रहा था कि इसमें शामिल होने से हमारा सपना साकार होता है। फिर उसके बाद एक मोहभंग की स्थिति आती है।

तो हमेशा मुझे लगता है कि जो धरती का या अपने अनुभव का साहित्य है वह किसी दर्शन के साथ नहीं चलता। वह अपना दर्शन पैदा करता है। और उसके साथ चलते-चलते साहित्य में साहित्यवाद बड़ी जल्दी आ जाता है। और साहित्यवाद मुझे

लगता है कि हमेशा एक ऊपरी सतह का साहित्य पैदा करता है। मुझे यह दिखाई देता है कि कहीं-न-कहीं दुनिया जिस तरह बदली तो हमारे लिए चुनौतियाँ बदलीं, जिनका सवाल आपने उठाया।

मुझे लगता है कि आज बड़ी भारी चुनौती हमारे सामने यह है कि एक अजीब तरह का धर्मोन्माद, एक अजीब तरह की—सांप्रदायिकता। आज मनुष्य को धर्म, जाति और उसके तमाम संस्कारों के तहत ज़्यादा संवेदनशून्य किया गया। आज आप दंगे की खबर पढ़िए। गुजरात में जो कुछ हुआ, चाहे वह गोधरा हो, चाहे उसके बाद का हो, उसमें आप देखें तो चाकू, खून, आग—सारी चीज़ें इतनी मामूली बना दी गई हैं, जैसा कि प्रोफेसर नारंग ने कहा कि अग्नि बोलने से जीभ नहीं जलती—आज अग्नि देखकर भी हमारा दिल नहीं जलता। तो यह तो संवेदनशून्यता आई है समाज में, तब लेखक क्या करता है? बनावटी शब्द तलाशता है क्योंकि उसके शब्द की जो शक्ति है वह उसे खारिज होती दिखाई पड़ती है। आज आप देखिए खुद हिन्दी में हिन्दी के शब्द एक-दूसरे से लड़ रहे हैं। राष्ट्र राष्ट्र से लड़ रहा है, आस्था आस्था शब्द से लड़ रही है। सैकड़ों शब्द अपनी भाषा में, अपनी भाषा के उन्हीं शब्दों से लड़ रहे हैं। तो लेखक के रूप में मैं यह सोचता हूँ कि आज तो संवेदनशून्यता है, उसके साथ-साथ जो साम्प्रदायिकता है, और उसके साथ एक अजीब तरह का यह जो उत्तर आधुनिकता का अवतारवाद हमारे यहाँ पैदा हुआ है, उसे पश्चिम ने नहीं दिया है हमें। बहुलता का जिस तरह से सारा का सारा तूमार खड़ा किया गया है; वह बेरोजगार, सबाल्टर्न उसमें शामिल हो जाता है।

मतलब यह है कि आज इस बढ़ी हुई आबादी ने जिस तरह का हमें एक अजीब तरह का अवसरवाद दिया है वह अवसरवाद राजनीति अपने लिए पैदा करती है। और राजनीति का अवसरवाद साम्प्रदायिकता को पैदा करता है; साम्प्रदायिकता धर्म पैदा नहीं करती। मेरा मतलब यह है कि आज का मनुष्य भयग्रस्त है। वह कहीं-न-कहीं भीतर से बेहद बेचैन है। वह यह नहीं सोच पा रहा है कि अपने विश्वासों को लेकर चल पाएगा कि नहीं चल पाएगा। ये चीज़ें मनुष्य को उसके स्वायत्त लोकतंत्र में रहने नहीं दे रहीं। हमारी परेशानी यह है।

सुधीश पचौरी : नो-नो। जो इशूज़ थे...मुद्दों को उलझाएँ नहीं। जो इशूज़ हैं, चाहे वह मॉडर्निटी का इशू हो, चाहे वह नेहरू ऐज का इशू हो, चाहे वह कम्युनिस्ट मूवमेंट का इशू हो—गम्भीर इशूज़ हैं। आपको उनके साथ एकाउण्टेबल होना चाहिए। सोवियत संघ का पतन क्यों हुआ, इसका कोई रीज़न? कोई एहसास? कोई रिव्यू? नॉट एट ऑल! दूर-दूर तक नहीं। चाइनीज़ कम्युनिस्ट पार्टी अपने स्ट्रक्चर में बदलाव कर रही है कि पूँजीपतियों को हम सदस्य बनाएँगे। हाल ही में ग्लोबलाइजेशन का पार्ट बनकर वह हिन्दुस्तान में डम्प कर रहा है सामान। हिन्दुस्तान का मज़दूर बेरोजगार हो रहा

है। इंडस्ट्री, मैन्यूफेक्चरिंग इंडस्ट्री बन्द हो रही है। यू डोन्ट रिफ्लेक्ट अपॉन दीज़ थिंग्स। (आप इस पर कोई प्रतिक्रिया नहीं देते) एक राष्ट्र था, एक पब्लिक सेक्टर था। हम थे, हमने चीज़ें जमाईं। हमने पब्लिक सेक्टर पाया। हमने स्वायत्तता पाई। हमने पार्टी का ढाँचा पाया।...फ्री मिलेगा, इसलिए जनता जाए भाड़ में। अब जितनी अलामतें हैं; जो एक ज़माने में इम्पीरियलिज़्म को दे दी जाती थीं—अब वे सारी उत्तर-आधुनिकता के माथे मढ़ दी जाती हैं। यह उत्तर-आधुनिकता के बारे में इलिटेरेसी है। मैं इतना ही कहूँगा कि एक छोटा-सा सूत्र है, 'द इरोज़न ऑफ ऑटोनॉमी', स्वायत्तता का जो एक रूप था उसमें एक एनक्रोचमेंट हुआ, यह एक छोटा-सा सूत्र है पोस्ट-मॉडर्निटी का। और जेम्स जेमीसन ने अपनी मोटी किताब में इसे लेट कैपिटलिज़्म का परिणाम बताया। लेकिन उसने भी यह माना कि इसके अलावा मेरे पास कोई विकल्प नहीं है, मैं इसमें रह रहा हूँ यानी मैं इसका एक हिस्सा हूँ, चाहे एक नाराज हिस्सेदार हूँ। लेट कैपिटलिज़्म, इनसेंसिटिव कैपिटलिज़्म। मार्क्सिज़्म इज देयर। लेकिन वह क्रिटिकल है। अब इसमें हम यह कहें कि साहित्य रुका हुआ है क्योंकि यह (उत्तर-आधुनिकतावाद) आ गया है। यह लगभग एक प्रकार से यह कहना है कि हम इस खतरे को स्वीकार करते हैं, ताकि हमारी दुकान चलती रहे। मैं पचास जगह समझौते करता हूँ, मैं दस जगह झूठ बोलता हूँ, मैं अपनी स्वायत्तता को रोज़ तोड़ता हूँ, मैं रिप्रजेंटेशन को डेली लूज़ करता हूँ, लेकिन मैं डिस्कोर्स (परिचर्चाओं) में जाता हूँ तो कहता हूँ कि स्वायत्तता ज़रूरी है, रिप्रजेंटेशन ज़रूरी है, क्रान्ति ज़रूरी है। सबसे बड़ी चुनौती यह बेईमानी है जो किसी भू-मंडलीकरण ने नहीं दी है। सिम्पल चीज़ है, जो इशूज़ हैं, सिम्पल इशूज़ हैं कि क्या मैं एक्सप्रेस कर पा रहा हूँ, क्या मैं अभिव्यक्त कर पा रहा हूँ, कह पा रहा हूँ? सच यह है कि मैं नहीं कहा पा रहा हूँ। बहुत-सी बातें नहीं कही जा रही हैं, मैं नहीं कह पा रहा हूँ। दैट इज़ द इरोज़न ऑफ ऑटोनॉमी। कोई और चीज़ है जो कही जा रही है। और ये टेक्स्ट में चली गई है, रीडिंग में चली गई है। यह कहना तथ्यसंगत नहीं है कि कम्युनलिज़्म बढ़ा है और सेक्युलरिज़्म घटा है। सेक्युलरिज़्म इंच-इंच फाइट करता हुआ आगे आया है। आँकड़े इस बात को बताते हैं। आज जितने सेक्युलर इशूज़ पर हम चर्चा करते हैं वे बिना मीडिया रिपोर्ट के बिना ह्यूमन राइट्स ग्रुप्स के, बिना एन.जी.ओ. के। 'पार्टी फेल्ड, द मीडिया नेवर फेल्ड।'

तुम टेक्नोलॉजी के बिना जी नहीं सकते और टेक्नोलॉजी को खतरा मान रहे हो यार! दिस इज़ योअर प्रोब्लम। मार्क्स ने टेक्नोलॉजी का कब विरोध किया? दिस इज़ रस्टीसिज़्म, दिस इज़ फासिज़्म, दिस इज़ हिन्दू तत्त्ववाद, दिस इज़ बिनलादेनिज़्म—ये सब कहते हैं, प्रगतिशील चोले में अपनी विफलता को छिपाने के लिए कि अपने पर कहीं क्वेश्चन न हो जाए। तो जो इशूज़ उठाए थे उनमें से लीजिए, क्या आप सातवें दशक में जा सकते हैं? कया आप पचासवें दशक में जा सकते हैं, और अगर

हिस्ट्री है तो जो न्यू हिस्ट्री है उसके साथ क्या मार्क्सवाद सिर्फ इसलिए विदा हो गया कि सोवियत संघ फेल हो गया? या चाईना फेल हो रहा है? या कि मार्क्सवाद ज़्यादा रिलेवेंट है? क्या उत्तर-आधुनिकता प्लूरिटी को प्रोवाइड करती है? जनतंत्र को मज़बूत करती है? अगर वह करती है तो वह फासिज़्म के विरुद्ध है। और विचित्र बात है कि जो बातें उत्तर-आधुनिकता के खिलाफ कही जाती हैं, आर.एस.एस. के इंटलेक्युअल्स भी कहते हैं क्योंकि वे भी किसी भी तरह के टोटेलिटेरियनिज़्म के विरुद्ध हैं। और जो पहचान के प्रश्न हुए, दलित और स्त्री के प्रश्न हुए, ये प्रश्न तुच्छ नहीं हैं, इनमें जान की बाजी लगी हुई है। नामवर जी, जान की बाजी लगी हुई है इसमें। ह्यूमन राइट्स के इशूज़ ट्रिवियल नहीं है, माइंड इट्! ये मजाक के विषय नहीं हैं। और इनका विरोध करना खुद टोटेलिटेरियन आइडियोलॉजी की शरण को खोजना है। अनेक लोग इनका विरोध करते हैं लेकिन ये फिर भी निकल के आ रहे हैं।

जब राष्ट्र बन रहा था हमारा, तो पहचान के प्रश्न सबसे ज़्यादा उग्र थे। नेशन स्टेट के फॉर्मेशन ने उन तमाम को मर्ज किया। अब अगर फिर आ रहे हैं वे तो क्या उनका कोई रिजोल्यूशन नहीं है? धर्म के प्रश्न को लें—आम आदमी मन्दिर जाता है। मार्क्सिस्टों में चलन है कि बीवियाँ मन्दिर घर में रखती हैं और पतिदेव बाहर सेक्युलर और नास्तिक होते हैं। एक आम आदमी मन्दिर जा रहा है, आपको क्या अधिकार है कि आप उसका मजाक उड़ाएँ? उसका दुख-दर्द दूर नहीं कर सकते, उसका मुकदमा नहीं जिता सकते; न उसकी तकलीफें, दूर कर सकते हैं, जिसको वह भगवान की शरण में जा कर अर्पित कर देता है और सोचता है कि वह ज़िन्दा रह जाएगा। इज इज़ अ थेरेपी (उपचार)। आप मार्क्सवाद को पता नहीं क्या-क्या संस्करण बनाकर टकरा जाते हैं। मैं कहना नहीं चाहता, मेरे एक वाक्य पर एक चैनल ने एक करोड़ का मुकदमा किया हुआ है। क्यों भई, व्हाट हैप्पण्ड? एंड व्हाट यू पिपल डिड? यहाँ जान की बाजी लगी हुई है। आप मजा ले रहे हैं। यू आर सेलिब्रेटिंग लिटरेचर।

पंकज सिंह : लेट अस नॉट गेट पर्सनल!

सुधीश पचौरी : नो, नो सर। सारी उत्तर आधुनिक ज़मीन का एक व्यक्तिगत रूप है और वह राजनीतिक है। मेरे लिए पर्सनल और पॉलिटिकल में कोई बहुत फर्क नहीं है। साब! मैं इस ड्रामे में शामिल नहीं हूँ कि ये तो ऑटोनॉमी है साब, इस पर चर्चा मत करना। ये आक्षेप नहीं है सर, मेरा कहना यह है कि जो इशूज़ हैं—स्वायत्तता का क्षरण है, प्रतिनिधित्व का संकट है; अगर हम इन दो मुद्दों पर शब्द के अर्थ की क्राइसिस की बात करें तो क्राइसिस को हम तय कर सकते हैं।

[*'नया ज्ञानोदय', प्रवेशांक, 2005*]

दलित चेतना और दलित साहित्य

नामवर सिंह, दूधनाथ सिंह, काशीनाथ सिंह, परमानंद श्रीवास्तव और सुधीर कुमार सिंह की बातचीत

दूधनाथ सिंह : इधर हिन्दी में दलित लेखन की बड़ी चर्चा है और इस चर्चा में हठपूर्वक वह बात उभर कर आई है कि जो जन्मना दलित है, वही दलित साहित्य रच सकता है या उसी का लेखन दलित-साहित्य के अन्तर्गत रखा जाएगा। ऐसा मराठी और गुजराती के दलित लेखक भी कमोबेश मानते रहे हैं। यानी जो दलित वर्ग में नहीं पैदा हुआ उसका दलितों के बारे में लिखा गया कैसा भी जीवन्त लेखन दलित साहित्य के अन्तर्गत नहीं आएगा। जैसे कि प्रेमचन्द हैं, निराला हैं, ऐसी स्थिति में प्रगतिशील चेतना को चित्रित और जाग्रत करनेवाला साहित्य या हिन्दी की प्रगतिशील आलोचना, जो बहुत सारे लेखन को वर्गीय चेतना से जोड़कर व्याख्यायित करने का काम करती है, उसके बारे में आप क्या सोचते हैं?

नामवर सिंह : ऐसा है कि इसका इतिहास बताना ज़रूरी है या यों कहिए कि उसे याद दिलाना ज़रूरी है। 'मंडल' जब शुरू हुआ और उसका 'कमंडल' लेकर 'जलेसं' के राष्ट्रीय उपाध्यक्ष व 'हंस' के सम्पादक व हमारे-आपके सबके मित्र श्री राजेन्द्र यादव ने 'दलित लेखन' पर दिल्ली में एक गोष्ठी कराई। उन दिनों ओमप्रकाश वाल्मीकि उन्हें नए-नए मिल गए थे जो दलित लेखक हुए थे। उनकी कविताएँ भी उन्होंने 'हंस' में छापी थीं। वे उस गोष्ठी में विशेष रूप से मौजूद थे। मुझे भी उस गोष्ठी में बोलने के लिए बुलाया गया था। इसकी एक रपट बाद में 'हंस' में छपी। अब इस बात को गुज़रे पाँच-छह साल तो हो ही गए, तो उस रपट में यह दिखाने की कोशिश की गई कि मैं उस गोष्ठी में दलित लेखन के विरोध में बोला था। इस गोष्ठी के कुछ समय बाद शिवपुरी में एक गोष्ठी आयोजित कराई गई। यह गोष्ठी पुन्नी सिंह द्वारा आयोजित की गई थी जो 'प्रगतिशील लेखक संघ' से सम्बद्ध हैं। पुनः मुझे बुलाया गया। इसमें मैनेजर पांडेय और चन्द्रकान्त पाटील भी थे। तो दिल्ली वाली गोष्ठी में दलित-लेखन का जो 'अन्नप्राशन' किया गया था, उसका 'उपनयन

संस्कार' शिवपुरी की गोष्ठी में हुआ। यह आयोजन 'दलित कलम' के नाम से किया गया था। वहाँ मैंने बोलते हुए कहा था कि यह नाम बहुत अच्छा, उचित और सार्थक है। क्योंकि 'कलम' का एक अर्थ 'कलम लगाना' भी होता है। जैसे कलमी आम की कलम लगाई जाती है; तो हमने कहा कि मूल पौधा तो मराठी का है, अब हिन्दी में इसकी कलम लगाई जा रही है। हो सकता है कि हिन्दी में यह 'कलम' अच्छी लगे। कलम से तैयार पौधा ज़्यादा अच्छा होता है। उसके बाद 'हंस' में इस आयोजन की भी रपट छपी। रपट में यह कहा गया कि पहले तो मैं दलित लेखन का विरोधी था, अब समर्थक हो गया हूँ। क्योंकि मैंने स्वागत किया है।...तो जैसा कि अक्सर पृष्ठभूमि बताते हुए कहा जाता है कि महाभारत-काल में ऐसा हुआ, वैसा हुआ तो उसी प्रकार काफी पहले याद करें तो 'आपातकाल' के ज़माने में उज्जैन में एक गोष्ठी हुई थी।[1] बहुत बातों के अलावा हमने उस गोष्ठी में कहा था कि भई, बात है कि जब अंग्रेज़ी राज नहीं था और सामाजिक चेतना उस समय विकसित नहीं हुई थी, उस समय भी रैदास इत्यादि कवियों की प्रतिष्ठा थी। लेकिन करीब डेढ़ सौ साल पहले जब से 'नवजागरण' शुरू हुआ और सामाजिक चेतना का तेज़ी से विकास हुआ तब से दलित लेखन कुछ हुआ ही नहीं। बावजूद इसके कि दलितों के बारे में (दूसरों द्वारा) लिखा गया लेकिन दलितों में से कोई साहित्यकार नहीं हुआ। वैसे इसकी छानबीन करना चाहिए कि ऐसा क्यों? लेकिन मैंने कहा था कि खुशी की बात है कि मराठी में इसकी शुरुआत हुई और अब हिन्दी में भी हो रही है। मैंने इसका स्वागत किया था और इस रूप में स्वागत किया था कि दलित लोग केवल पुलिस कप्तान या सरकारी अफ़सर ही नहीं होना चाहते, बल्कि वे बुद्धिजीवियों के बीच भी कोशिश कर रहे हैं। प्रोफेसर होना चाहते हैं, लेखक होना चाहते हैं। सांस्कृतिक क्षेत्र में भी आ रहे हैं–यह स्वागत के योग्य है। ग़ैर-दलितों के द्वारा तो दलितों के बारे में लिखा गया लेकिन यह भी ज़रूरी है कि स्वयं दलित लोग भी गूँगे न बने रहें, बल्कि उनके पास भी आवाज़ हो और वे भी अपनी पीड़ा की अभिव्यक्ति करें–मैंने इस चीज़ का स्वागत किया था। उस समय ओमप्रकाश वाल्मीकि ही थे। मुझे अच्छा लगा था कि चलो, एक वाल्मीकि से आदिकाल शुरू हुआ, रामकथा शुरू हुई–और दूसरे वाल्मीकि में दलित-साहित्य शुरू हो रहा है। उसके बाद पाँच-छह लेखक और दिखाई पड़ने लगे, उनकी रचनाएँ छपने लगीं, पत्रिका भी निकालने लगे ख़ासतौर से अम्बेडकर जन्मशती के साथ ही। अम्बेडकर के नाम पर अस्पताल खुल रहे हैं, विश्वविद्यालय खुल रहे हैं, कई और संस्थाएँ खुल रही हैं। जिस पैमाने पर अम्बेडकर जन्म-शती मनाई गई–वह चाहे कोई भी राजनीतिक पार्टी हो, कांग्रेस हो, जनता दल–सबने मनाई। इससे दलित लोगों में एक चेतना आई और वो अपने अधिकारों के लिए उठ खड़े हुए। इसका असर साहित्य पर भी पड़ा है। यह ऐतिहासिक विकास है। लेकिन जो परिवर्तन

इधर दो-एक साल में हुआ है उसमें देखा यह जा रहा है कि एक ख़ास तरह की आक्रामकता आई है कि अब तक ग़ैर-दलितों द्वारा दलितों के बारे में जो साहित्य लिखा जा रहा है, या लिखा गया है—वह दलित साहित्य नहीं है, बल्कि दलित-लेखन अब शुरू हुआ है—पहली बार। और इसकी कुछ विशेषताएँ हैं—सारी सवर्ण व्यवस्था के ख़िलाफ़ गुस्सा और उसको तोड़कर एक नई व्यवस्था के निर्माण के लिए पहल। लेकिन वह गुस्सा ही गुस्सा है फिलहाल। गुस्सा और नफ़रत उसका नया कार्यक्रम है। इसीलिए दलित लेखक ये कह रहे हैं कि दलित साहित्य वह नहीं है, जो चाहे प्रगतिशील आन्दोलन में भाग लेनेवालों ने लिखा या जनवादियों ने लिखा। क्योंकि दलितों के बारे में लिखा जाकर भी ऐसे लेखन का चरित्र 'संरक्षणवादी' है। दलितों के प्रति 'दया दिखानेवाला' है। प्रेमचन्द भी उसी कोटि में आते हैं—ऐसा उनका मानना है। अतः उसको नकारते हुए विचारधारा की दृष्टि से जो 'अम्बेडकरवाद' को लेकर लिखा जाए और वह भी सिर्फ जन्मना दलितों द्वारा लिखा जाए, वही दलित साहित्य है। और कहा गया है कि 'अम्बेडकरवाद' गांधीवाद के सुधार कार्यक्रमों या मार्क्सवाद के वर्गीय उपक्रमों से बिलकुल अलग है। तो मोटे तौर पर जो मैं समझ पाया हूँ वह यह है। इसकी परिभाषा करना चाहें तो कहा जा सकता है कि—'दलित साहित्य वह है जो दलितों के द्वारा लिखा गया है, दलितों के बारे में और दलितों के लिए लिखा गया हो।' जैसे कि लोकतंत्र की परिभाषा दी जाती है—'ऑफ द पीपुल्स, बाई द पीपुल्स, फॉर द पीपुल्स।' इसी तरह दलितों के द्वारा, दलितों के बारे में, दलितों के लिए जो साहित्य रचा जा रहा है और जो केवल अम्बेडकरवादियों से प्रभावित है, उसमें न गांधी की मिलावट है, न मार्क्सवाद की—वह है दलित साहित्य। 'जनवादी लेखक संघ' या 'प्रगतिशील लेखक संघ' के लोग तो इसको स्वीकार नहीं करते लेकिन 'जन संस्कृति मंच' नामक जो संस्था है, और जो अपने को मार्क्सवादी-लेनिनवादी कहते हैं, उन लोगों ने दलित लेखकों के इस विचार और सिद्धान्त को इधर अपना पूरा समर्थन दिया है। यह उनका शुद्ध अवसरवाद है—और कुछ नहीं।

दूधनाथ सिंह : दलित साहित्य के नाम पर हिन्दी में जो कविताएँ आई हैं या जो गद्य लेखन भी हो रहे हैं, उसकी प्रकृति दया पवार या नामदेव ढसाल से अलग है या एक सम्पूर्ण व्यापक दलित चेतना का राष्ट्रीय चेतना का सृजन हो रहा है?

काशीनाथ सिंह : हम लोगों को हिन्दी दलित-लेखन पर ही अपने को केन्द्रित रखना चाहिए। इन दार्शनिक प्रश्नों में समय लगेगा।

दूधनाथ सिंह : समग्र चेतना की दृष्टि से ये लोग दलित चेतना को 'एज ए क्लास' ट्रीट कर रहे हैं, जैसा कि आपने कहा, तो कैसे ट्रीट कर रहे हैं? अगर अम्बेडकरवाद, गांधीवाद या मार्क्सवाद से अलग उपक्रम है, बल्कि उसके विरोध में खड़ा है तो यह जो कांशीराम जी हैं, यह अपने को किसके साथ जोड़ रहे हैं? उनका गुस्सा कांग्रेस

या आर.एस.एस. पर उस तरह नहीं उतरता जिस तरह कम्युनिस्टों पर। जबकि गांधीजी को, जैसा कि वे कहते हैं उससे भी आगे बढ़कर आर.एस.एस. तो घोषित रूप से 'मनुवादी हैं। लेकिन कांशीराम जो उन्हीं के साथ गठजोड़ भी करते हैं। ऐसी स्थिति में दलित चेतना अपने को कहाँ और कैसे (जबकि आज कांशीराम जी उनके अगुआ हैं) जोड़ती है?

नामवर सिंह : राजनीति में जो तालमेल हो रहा है वह चुनावी राजनीति और घनघोर अवसरवाद के कारण हो रहा है। यह सवाल ज़रूर उठता है, और उठना भी चाहिए कि उसका दलित चेतना और दलित साहित्य से कोई सम्बन्ध बनता है या नहीं? लेकिन पहले आपने जो यह सवाल रखा है कि एक वर्ग के रूप में दलित अपने को कम्युनिस्ट पार्टी या मार्क्सवादी कम्युनिस्ट पार्टी के आन्दोलन में कहाँ रखते हैं। मराठी में दया पवार (अब स्वर्गीय), बाबूराव बाबुलकर, नामदेव ढसाल, चन्द्रकान्त पाटिल, नारायण सुर्वे और शरण कुमार लिम्बाले आदि कई लेखक हैं। तो आपको याद होगा कि मराठी में दलित आन्दोलन की शुरुआत के कुछ ही दिनों बाद उनमें से एक दल अलग हुआ। इसमें नारायण सुर्वे जैसे लोग थे जो माक्सर्वादी थे। उन्होंने अपने को इस आधार पर अलग किया कि जिस दलित लेखन को अभी पूरी तरह मराठी भाषा और साहित्य में मान्यता नहीं मिली थी, 'फोर्ड फाउंडेशन' को उसकी भनक मिल गई थी। तो नारायण सुर्वे जैसे लोग जो दलित मार्क्सवादी थे, उनको लगा कि भई, ये क्या बात है? उसी समय दया पवार फोर्ड फाउंडेशन के वज़ीफ़े पर अमेरिका गए और नामदेव ढसाल एक विदेशी कार में चलने लगे। ज़ाहिर है कि यह सब सिर्फ साहित्य की बदौलत तो नहीं ही हुआ होगा। बहरहाल, मैं उन बातों के विस्तार में नहीं जाना चाहता बल्कि मैं यह कहना चाहता हूँ कि उस समय मराठी दलित साहित्य में यह विभाजन हुआ और मार्क्सवादी दलित और अम्बेडकरवादी दलित अलग-अलग हुए। वैसे मराठी का दलित साहित्य एक नई मराठी भाषा और नई काव्य-संवेदना गढ़ रहा था। कविता की नई भाषा रच रहा था और मराठी भाषा उस दलित वर्ग की भाषा का स्वागत कर रही थी। उसकी प्रशंसा मराठी भाषा के जो ब्राह्मण साहित्यकार कहे जा रहे थे, वे भी कर रहे थे। सबने एक स्वर से कहा कि मराठी साहित्य समृद्ध हो रहा है। शरद पाटील ने दक्षिण सौन्दर्यशास्त्र पर कई लेख लिखे। ये वही शरद पाटील हैं जो मार्क्सवादी कम्युनिस्ट पार्टी में थे। बाद में उससे अलग हुए। बाद में उन्होंने अम्बेडकरवादी दलित साहित्य को लेकर 'वर्ग और वर्ण' नामक एक किताब भी मराठी में लिखी। बहरहाल, मराठी में यह सवाल बड़ी तेज़ी से उठा कि 'दलित वर्ग' और 'मज़दूर वर्ग' में कोई सम्बन्ध है कि नहीं? और जो मज़दूर वर्ग की चेतना पर आधारित क्रान्ति की जो परिकल्पना है, उसमें और दलित चेतना के उत्थान में कोई विरोधात्मक सवाल उठाना ही पड़ेगा। क्योंकि इसका सम्बन्ध न केवल साहित्य के

सौन्दर्य शास्त्र से जुड़ता है, बल्कि इसका सम्बन्ध भारत के सामाजिक-आर्थिक परिवर्तनों के साथ भी जुड़ता है।

इसके लिए हमें फिर इतिहास में जाना पड़ेगा। मैं क्षमा चाहूँगा इसकी याद दिलाने के लिए कि अन्तर्राष्ट्रीय धरातल पर वर्ग साम्राज्यवाद, उपनिवेशवाद को उतना बड़ा दुश्मन नहीं समझता था, जितना बड़ा ब्राह्मणवाद को। महात्मा फुले स्वयं साहित्यकार थे। लेकिन वे अपने ज़माने में उपनिवेशवाद विरोधी उतने बड़े नहीं थे जितने कि ब्राह्मणवाद विरोधी। उनके अनुसार, अंग्रेज़ों की गुलामी उतनी बुरी नहीं जितनी कि ब्राह्मणशाही की। बल्कि उनको लगता था कि अंग्रेज़ ब्राह्मणवाद के ख़िलाफ़ ज़्यादा उपयोगी हैं, अधिक कारगर साबित होंगे। मैं ये बातें इसलिए कह रहा हूँ कि यही 'थ्योरी' आगे चलकर अम्बेडकर में दिखाई पड़ती है। जो लोग गांधीजी और अम्बेडकर के विवाद को जानते हैं। वे जानते होंगे कि अम्बेडकर भी अंग्रेज़ों के उतने ख़िलाफ़ नहीं थे। 'गोलमेज कांफ्रेंस' में अम्बेडकर ने अंग्रेज़ों से यह उम्मीद की थी कि उनकी मदद से दलितों को एसेम्बलियों में अलग प्रतिनिधित्व मिलेगा। हमको न्याय मिलेगा। यानी उस ज़माने में एक लम्बे अरसे तक लोगों में ज्योति बा फुले और अम्बेडकर के बारे में यह आम धारणा थी कि ये लोग कितने देशप्रेमी हैं और कितने विदेश प्रेमी। और यह भी कि वास्तव में ये लोग देश का कितना उद्धार चाहते थे। ये बातें अब लोग भूल गए हैं। बल्कि सवर्ण-अवर्ण अब कोई इस बात को नहीं दुहराता, न याद रखता है। इस अन्तर्विरोध को विस्मृति में दफना देने से ही सारा घपला पैदा हुआ है, नहीं तो विश्लेषण इतना संभ्रामित नहीं होता। बल्कि महात्मा फुले और अम्बेडकर तो कुछ लोगों, को, जैसे कि 'जन संस्कृति मंच' को ज़्यादा क्रान्तिकारी, ज़्यादा बड़े देशप्रेमी दिखाई पड़ते हैं। आज़ादी मिलने के बाद यह विस्मृति कुछ हद तक स्वाभाविक है, मैं इसे समझ सकता हूँ। जब तक आज़ादी नहीं मिली थी तब तक यह धारणा बन सकती थी, लेकिन जब आज़ादी मिल गई और अंग्रेज़ देश छोड़कर चले गए, तो ज़ाहिर है कि लोग भूल जाएँगे कि इनका क्या इतिहास रहा है।

लेकिन मैं इस दौर का उल्लेख करना चाहता था कि अब जबकि यहाँ कोई विदेशी हुकूमत नहीं है, तब भी यह समस्या बनी हुई है। वह ताक़त अब भी है जो दलित साहित्य को 'फोर्ड फाउंडेशन' से संचालित कर रही है। इसको यों कहें कि नव-उपनिवेशवाद अथवा नव-साम्राज्यवाद के साथ इधर एक उत्तर-उपनिवेशवाद नाम की चीज़ चली है–पोस्ट-कोलोनिज़्म। यह विचारधारा ख़ासकर उन देशों के लिए और उन देशों में भी ख़ासतौर से उन लोगों के लिए जो लोग हाशिए पर रह रहे हैं और जिनको राष्ट्रवाद या राष्ट्रीयता के नाम पर सवर्ण लोगों ने उनकी आवाज़ को कम्बल के नीचे दबा रखा था। यह एक विडम्बना है इतिहास की। जैसे ग्राम्शी के

'सबाल्टर्न क्लासेज़' हैं जो यह मानकर चलता है कि मार्क्सवाद में जो 'वर्ग' नामक श्रेणी हुआ करती है, जिसके अनुसार एक पूँजीपति वर्ग हुआ करता है, एक निम्नवर्ग होता है, एक सर्वहारा होता है। तो 'सबाल्टर्न' दृष्टि कहती है कि मार्क्सवाद का यह श्रेणी विभाजन अवैज्ञानिक और अपूर्ण है। जो आदिवासी हैं, दलित हैं, औरतें हैं–इतिहास में ये नामालूम लोग हैं। इनका अस्तित्व मार्क्सवाद की वर्ग-श्रेणीबद्धता से अलग और विशिष्ट और स्वतन्त्र है। मार्क्सवाद की श्रेणीबद्धता में ये लोग कहाँ हैं? स्त्रियाँ कहाँ हैं? यानी, समाज का जो आधा हिस्सा है वह किस वर्ग में आता है, इसमें भी सभी मज़दूर एक नहीं हैं। ब्राह्मण मज़दूर अलग हैं और चमार-महार या अन्य मज़दूर अलग हैं। इसी तरह ब्राह्मण होते हुए भी ब्राह्मण स्त्री अलग हैं, ब्राह्मण पुरुष अलग है। अब यह बात फैलाई जाए तो बहुत दूर तक जाती है। इसका मतलब यह भी होगा कि दलित पुरुष अलग है, दलित स्त्री अलग है। बहरहाल, जो मैं कह रहा था कि ये जो उत्तर-आधुनिकता के नाम पर या उत्तर-संरचनावाद के नाम जो एक नई विचारधारा आई है, ख़ासतौर से तथाकथित विकासशील तीसरी दुनिया कहे जानेवाले देशों के लिए, जहाँ के समाज परम्परावादी कहलाते हैं और जहाँ जाति और धर्म आदि की अनेक श्रेणियाँ बनी हुई हैं–सामाजिक इकाई का यह भेद अधिक महत्त्वपूर्ण हो उठता है। यहीं से 'पॉलिटिक्स ऑफ आइडेंटिटी' या 'अपनी पहचान की राजनीति' शुरू होती है। यह इसलिए महत्त्वपूर्ण नहीं बताई जाती कि आज भारत की पहचान विश्व में क्या हो, बल्कि इसलिए कि विश्व में या भारत में एक दलित की पहचान क्या हो? वस्तुतः यह शिनाख्त या पहचान थोपी गई है। तब ऐसे में दलित यह सोचने लगे हैं कि उनकी अपनी 'अस्मिता' की पहचान अब ज़रूरी और महत्त्वपूर्ण है। फिर यही कोशिश वे साहित्य में भी कर रहे हैं–चाहे उनका वस्तु-तत्त्व और उनकी संवेदना उनकी भाषा को बदलती हो या न बदलती हो। इसलिए साहित्य में यह 'अस्मिता की पहचान' का अमूर्तवादी, कटा-कटा दर्शन विकसित हुआ। आपने जो सवाल किया, मैं नहीं जानता उसका उत्तर बना या नहीं, लेकिन इस दौर में अम्बेडकर का जो बहाना संयोग से मिल गया उस अम्बेडकरवाद के नाम पर एक ऐसी समूल विचारधारा निर्मित होती दिखाई पड़ रही है, जिसकी जड़ें पश्चिम के अनेक सिद्धान्तों और 'सबाल्टर्न स्टडीज़' या 'जेंडर स्टडीज़' के रूप में जुड़ी हुई हैं। हमें इसकी गहराइयों में जाना चाहिए कि यह विचारधारा कहाँ से आई और इसकी पीछे क्या है? और इसका समर्थन क्यों इतने बड़े सैद्धान्तिक स्तर पर किया जा रहा है? यह एक बड़ा मसला बनता है। और स्वयं दलित लोग भी इसके बारे में कितना जानते हैं और कितना सचेत रूप से काम कर रहे हैं? और कितना अचेत रूप से ये इतिहास के पात्र बन गए हैं? उनको भी यह बताना ज़रूरी है, हालाँकि वे यही कहेंगे कि सवर्ण लोग हमें बहका रहे हैं। लेकिन मैं समझता हूँ, यह बात खुले रूप में होनी चाहिए।

दूधनाथ सिंह : क्या आप नहीं समझते कि ऐसा एक साम्राज्यवादी साजिश की तहत है? यह अपनी अस्मिता की पहचान? यह मज़दूर वर्ग के भीतर मज़दूर? यह स्त्रियों के भीतर अलग-अलग स्त्रियाँ? आदिवासियों के भीतर अलग आदिवासी? यह क्या छोटे-छोटे टुकड़ों में बाँटकर नष्ट कर देने, गुलाम बनाने का नया षड्यन्त्र नहीं है? क्या यह एक सर्वथा नए ढंग से समूची तीसरी दुनिया को तथाकथित पहचान को ही विलोपित करने का प्रयास नहीं है?

नामवर सिंह : यह सही है। पहले भी इतिहास में ऐसा हुआ है। आज भी हमको यह आभास हो रहा है कि 'अस्मिता' के नाम पर उपनिवेशवादियों द्वारा अम्बेडकर को इस्तेमाल करने की कोशिश की गई है। यह बात शायद आप लोग जानते हों कि उस दौर में अम्बेडकर के सबसे बड़े समर्थक वीर सावरकर थे, जो हिन्दू महासभा के नेता थे और अम्बेडकर से भी प्रभावित थे। तो इसलिए तमाम चीज़ों के होते हुए भी उस ज़माने में अम्बेडकर को मार्क्सवाद से परहेज़ था और आज के ज़माने में भी देखता हूँ कि कांशीराम-मायावती 'भाजपा' के सहयोग से मुलायम सिंह से अलग होकर सरकार बनाते हैं। यह संयोग तो घटित हुआ, भले ही कुछ दिनों बाद टूट गया, लेकिन हुआ तो। यह बड़ी अजीब बात है कि एक ओर तो ये लोग सवर्णवाद के ख़िलाफ़ संघर्ष करते हैं और वही सवर्णवाद जब अपने पूर्ण संयुक्तवादी रूप में दिखाई पड़ता है तो उससे सहयोग लेने में इन्हें कोई संकोच नहीं होता। मैं नहीं समझ पाता कि वह कौन-सी शिनाख़्त, अस्मिता या पहचान की समझ है जिसके आधार पर जिसे आप 'मनुवादी' कहकर विरोध करते हैं, उन्हीं लोगों का सहयोग किसके विरुद्ध लेते हैं? उन लोगों के ख़िलाफ़, जो सच्चे अर्थों में साम्राज्यवाद विरोधी कल भी थे और नव साम्राज्यवाद विरोधी आज भी हैं। लेकिन मैं यह भी कहना चाहता हूँ कि जब कोई समस्या सामने आ जाती है तो इसका जवाब केवल इतिहास की तहरीरों से नहीं दिया जा सकता। दलित होना एक व्यक्ति की ऐसी हकीकत है, जन्मना दलित होने के कारण अनुभव के जिन आसंगों से एक आदमी को गुज़रना पड़ता है, उसका प्रत्यक्ष अनुभव स्वयं एक दलित को जैसा है, अपनी पूरी अनुभूतियों व कल्पना का विस्तार करने के बावजूद मैं, जो एक ग़ैर-दलित हूँ, उस अनुभव को उसी तीव्रता और तनाव से आपको अनुभव नहीं करा सकता। इस बात को समझते हुए अगर साहित्य में उनका अनुभव उसी तीव्रता से व्यक्त होता है, जैसा कि मराठी की अनेक दलित रचनाओं को पढ़कर अनुभव होता है तो वह सच्चे अर्थों में दलित साहित्य है।

सुधीर कुमार सिंह : हमारी साहित्यिक परम्परा में 'सवर्ण साहित्य' नाम की कोई कैटेगरी नहीं है, न कभी रही है। लेकिन दलित लोग 'दलित-साहित्य' को एक कैटेगरी की तरह खड़ा करते हैं। 'दलित-साहित्य' बनाम 'सवर्ण-साहित्य' का मामला उठाते हैं।

दूधनाथ सिंह : साहित्य पर विचार उसकी गुणवत्ता के आधार पर होगा कि किसी और आधार पर। लेकिन ऐसा लगता है कि दलित लेखक यह मानकर चल रहे हैं कि 'कैटेगरी' बनाए बिना उनकी अलग पहचान नहीं बनती। इसलिए वे कटिबद्ध हैं। जन्मना दलित ही दलित लेखक होगा, यह मान लेने के बाद गुणवत्ता का प्रश्न फिलहाल कहाँ उठता है? सिर्फ 'कैटेगरी' रह जाती हैं। अभी पिछले दिनों गोरखपुर में 'प्रेमचन्द स्मृति' गोष्ठी में नामवर जी के सामने या उनके चले आने के बाद दलित लेखकों की जो प्रतिक्रिया हुई और प्रेमचन्द की कहानियों को लेकर जो चर्चा हुई...

परमानंद श्रीवास्तव : उनकी दलित दृष्टि से 'कफ़न' का मूल्यांकन किया जाए तो 'कफ़न' एक दलित-विरोधी कहानी है, दलितों का अपमान करनेवाली कहानी है। कहानी है तो उसका रूप-रंग होगा, उसकी एक बनावट होगी। कहानी का एक देश-काल होगा। लेखक यह देखेगा कि वह देश-काल पात्रों के आचरण और व्यवहार, उनकी गति और मनोविज्ञान को कैसे निर्धारित करता है। लेकिन वे लोग कुछ भी मानने को तैयार नहीं हैं और दलित-दृष्टि बनाम सवर्ण-दृष्टि की 'कैटेगरी' बनाकर उस कहानी का विकृत मूल्यांकन कर रहे हैं।

नामवर सिंह : इस बारे में मेरी अपनी समझ है। अपना ख़याल है कि पुराने लोगों ने कहा है कि 'जन्मना जायते शूद्रः संस्कारात् द्विजो भवेत्।' यानी जन्म से हर आदमी शूद्र होता है और संस्कार से द्विज बनता है। इसमें यह अर्थ छिपा है कि ब्राह्मण के घर पैदा होने से ही कोई ब्राह्मण नहीं हो जाता। जिसको संस्कारगत ज्ञान होगा वही ब्राह्मण होगा। इस तर्क से यह भी कहा जा सकता है कि कोई लेखक दलित कुल में जन्म लेने से ही दलित चेतना का संवाहक नहीं हो जाता। यह भी हो सकता है कि जो जन्म से दलित हो वही आगे चलकर दलितों पर अत्याचार और शोषण करनेवाला सिद्ध हो जाए। ऐसा हुआ भी है। जिस वर्ग में आदमी पैदा होता है, कभी-कभी उसी का घातक भी होता है। कहा गया है कि 'लोहा ही लोहे को काटता है।' इसलिए 'जन्मना' दलित ही दलित चेतना का प्रतिनिधि होगा, दूसरा कोई नहीं—यह गलत है। कबीर ने तो कहा ही है कि 'जाति न पूछो साधु की, पूछ लीजिए ज्ञान।' उस ज़माने में बहुत-से दलित कवि थे लेकिन सभी रैदास नहीं हो गए। मार्क्स ने 'क्लास इन इटसेल्फ' और 'क्लास फ़ॉर इट सेल्फ़' की बात कही थी जिसे आगे चलकर लेनिन ने सिद्धान्त दिया कि मज़दूर वर्ग में पैदा होने से ही कोई मज़दूर चेतना का वाहक नहीं हो जाता। यह वैज्ञानिक विचारधारा है। मज़दूर वर्ग का व्यक्ति केवल अपनी निज की मुक्ति की चेतना रखे, यह भी हो सकता है कि उसमें समाज की मुक्ति की चेतना न हो। लेनिन कहते हैं कि मज़दूर वर्ग की चेतना तभी क्रान्तिकारी चेतना होगी जब वह पूरे समाज की मुक्ति चाहती हो। यह बात 'वर्गवाद' और 'वर्णवाद'—दोनों का विरोध करती है। आप यदि दलितों की मुक्ति में सम्पूर्ण मानवता की मुक्ति के कामी हैं तो यह मानववादी विचारधारा

है अन्यथा उसकी संकीर्णता और एकांगिता स्पष्ट है। तो दलित चेतना की बात करनेवाले लोगों के भीतर यह जो अन्तर्विरोध है, मैं चाहता हूँ कि इस पर बात हो अगर वो तैयार हों तो। आप हमारे साथ हैं और हमारी जाति के नहीं हैं तो हमारे दुश्मन हैं—ऐसा वो मानते हैं। इस संकीर्ण दृष्टि से रचना की भी गलत समझ निकलती है। इसका नतीजा उसी तरह है कि कुछ लोग ऐसे दूध के जले हैं कि छाछ फूँक-फूँककर पी रहे हैं। अब यह मुहावरा भले हो, लेकिन अगर वह छाछ को लगातार फूँक-फूँककर ही पीता रहेगा तो हास्यास्पद तो होगा। अगर दलित लेखक दूध के जले हैं और उन्हें 'कफ़न', 'ठाकुर का कुआँ' और 'दूध का दाम' आदि उबलते हुए दूध ही दिखाई पड़ रहे हैं तो कहना पड़ेगा कि यह दृष्टिदोष है। जब अपना दोस्त ही दुश्मन दिखाई देने लगे, तो यह मनोचिकित्सा का विषय है। प्रेमचन्द और कबीर जब दुश्मन दिखाई देने लगें तो यह सोचना पड़ता है कि जैसे कुत्ते का काटा हुआ पानी से डरता है तो मुझे लगता है कि अगर प्रेमचन्द पर इन्हें गुस्सा आता है तो ये किनके काटे हुए हैं?

परमानंद श्रीवास्तव : इधर मराठी के चलन पर हिन्दी दलित लेखकों द्वारा कुछ आत्मकथाएँ लिखी जा रही हैं। यहाँ भी विचार करना चाहिए कि क्या ये सचमुच आत्मकथाएँ हैं या कि इनके भी कुछ 'टोटेम्स' बन गए हैं। जैसे जानवर के गोबर को धो-छानकर मिला हुआ अन्न खाना, जैसे कि वर्णसंकरता, रखैलपन, शारीरिक अतिचार। इन्हीं 'टोटेम्स' का हर लेखक इस्तेमाल करता है। अपना निजी जीवन, निजी परिस्थितियाँ कुछ नहीं हैं। लगता है, एक ही तरह की घटनाएँ सारे लेखकों के जीवन में घट रही हैं...

नामवर सिंह : जिस यथार्थ को पढ़ने पर रूढ़ि प्रतीत होने लगे, उसकी साहित्यिकता, रचनात्मकता सन्दिग्ध हो जाती है। और इस प्रकार सन्दिग्ध हो जाने के बाद आप चाहे रूढ़ियों के सहारे आत्मकथा लिखें या दलित-साहित्य रचें—कुछ नहीं होगा। सब लोग मल्लिका उमरशेख़ या लिम्बाले या नारायण सुर्वे नहीं हो सकते। जैसे 'नई कविता' के ज़माने में बहुत 'दर्द-दर्द' चीख़ते थे। समझ में नहीं आता था कि कौन-सा दर्द आपको हो रहा है, काहे का दर्द है। ये रूढ़ियाँ उसी तरह की हैं जैसे एक ज़माने में अन्धा युग, अन्धी गली, अन्धा ये, अन्धा वो—पूरी की पूरी पीढ़ी ही अन्धी।

दूधनाथ सिंह : 'ठाकुर का कुआँ' में अगर औरत पानी नहीं ले पाती और लौटकर देखती है कि उसका पति वही गन्दा पानी पी रहा है तो यह दलित-विरोधी कहानी कैसे हो जाती है?

परमानंद श्रीवास्तव : उनका तो सीधे-सीधे कहना है कि पानी ले लेंगे। भाई, वो कहानी को बिलकुल काल्पनिक रूप में देखना चाहते हैं। वो चाहते हैं कि प्रेमचन्द अपनी ऐसी सारी कहानियों को क्रान्तिकारी रूप में क्यों नहीं प्रस्तुत करते? यानी दलितों को हथियार के साथ दिखाएँ...।

नामवर सिंह : मैं यह कहना चाहता हूँ कि मान लीजिए प्रेमचन्द 'ठाकुर का कुआँ' में यह दिखाते कि औरत लौटकर आई और दलित लोग उसके साथ लट्ठ लेकर चढ़ाई कर बैठे। तो कल्पना कीजिए कि कहानी का क्या हश्र होता? प्रेमचन्द तो कहानी में यह कहना चाहते हैं कि आदमी जो गन्दा पानी नहीं पीना चाहता, औरत लौटकर आती है तो देखती है कि वह वही गन्दा पानी पी रहा है। यह ज़्यादा बड़े मार्मिक सत्य का उद्घाटन है। तो जिन लोगों को इस बड़े मार्मिक सत्य की कहानी में तलाश नहीं है, या जिन्हें तसल्ली नहीं होती उनके लिए चुनौती है। वे क्यों नहीं 'कफ़न', 'ठाकुर का कुआँ' या 'सद्गति' या 'सवा सेर गेहूँ' का पुर्नलेखन करते? करके देखें कि क्या बनता है? कहानी के भीतर से निकलते हुए 'सच' के ऊपर 'झूठ' को थोप कर देखो कि कला के मर्म तुम्हारा कैसा उपहास करते हैं? कुल मिलाकर मैं यह कहना चाहता हूँ कि कोई ज़रूरी नहीं है कि जो दलित हो वही दलितों का हितैषी हो। बहुत-से दलित आई.ए.एस., आई.पी.एस. हो जाते हैं। उन्हें कितनी अपनी नौकरी की चिन्ता है, कितनी दलितों की–यह हम सब जानते हैं। कांशीराम को देख रहे हैं? बाबू जगजीवन राम को देखा? और भी कई दलित नेता हैं, मन्त्री बने हैं–उनको भी देखा है। तो ज़रूरी नहीं कि दलित ही दलितों के लिए सब कुछ करते हैं, ग़ैर-दलित कुछ नहीं करते। यह न तो राजनीति में सही है, न साहित्य में। इसी क्रम में मैं एक और बात कहना चाहता हूँ। दूधनाथ सिंह जी, आपकी हाल ही में एक कहानी छपी है–'धर्मक्षेत्रे कुरुक्षेत्रे'। और यह कहानी दलितों के जीवन के एक ऐसे पहलू के बारे में लिखी गई है जैसा न तो हिन्दी के दलित-साहित्य में लिखा गया है और न मराठी के दलित साहित्य में देखा गया है। जिस स्थिति में दलित लोग औरतों को बेचने का व्यापार करते हैं और ये पीने का पानी, गोबर का अनाज खाने और सवर्णों द्वारा किए जानेवाले अत्याचार से अलग हटकर एक थीम लेकर जो दलितों के जीवन से है, एक दलित पुरुष ही एक दलित औरत के साथ ऐसा व्यवहार करता है, (हालाँकि इस कुकृत्य में सवर्ण जातियों के लोग भी शामिल हैं) यह अलग बात है कि आख़िर में उसका बेटा ही ख़ुद बाप के ख़िलाफ़ हो जाता है। यह कहानी एक ग़ैर-दलित ने लिखी है। दूधनाथ जी ग़ैर-दलित ही हैं। यह अलग बात है कि हम लोग उन्हें दलित ही मानते हैं *(हँसी)*। सम्भवतः दलित लेखक यहाँ भी कहना चाहेंगे कि लीजिए साहब, प्रेमचन्द ने जो किया सो तो किया ही, अब आज भी ये लोग यही कर रहे हैं। तो वे लोग इस कहानी को भी दलित-विरोधी कहानी मान सकते हैं। और फिर राजेन्द्र यादव पर भी गाज गिरेगी, क्योंकि उन्होंने इसे छापा है। लेकिन फिर भी मैं कहना चाहूँगा कि कथानक रूढ़ियों से हटकर यह कहानी उस दौर की कहानी है, जहाँ बाज़ार में हर चीज़ 'माल' हो जाती है। जानवरों को खरीदने-बेचने, चुराने, नक़बज़नी करते हुए बात औरत को बेचने तक आ पहुँची। इंसान, इंसान को

बेच रहा है, पुरुष अपनी पुत्र-वधू या गर्भवती स्त्री को जंगल के अँधेरे में ठोक-बजाकर देखने और दाम लगाने के लिए खरीदारों को आमन्त्रित कर सकता है। इस अमानुषिकता को दिखाना, मैं समझता हूँ, एक मिसाल है। मैं कहानी को एक चुनौती मानता हूँ। मैं नहीं जानता कि इस पर आपकी क्या प्रतिक्रिया होगी। आप विनम्रतापूर्वक कुछ न कहना चाहें, लेकिन मेरे सामने यह कहानी एक चुनौती तो खड़ी करती ही है।

[अक्टूबर 1996 में रेकॉर्डेड, पुस्तक 'दलित साहित्य की अवधारणा और प्रेमचन्द', सम्पादक : सदानन्द शाही तथा 'नया पथ' के अंक में प्रकाशित। दोनों प्रकाशित प्रारूपों में कुछ-कुछ मिलता है। अधिक सुसंगत होने के कारण 'नया पथ' का प्रारूप यहाँ लिया गया है। दूधनाथ सिंह के तीसरे प्रश्न या वक्तव्य का पहला वाक्य दूसरे प्रारूप से लेकर जोड़ा गया है। इससे प्रश्न अधिक स्पष्ट हो सका है।]

●●●